Dorina Kasten

„Ich fühle in mir einen unwiderstehlichen Drang …“

Stralsunder Kunstschaffende im 19. und 20. Jahrhundert

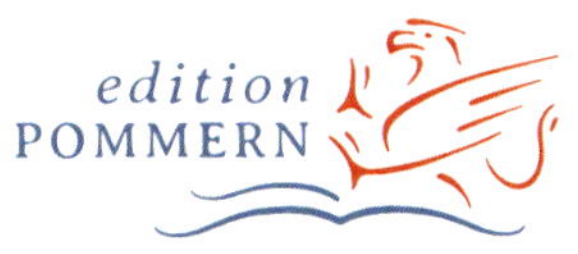

Bibliografische Information der Deutschen Nationalbibliothek
Die Deutsche Nationalbibliothek verzeichnet diese Publikation in der Deutschen Nationalbibliografie; detaillierte bibliografische Daten sind im Internet über www. dnb.de abrufbar.
Das Werk ist in allen seinen Teilen urheberrechtlich geschützt.
Jede Verwertung ist ohne Zustimmung des Verlages unzulässig.
Das gilt insbesondere für Vervielfältigungen, Übersetzungen, Mikroverfilmungen und die Einspeicherung und Verarbeitung durch elektronische Systeme.

Wenn Rechteinhaber oder ihre Anschriften bis zur Drucklegung nicht ermittelt werden konnten, bleiben Rechtsansprüche selbstverständlich gewahrt.

Impressum:
Autorin: Dorina Kasten
Titel: „Ich fühle in mir einen unwiderstehlichen Drang …“
Stralsunder Kunstschaffende im 19. und 20. Jahrhundert

Lektorat: Birgit Rentz, Itzehoe

© Stralsund: Edition Pommern 2024
info@edition-pommern.de
www.edition-pommern.de
ISBN: 978-3-939680-81-9
Gedruckt in Deutschland

Inhalt

Einleitung

Wir schreiben den 19. August 1818. Es ist ein warmer, trockener Tag in Stralsund. Durch die Straßen läuft eilig ein junger Mann. Simon Wagner heißt er und er ist auf dem Weg zum Rathaus. Heute soll über seinen Antrag auf ein Stipendium entschieden werden. Vor Aufregung hat er seine speckige, alte Filzkappe abgenommen und knetet sie zwischen den Händen.

„Schill-Wagner! Schill-Wagner!", rufen ein paar Gassenjungen und zupfen an seiner ärmlichen Kleidung. „Schill-Wagner" wird er in der Stadt genannt, seit er die Husarenhose auf dem Trödel erstanden hat, in der festen Überzeugung, dass sie dem Freiheitskämpfer Ferdinand von Schill gehörte. Die trägt er nun jeden Tag. Er hat ja keine andere. Bitterarm ist er. Doch heute, heute muss sein Glückstag werden! Immerhin unterstützen sein Zeichenlehrer Habermeyer und der Dresdner Kunstmaler Caspar David Friedrich ihn mit Empfehlungsschreiben an den Hochehrwürdigen Rat. Wie hat er selbst es in seinem Antrag formuliert? Stolz hebt er den Kopf:

„Ich fühle in mir einen unwiderstehlichen Drang, diesen erwählten Beruf nach allen möglichen Kräften zu verfolgen."

Ja, er, Simon Wagner aus Stralsund, will Maler werden.

Simon Wagner wurde Maler, so viel sei verraten. 1799 in Stralsund geboren, zog er als Kind mit seinen Eltern nach Damgarten und kehrte mit 17 Jahren zurück, um Zeichenunterricht zu nehmen. Simon Wagner ist einer der 26 Kunstschaffenden, über die in diesem Buch berichtet werden soll.

Warum kam er als junger Mann in seine Heimatstadt zurück? Welchen Ruf hatte Stralsund damals?

Im Verlaufe des 19. Jahrhunderts wurde die Hansestadt Stralsund ein inspirierender Ort für junge Künstlerinnen und Künstler. Seit 1815 gehörte Stralsund – wie ganz Neuvorpommern – zum Königreich Preußen. Die Napoleonischen Befreiungskriege hatten ein Ende gefunden, es herrschte Frieden. Es war die Zeit, in der immer mehr künstlerisch Tätige versuchten, ihre Werke auf dem entstehenden Kunstmarkt abzusetzen, anstatt Aufträge von Adligen und der Kirche anzunehmen, die ein sicheres Einkommen bedeuteten. Sie bestimmten ihre Themen selbst, von denen wiederum potenzielle bürgerliche Käufer, auch in Stralsund, angesprochen wurden. Es war die Zeit, in der die Kunstschaffenden begannen, hinaus in die Natur zu gehen, um dort nach neuen Motiven zu suchen. Die Heimat, die nähere Umgebung, benachbarte Inseln wurden für das Kunstschaffen entdeckt.

Und langsam begann sich eine Kunstszene zu entwickeln. Schon früh hatte es in Stralsund Bemühungen gegeben, einen Kunstverein zu gründen, was im Frühjahr 1831 zunächst mit dem *Verein zur Beförderung von Kunst und Technik aller Art* geschehen war. Dessen Mitglieder – zum Beispiel Staatsbeamte und Bürger aus Greifswald und Stralsund – wollten Werke junger vorpommerscher

Maler ausstellen und diese durch den Verkauf ihrer Gemälde unterstützen. Im Jahr 1832 hieß es zwar noch, dass „trübe Zeitumstände, insonderheit eine um sich greifende verheerende Epidemie, bisher verhindert [haben], daß der Verein in Wirksamkeit“ getreten sei.[1] Damit war wohl die Cholera-Epidemie gemeint, die 1831/32 unter anderem in Preußen wütete. Dennoch sandten elf Künstler, darunter Caspar David Friedrich (1774–1840), Johann Wilhelm Brüggemann (1786–1866) und Wilhelm Brücke (1800–1874), ihre Bilder ein und Stralsunder und Greifswalder Kunstfreunde trafen sich, um eine öffentliche Verlosung der Werke in den Räumen des Gewandhauses in der Stralsunder Ossenreyerstraße zu initiieren. Die Vereinsarbeit schlief wieder ein, obwohl in der Presse betont wurde, wie wichtig es sei, auf dem Gebiet der Kunst und Kultur nicht hinter anderen Provinzen zurückzustehen und Talente zu ermuntern und zu fördern.[2] 1841 wurde endlich ein ernst zu nehmender *Kunstverein für Neu-Vorpommern und Rügen* (später auch *Kunstverein zu Stralsund* oder *Stralsunder Kunstverein* genannt) gegründet, der schon in seiner ersten Ausstellung im selben Jahr mehr als 350 Bilder zeigte. Sein Ziel war es, „die Werke neuer bedeutender Maler in einer alle zwei Jahre stattfindenden Ausstellung zur öffentlichen Anschauung zu bringen“.[3] Die Gemäldeausstellung war „täglich von 9 Uhr Vormittags bis 3 Uhr Nachmittags in dem Brauer-Compagnie-Gebäude dem Publicum geöffnet“.[4] Die aufgeführten Namen der Künstler und – wenigen – Künstlerinnen sind heute kaum mehr geläufig, obwohl Professoren wie Friedrich Müller (1801–1889) aus Kassel, Hofmaler wie Rudolf Kuntz (1798–1848) aus Karlsruhe und Gaston Lenthe (1805–1860) aus Schwerin dabei waren. Die anderen Maler kamen aus Berlin, Dresden, München, Düsseldorf, Brüssel, Amsterdam und vielen anderen Städten. Es waren auch die schon genannten Stralsunder Wilhelm Brücke und Johann Wilhelm Brüggemann sowie Albert Grell (1814–1891) beteiligt, über die hier zu berichten sein wird.

Der *Verein zur Gründung eines Neuvorpommerschen Museums für einheimische Alterthümer und Kunstgegenstände* etablierte sich 1858 in Stralsund und eröffnete ein Jahr später das *Neu-Vorpommersche Provinzial-Museum zu Stralsund* im hiesigen Rathaus, das heutige *STRALSUND MUSEUM*.

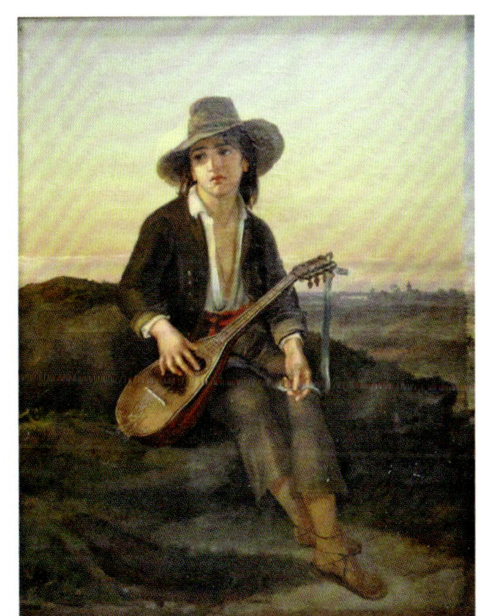

Eduard Nieny: Knabe mit Mandoline, Öl/Lw., o. J.

Das Museum wurde zehnmal in seiner Geschichte umbenannt, schon 1879 in *Provinzial-Museum für Neu-Vorpommern und Rügen*. 1924 folgte die Eröffnung des *Stralsundischen Museums für Neuvorpommern und Rügen* im Katharinenkloster. 1928 hieß das Museum *Stralsundisches Heimatmuseum für Neuvorpommern und Rügen* und 1933 *Stralsundisches Museum für Vorpommern und Rügen*. Nach der kriegsbedingten Schließung wurde es 1946 als *Stralsundisches Museum* wiedereröffnet. 1949 bekam es den Namen *Stralsundisches Museum für Ostmecklenburg* und 1960 *Kulturhistorisches Museum Stralsund*. 1991 hieß es *Kulturhistorisches Museum der Hansestadt Stralsund*, bevor es dann im Jahre 2015 den vorläufig letzten Namen *STRALSUND MUSEUM* erhielt.[5]

Doch zurück ins 19. Jahrhundert. Seit 1827 erschien in Stralsund das wöchentliche Unterhaltungsblatt *Sundine*, das über Theateraufführungen, Ausstellungen und andere kulturelle Ereignisse in der Stadt berichtete. 1834 eröffnete am Alten Markt das *Neue Schauspielhaus*. Ein literarisch-geselliger Verein wurde ein Jahr später gegründet, mit dem hohen Anspruch, sich einmal pro Woche für einen Vortrag zu treffen. Auch über Kunst wurde in Stralsund viel diskutiert, Gemälde wurden gern angeschaut und gekauft, Ausstellungen besuchte man mit der ganzen Familie, mit Kind und Kegel sozusagen. Bald ließen sich talentierte junge Leute in der Hansestadt nieder oder starteten nach der Schulausbildung und zusätzlichem Zeichenunterricht von hier aus, um die Kunstwelt zu erobern. Ein beliebter Studienort war Berlin mit der *Akademie der Künste* und anderen Kunstschulen. Nach Dresden, Düsseldorf und Paris zog es die angehenden Kunstschaffenden.
Studienreisen führten oftmals nach Italien, Frankreich oder in nordische Länder wie Dänemark und

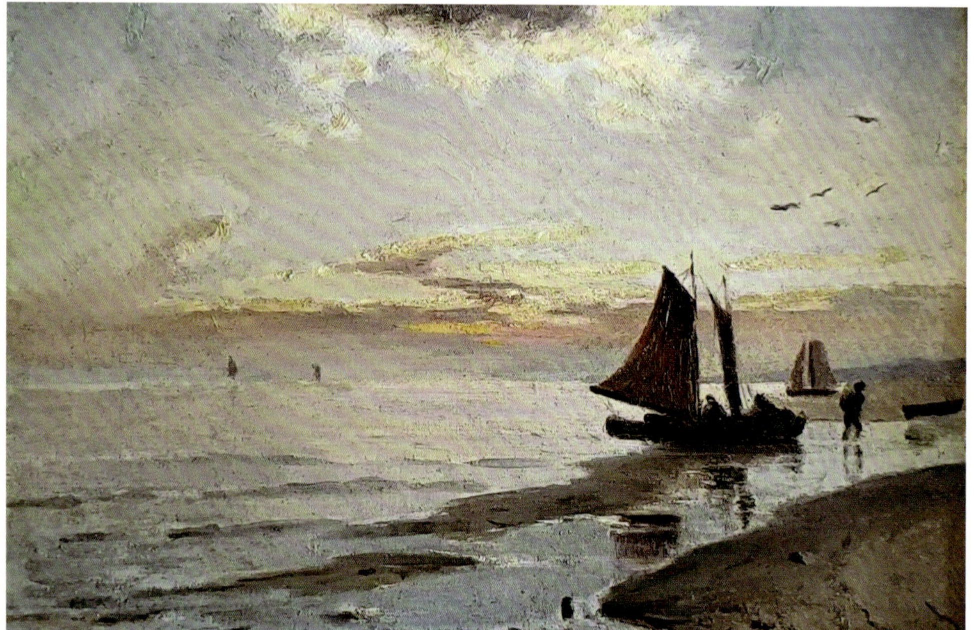

Antonie Biel: Anlandende Fischer, Ölstudie/Malkarton, o. J.

Norwegen. Wer sich später in Stralsund niederließ, genoss die Nähe der Hansestadt zu Rügen und Hiddensee, wie an vielen Motiven ersichtlich ist.

Ihr Rüstzeug hatten die jungen Leute an Kunstzentren erworben und waren über die jeweils vorherrschenden Kunstauffassungen im Bilde. Auffällig ist, dass Stralsunder Malerinnen und Maler einer Generation oft gemeinsam ausstellten, aktiv in verschiedenen Verbänden und sogar eng befreundet waren. Sogar eine *Vereinigung Stralsunder Künstler* existierte kurzzeitig, nachgewiesenermaßen von 1924 bis 1934. Von einer Künstlerkolonie in der Hansestadt kann jedoch keine Rede sein und im 20. Jahrhundert, als es in Großstädten Künstlergruppen gab, deren Mitglieder ein Programm verfolgten – wie zum Beispiel 1947 *Das Ufer* in Dresden –, sehen wir in Stralsund solche Bestrebungen nicht.

Nach dem Zweiten Weltkrieg gab es hier einen Neuanfang in der Kunstszene. Noch zu Beginn der 1940er Jahre hatte es Kunstausstellungen im Museum gegeben. Es wurde kriegsbedingt 1942 geschlossen und öffnete 1946 wieder. Der erste Versuch, nach dem Krieg eine Kunstausstellung in Stralsund zu eröffnen, ging vom damals 25-jährigen Oberbürgermeister Emil Frost (1920–2003) aus. Wie aus einem Brief der Malerin Elisabeth Büchsel (1867–1957) vom 10.10.1945 hervorgeht, hatte er sie aufgefordert, Bilder für eine Ausstellung in Stralsund zur Verfügung zu stellen. Sie befand sich jedoch auf der zu dem Zeitpunkt von der Roten Armee abgeriegelten Insel Hiddensee. Sie schrieb ihm, dass sie gern mit den neuesten Bildern teilnehmen würde, die aber bisher nicht gerahmt seien. Weiter bedauerte sie, dass es gerade unmöglich sei, mit Gepäck von Hiddensee fortzukommen. Deshalb bat sie den Oberbürgermeister, sich die Mühe zu machen, in ihr Stralsunder Atelier in der Strandstraße 5 zu gehen und alle gerahmten Bilder, von denen er meine, dass sie in die Ausstellung passen würden, auszusuchen.[6] Ob die Kunstausstellung tatsächlich stattfand, konnte bisher nicht ermittelt werden.

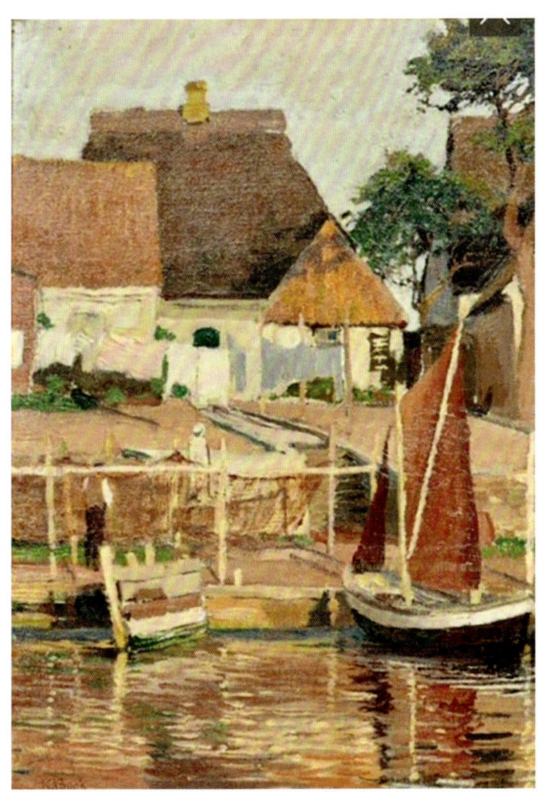

Karl Bock: o. T., Öl/Lw. auf Pappe doubliert, o. J.

Ein Großteil der alten Hansestadt lag seit dem Bombenangriff der Alliierten im Oktober 1944 in Schutt und Asche. Der Fakt, dass demokratische Kräfte der Nachkriegszeit künstlerische Aktivitäten wiederbeleben wollten, spricht für sich. Unter den Kunstschaffenden in Stralsund wird sich genau wie andernorts eine Aufbruchstimmung breitgemacht haben, „voller Tatkraft und Zuversicht", wie der Kunsthistoriker Lothar Lang (1928–2013) es treffend beschrieb.[7] Sein Berliner Kollege Gerhard Strauss (1908–1984) erinnerte 1975 ähnlich: „Nie zuvor und selten wieder habe ich so viele und so heiße Diskussionen unter Künstlern und Kunstengagierten erlebt wie in den ersten Jahren seit 1945. Jeder rang mit jedem um die Auswertung gemachter Erfahrungen für einen richtigeren Weg der Kunst, um deren Inhalt und Thema, um den unabdingbaren Anspruch der Form."[8]

Bald jedoch – vor dem Hintergrund des beginnenden Kalten Krieges – wurde die „Formalismusdebatte" angestoßen und die Politik bestimmte in der DDR, wohin die Reise der Bildenden Kunst gehen sollte. *Meyers Jugendlexikon* von 1968 brachte die Sache auf den Punkt: „Im Gegensatz zur schöpferischen Methode des Realismus steht die Methode des *Formalismus* mit all ihren Richtungen der *abstrakten Kunst*. Diese Methode ist in der Kunst die Widerspiegelung des Verfalls der bürgerlichen Gesellschaft und ihrer Ideologie in der imperialistischen Phase des Kapitalismus." Die Idee der Kunst sollte der Marschrichtung des politischen Kampfes folgen, wie es Otto Grotewohl auf dem 5. Plenum des Zentralkomitees der *Sozialistischen Einheitspartei Deutschlands* am 17.03.1951 formuliert hatte. Die Ausdrucksweise in der Kunst sollte zukunftsgerichtet und realistisch sein. Vorbild war der seit 1934 in der Sowjetunion propagierte sozialistische Realismus. Die Stralsunder „Urgesteine" wie Elisabeth Büchsel, Katharina Bamberg (1873–1956) oder Erich Kliefert (1893–1994) mussten sich nicht verbiegen. Sie hatten längst ihren Stil gefunden, der anscheinend zu allen Zeiten und in allen Gesellschaftsordnungen, die sie durchlebten, gefragt war. Sie wurden meist problemlos als Mitglieder in den *Verband Bildender Künstler der DDR* aufgenommen. Das sicherte ihnen das Überleben durch den Erhalt von Lebensmittelmarken und öffentlichen Aufträgen.

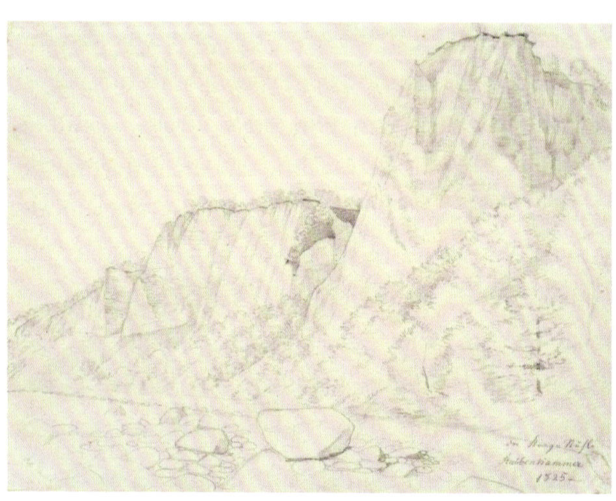

Simon Wagner: Der Königsstuhl, Stubbenkammer auf Rügen, Bleistift, 1825

Die jüngere Generation – die erst nach dem Krieg studierte – mit Siegfried Korth (1926–1986) und später Manfred Kastner (1943–1988) eckte an, sobald ihre Kunstauffassung nicht den gesellschaftlich geforderten Normen entsprach. Getreu dem *Bitterfelder Weg* von 1954 war es in den späten 1960er Jahren (nicht nur) in Stralsund üblich, Künstlern die Leitung von Laienzirkeln in Großbetrieben zu übertragen. „Die Künstler gingen in die Betriebe, um die Initiatoren kennen zu lernen und sie im Bilde festzuhalten. An der ‚Basis' sollte sich das Bündnis zwischen Arbeiterklasse und Künstlerschaft bewähren. Die vielfältigen Beziehungen zwischen den Partnern führten seitens der Künstler durchaus zu stofflichen und thematischen Findungen, sie trugen auch dazu bei, die Werktätigen näher an die Kunst heranzuführen."[9] So leiteten Siegfried Korth und Tom Beyer (1907–1981) Malzirkel auf der *Volkswerft* und Gisela Peschke (1942–1993) im *Bau- und Montagekombinat Stralsund.* Letztere schätzte solche Aufträge als Broterwerb. Besonders Siegfried Korth sah sich 1963 in der Zeitung *Unsere Werft* massiven Verrissen seines Gemäldes „Die Arbeiterin" ausgesetzt, das sich nicht genug von Kunstwerken der bürgerlichen Gesellschaft abhebe.

Doch es gab in all den Jahren natürlich Positives. Auf Seitenpfaden und in Nischen fanden Andersdenkende in der DDR immer wieder Möglichkeiten, ihre Kunstvorstellungen zu entwickeln und zu verbreiten. Daneben leisteten der *Kulturbund*, die *Pirckheimer-Gesellschaft* und die Museen unermüdliche Arbeit, um die kulturellen Strukturen auszubauen. Sie trugen mit der Schaffung *Kleiner Galerien*, Grafikbörsen und Ausstellungen dazu bei, das Verhältnis zwischen Künstlerinnen und Künstlern und ihrem Publikum zu verbessern, den Kreis von Kunstsammelnden zu vergrößern.[10] Auch in Stralsund.

Die Auswahl der in diesem Buch vorgestellten Kunstschaffenden beschränkt sich mit einer Ausnahme auf das Genre der Malerei im 19. und 20. Jahrhundert, wobei alle Ausgewählten ebenfalls grafisch gearbeitet haben. Bildhauerisch Tätige wurden nicht berücksichtigt.

Zur besseren Einordnung werden die Lebensdaten wichtiger Personen stets angegeben, und zwar bei ihrem ersten Erscheinen im Text.

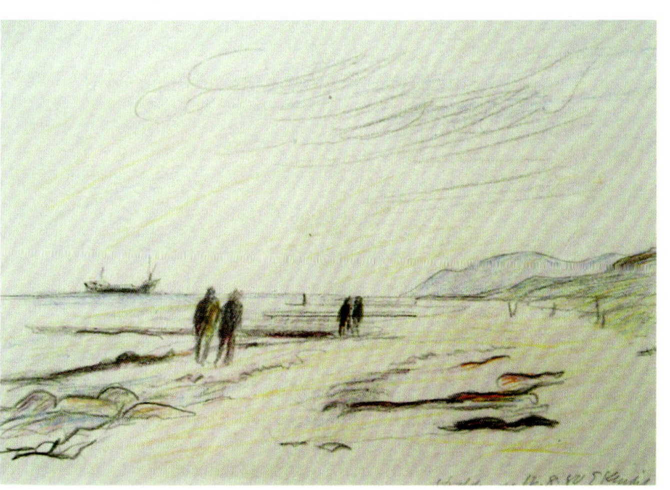

Erich Kliefert: Spaziergang am Hiddenseer Strand, Pastell, 1980

Simon Wagner – Der Ungeschliffene

Einer der „Rückkehrer" in die Heimatstadt war Gustav Simon Ludwig Wagner. Er wurde am 25.08.1799 in Stralsund als zweites Kind der Familie geboren, zwei Jahre nachdem sein Vater, der Kaufmann Carl Ludwig Friedrich Wagner (1767–1840), das Bürgerrecht erhalten hatte. Seine Mutter war Katharina Maria Dierling (1771–1842). 1801 zog die Familie nach Damgarten. Vor seiner Ausbildung an der Dresdner Kunstakademie von 1818 bis 1822 und einer Studienreise nach Süddeutschland und Tirol kehrte Simon Wagner in seine Geburtsstadt zurück und nahm Zeichenunterricht bei Johann Christoph Habermeyer (1779–1833). Der Rat der Stadt gewährte ihm auf Antrag für drei Jahre ein Stipendium von jeweils 50 Reichstalern. Das dafür geforderte Zeugnis schrieb Caspar David Friedrich, seit 1816 Mitglied der *Kunstakademie Dresden*. Im Sommer 1818 verbrachte er mit seiner jungen Ehefrau die Flitterwochen auf Rügen und weilte anschließend in Stralsund. Bei dieser Gelegenheit müssen ihm Gönner Wagners dessen Werke vorgelegt haben, denn er kam in seinem Schreiben zu folgendem Schluss:

„Nach meiner Überzeugung dürfte die Kunstakademie in Dresden diejenige seyn, auf welcher er sich am zweckmäßigsten zum Künstler bilden kann, und werde ich ihn gerne, falls er in den Stand gesetzt werden sollte, sie zu beziehen, als lehrendes Mitglied derselben, dazu behülflich seyn. Möchten die Hoffnungen, welche einige Freunde und Beförderer der Kunst an diesem jungen Manne hegen, und der mir wegen seiner Eigentümlichkeit liebgeworden ist, auf diesem Weg in Erfüllung gehen, und zur Ehre seiner Vaterstadt dazu beitragen."[11]

Friedrichs Zeugnis vom 19.08.1818 war dem Antrag Simon Wagners auf Unterstützung durch den Rat der Stadt beigelegt. Der zukünftige Student erklärte darin, dass seine in Damgarten lebenden Eltern ihm „nicht die erforderliche Hülfe zu meinem ferneren Fortkommen und Ausblicke in meinem Fache gewähren können". Sie hatten noch für mehrere seiner Geschwister zu sorgen. Wagner fügte hinzu: „Ich fühle in mir einen unwiderstehlichen Drang, den erwählten Beruf nach allen möglichen Kräften zu verfolgen." Er ließ den Rat wissen, dass in Stralsund bisher einige Wohltäter seinen Zeichenunterricht bezahlten.[12]
Wilhelm von Kügelgen (1802–1867) nannte Wagner in seinen „Jugenderinnerungen eines alten Mannes" einen „rohen Naturmenschen […] ohne alle und jede Schul- oder andere Bildung" und er sei „ein gröblicher Stein ohne Schliff aus dem dunkeln Schoße der Erde, doch aber ein rechter und echter Edelstein. Kaum konnte man wüster und anstößiger sein und sich betragen, als er es in der Art hatte; aber seine Herzlichkeit, Gutmütigkeit

und Treue wie die Ursprünglichkeit und das Salz in seiner Flegelei machten diese minder beschwerlich und meist vergessen. Er fand sogar recht viele Freunde"[13].

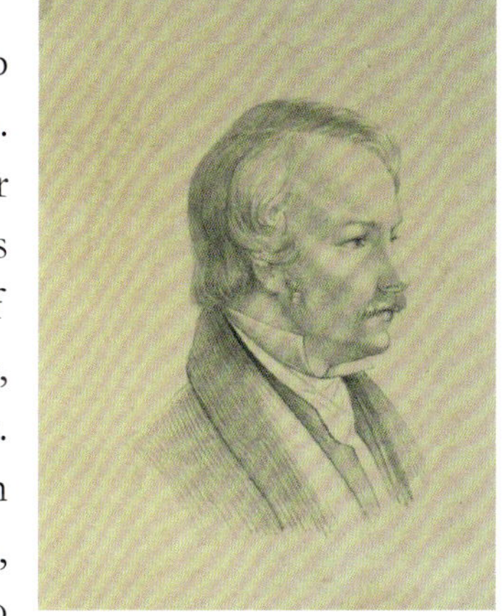

Johannes Simon Julius Stolle: Simon Wagner, 1852 (nach einer Handzeichnung seines Vaters)

Eine Anekdote gab Kügelgen zum Besten. Er berichtete, dass er Wagner eines Tages antraf, wie er auf seinen Ofen einschlug, der ihn nicht wärmte. Wie hätte der ihn auch wärmen sollen, wo doch Wagner so arm war, dass er kein Holz hatte? Aber von seinen Mitschülern an der *Akademie der Künste Dresden* sei er am begabtesten gewesen.

Wagner wandte sich während seiner Ausbildung der Genremalerei zu. Er lebte sehr bescheiden, bis er damit begann, Bauern in Tracht aus dem Dresdner Umland zu malen. Die Idee dazu hatte er wohl schon in der Heimat gehabt, als er Mönchguter in ihren Trachten darstellte. Kügelgen schrieb weiter: „Dies Genre war damals neu, vielleicht von ihm nach niederländischem Muster neu erfunden und erregte einiges Aufsehen. Die Bilder gingen reißend ab und trugen so viel ein, dass der Künstler sich einen eigenen Hausstand gründen konnte. Er heiratete und pries sein Glück, das ihn veredelte und reifte. Je wohler es ihm ging, je stiller und bescheidener ward er."[14]

Wagner wurde auch „Schill" genannt, weil er stets eine alte Husarenhose mit blanken Knöpfen trug, die er auf dem Trödel in Stralsund erstanden hatte und von der er behauptete, dass sie dem Freiheitskämpfer gehört habe. Die Patrioten unter den nach 1813 wirkenden Malern wandten sich der Darstellung von Volkszenen zu. Sie fühlten sich den Ereignissen des Befreiungskampfes verbunden. Insofern kann hier von politischen Einflüssen auf die Entwicklung der romantischen Malerei gesprochen werden. Freiheit, Einigkeit und Vaterland wurden verherrlicht und nur das Volksleben galt als wahrhaftig.[15]

Wagners Förderer Caspar David Friedrich erwähnte ihn 1822 sogar in einem Brief an seinen Bruder Christian: „Auch Herr Wagner läßt euch grüßen, ich aber sage euch daß aus ihn ein tüchtiger Mahler bereits geworden ist und er es hoffentlich noch weiter bringen wird. Ich freue mich auch dazu beigetragen zu haben, daß er hier her kam. Sage dem M. Finelius dies, denn auch er hat dazu beigetragen, und es wird ihn freuen."[16]

Mit Johann Christian Friedrich Finelius (1787–1846) ist neben dem Stralsunder Zeichenlehrer Habermeyer und Caspar David Friedrich selbst ein weiterer Unterstützer des jungen Simon Wagner identifiziert worden. Finelius war mit Friedrich befreundet. Der Theologe hatte ebenfalls Talent zum Malen und war darin von dem Greifswalder akademischen Zeichenlehrer Johann Gottfried Quistorp (1755–1835) unterrichtet worden.

Jedoch sollte sich Friedrichs Wunsch, Wagner möge es noch weit bringen, nicht erfüllen. Der junge Familienvater starb an Tuberkulose, fern der Heimat in Dresden am 17.06.1829. Sicher hatten seine bittere Armut und die Hungerjahre während des Studiums zu seinem schlechten Gesundheitszustand beigetragen. Er hinterließ eine „weinende Wittwe und drei unerzogene Kinder".[17] Begraben wurde er auf dem Dresdner *Neustädtischen Friedhof*, genau wie sein jüngster Sohn Hans, der im Alter von knapp vier Jahren am 26.08.1832 an der „Drüsenkrankheit" starb. Diese Erkrankung kam besonders bei Kindern von Eltern vor, die an Tuberkulose und unter schlechten Wohn- und Lebensverhältnissen litten. Es kann davon ausgegangen werden, dass nach dem Tode Wagners seine Familie in Armut lebte. Seine nicht gerade zahlreichen Werke waren schnell verkauft. Allerdings wurde der Tod seines Sohnes durch einen Arzt festgestellt, was bedeutete, dass die Witwe sich das leisten konnte. Am 01.02.1834 jedoch starb sie selbst. Es war der gleiche Arzt, Dr. Carus, der ihren Tod durch Auszehrung feststellte. Marie Apollonia Gummel wurde nur 30 Jahre alt. Geheiratet hatte sie Simon Wagner in Würzburg.

In Wagners Todesjahr erschienen in Dresden „Szenen aus dem Leben Dürers nach Zeichnungen Wagners, lithographiert von Joh. Williard nebst Erläuterungen von J. G. von Quandt". Anlässlich des 300. Todestages Albrecht Dürers und der damit verbundenen Ehrung 1828 hatte sich Wagner intensiv mit dem für die Romantiker zum Vorbild gewordenen Künstler befasst. Simon Wagner gilt als Spätromantiker, sowohl seine realistischen Volksdarstellungen als auch die idealistischen Szenen aus dem Leben Dürers deuten darauf hin. „In der romantischen Kunst ist nicht der Gegenstand entscheidend, sondern das, was er an Gefühl auslöst."[18]

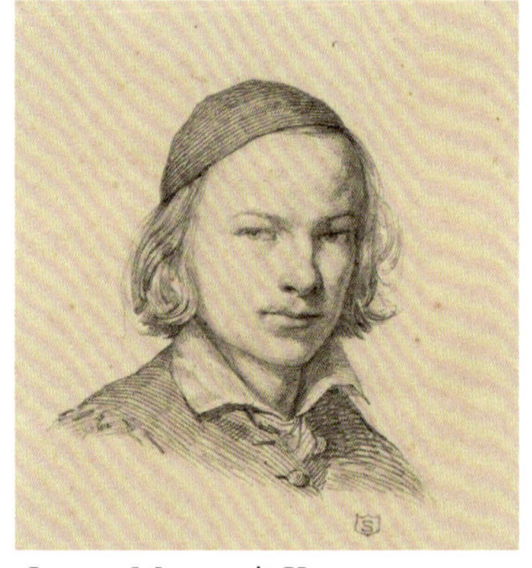

Junger Mann mit Kappe, Bleistift, o. J.

Eine der ursprünglich sieben Handzeichnungen, „Dürer freit um Agnes Frey in Nürnberg", ist im

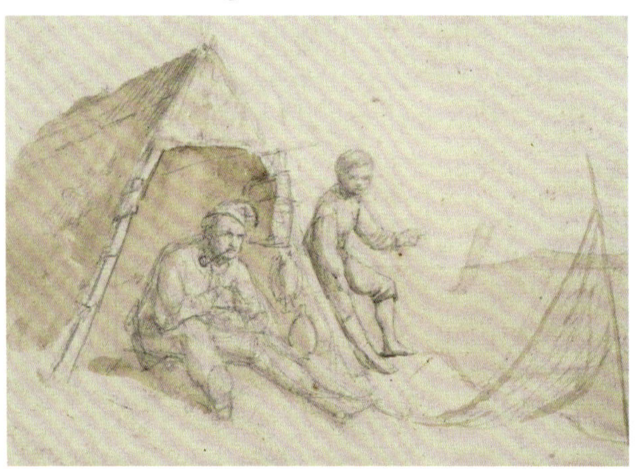

Zwei Fischer beim Netzeflicken, Bleistift, o. J.

STRALSUND MUSEUM erhalten geblieben. Die anderen sind nach der kriegsbedingten Auslagerung in das *Gutshaus Hugoldsdorf* verschollen. Der Kirche in Damgarten hatte der Künstler die Kopie eines Lutherbildes von Cranach geschenkt, das 1994 gestohlen wurde. Simon Wagner hatte seine Kindheit in der Boddenstadt verbracht. Seine Mutter stammte aus der dort ansässigen Schifferfamilie Dierling. Auch in der Starkower Basilika *St. Jürgen* gab es einst zwei Gemälde Wagners, und zwar „Christus mit der Dornenkrone" und „Christus das Kreuz tragend". Beide sind verschwunden.

Zu Lebzeiten des Künstlers gehörten der sächsische König, Friedrich August I., der Dresdner Kunstsammler J. G. von Quandt sowie wohlhabende Bürger zu den Käufern. Einige Grafiken haben sich im *Kupferstich-Kabinett Dresden* erhalten, darunter die Bleistiftzeichnungen „Junger Mann mit Kappe" und „Knabenkopf". Sie dokumentieren die beginnende Hinwendung Wagners zum Realismus. Ein weiteres interessantes Blatt befindet sich dort. Es ist „Der Königsstuhl", eine Bleistiftzeichnung, die 1825 entstanden ist. Im 19. Jahrhundert entdeckten etliche Malerinnen und Maler die Schönheit der Rügenschen Natur für sich und arbeiteten vor Ort. Einer der Ersten war in den 1760er Jahren Philipp Hackert (1737–1807), der auf *Gut Boldevitz* Ansichten von Rügen schuf. Bis dahin war die pommersche Landschaft mit der Insel Rügen nicht in Werken der Bildenden Kunst aufgetaucht und wurde nun verstärkt in den Fokus gerückt, besonders, da man auf der Suche nach romantischen Bildvorlagen war. So markante Naturobjekte wie der große Kreidefelsen, der Herthasee, Großsteingräber und die Küste an sich hatten es Hackert und weiteren Malern angetan. Neben Wagner sind Namen wie Albert Grell, Johann Wilhelm Brüggemann, Antonie Biel (1830–1880), Eduard Nieny (1827–1861) und natürlich Caspar David Friedrich zu nennen. Die Idee der Darstellung der Bevölkerung, der Fischerbauern und einfachen Menschen als Erster in den Blickpunkt gerückt zu haben, gebührt jedoch Simon Wagner aus Stralsund.

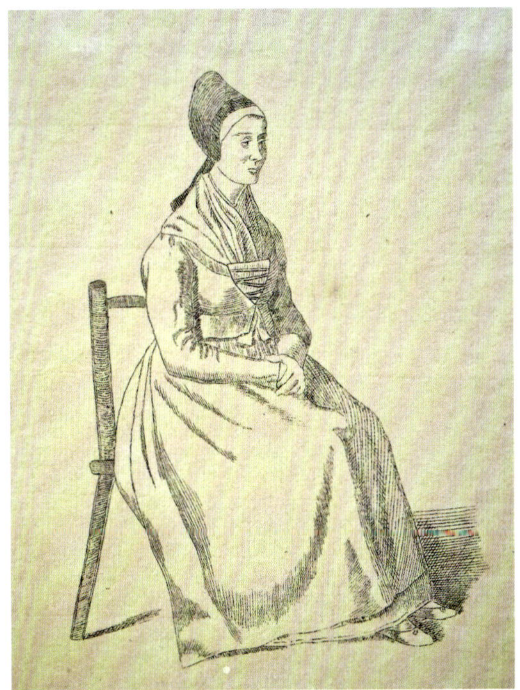

Mönchguter Frau, Holzstich, o. J.

Eduard Nieny – Der fast Vergessene

Das Schicksal des frühen Todes und des Vergessenwerdens teilte Simon Wagner mit Carl Johann Christian Eduard Nieny. Am 03.01.1827 wurde er als siebtes Kind des aus Altona stammenden Parasolmachers Johann Franz Alvinius Nieny (1778–1846) und dessen zweiter Ehefrau Friederika Maria Augusta Butz (1793–1865) in Stralsund geboren. Er hatte zunächst das Malerhandwerk erlernt und 1846 die Gesellenprüfung bestanden. Der Wunsch, Künstler zu werden, war wohl schon gereift. Sein Vater war nicht unvermögend gestorben, sodass Eduard nach München an die *Akademie der Bildenden Künste* gehen konnte.[19] Zumindest am 18.02.1851 erscheint dort sein Name im Matrikelbuch. Als Fach ist „Malerei" angegeben und der Beruf seines Vaters mit „Regenschirmfabrikant". Nieny ließ sich in München von Wilhelm von Kaulbach (1805–1874) ausbilden, der 1849 Direktor der renommierten Einrichtung geworden war. Kaulbach wurde bekannt durch großformatige Wand- und Deckengemälde mit geschichtlichen Themen. Dieser Einfluss seines Lehrers wird deutlich in dem späteren Werk Nienys „Verhandlungen des Stralsunder Rates mit Wallenstein" (auch: „Wallenstein vor Stralsund"), das sich heute im Besitz des *STRALSUND MUSEUMS* befindet. Das Ölgemälde behandelt das für Stralsund so wichtige Ereignis im Juli 1628 während des Dreißigjährigen Krieges, in dessen Folge die Stadt von den Kaiserlichen Truppen belagert wurde. Stralsund hatte sich indessen die Hilfe der Schweden gesichert und kam im Gegenzug ab 1648 unter die Herrschaft der „Drei Kronen". Nieny soll sich ganz rechts im Bild (mit dunklem Pagenschnitt und Spitzbart) selbst dargestellt haben. Das wäre dann die einzige bekannte Abbildung von ihm. Außerdem ist ihm ein Fehler unterlaufen. Die *Nikolaikirche* besaß bis zum Brand im Jahre 1662 ihre Doppelturmanlage. Die beiden Türme wurden Opfer der Flammen. Ein paar Jahre später bekam der Südturm eine barocke Haube mit Wetterfahne, der Nordturm mangels fehlender finanzieller Mittel nur ein flaches Satteldach. Nieny zeigte fälschlicherweise den Zustand der Türme, wie es ihn zum Zeitpunkt der Verhandlungen mit Wallenstein noch gar nicht gab. 1923 nahm sich dann ein weiterer gebürtiger Stralsunder, August Schütz, des Wallenstein-Themas an, ließ Postkarten und farbige Kunstdrucke nach dem Gemälde anfertigen und verkaufte sie. Der damalige Besitzer des *Strandschlosses* in Baabe, das er zu dem Zeitpunkt an die Stadt Berlin vermietet hatte, wollte mit dem Erlös aus dem Verkauf der Drucksachen eine vier mal fünf Meter große Kopie von Nienys Bild im Rathaus finanzieren. Offensichtlich kam es nicht dazu, ganz abgesehen davon, dass der Rat

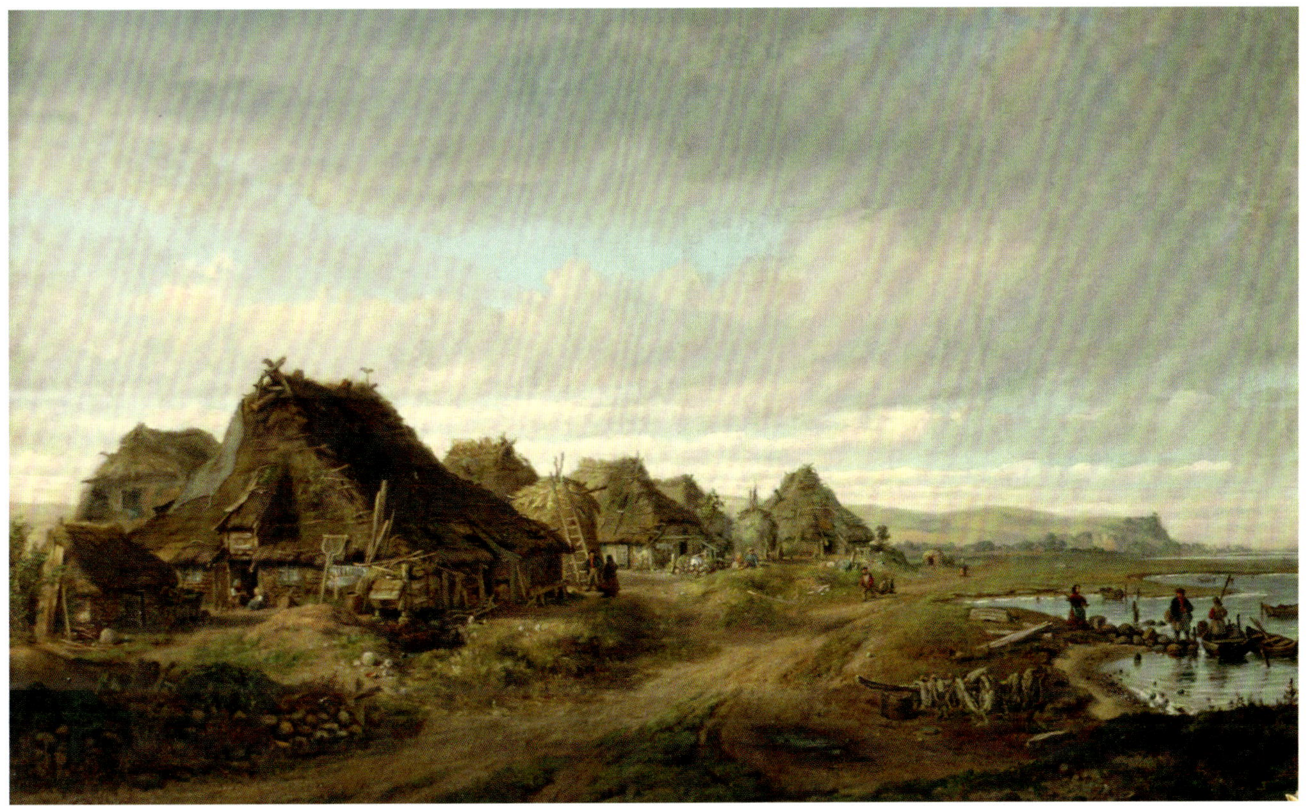

Die Rauchkaten, Öl/Lw., 1860

dem Anliegen Schütz' nicht zustimmte. In der *Stralsundischen Zeitung* ließ er einen Aufruf an die Bevölkerung zum Kauf seiner Druckerzeugnisse veröffentlichen. Er war inzwischen Rentner und wollte sich, angeregt von der Lektüre der neuesten Bücher zur Stralsunder Stadtgeschichte des Museumsdirektors Dr. Fritz Adler (1889–1970), mehr mit der Heimatgeschichte beschäftigen. Auf Rügen war er im Fremdenverkehr tätig gewesen und hatte nach eigenen Aussagen alle Rügenbäder zu einem Verband zusammengeschlossen und wollte sich nun mehr der Reklame für Stralsund widmen. Er beteuerte, dass der Fremdenzustrom viel Geld in die Stadtkasse spülen werde und dass dadurch schon manche Stadt reich geworden sei. „Mit der Zunahme des Reichtums einer Stadt löst sich die soziale Frage von selbst", gab er der Stralsunder Stadtgesellschaft bekannt. Was seine Reproduktionen betraf, sollte sie diese mit Stolz auf ihre Heimatstadt in der Welt verbreiten. Das anzufertigende Kolossalgemälde war angeblich schon früher vom Stralsunder Rat angedacht worden. Es sollte ähnlich wie das im *Löwenschen Saal* hängende und im Zweiten Weltkrieg verloren gegangene Gemälde zum Thema „Luther auf dem Reichstag zu Worms" von den Heldentaten Stralsunder Bürger zeugen. Das Luther-Bild, gemalt 1849 von Paul Emil Jacobs (1802–1866), wurde 1852 vom Rat der Stadt angekauft. Schütz schrieb, dass die Anfertigung des Nieny-Bildes nur durch dessen „plötzlichen Erkältungstod" verhindert worden sei. Wenn nun alle Stralsunder dazu beitrügen, dass das Gemälde angefertigt würde, so könne man gemeinsam stolz sein. Den Aufruf schloss er mit dem Wunsch für die Stadt: Vivat crescat floreat Stralsund![20] (Sie lebe, gedeihe und blühe!)

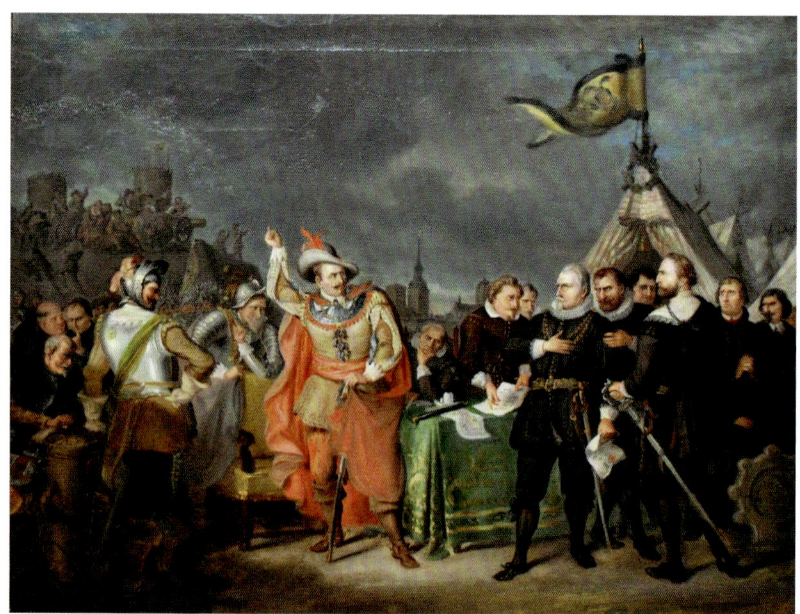

Wallenstein vor Stralsund, Öl/Lw., o. J.

Außer dem bereits genannten Bild und ein paar Porträts, zum Teil Kopien, die sich im *STRALSUND MUSEUM* befinden, sind nur wenige Werke von Eduard Nieny bekannt. Er wurde 34 Jahre alt. An einem schönen Sommertag, dem 31.07.1861, machte er sich gemeinsam mit anderen auf den Weg zur Stubbenkammer, um auf den Spuren von Caspar David Friedrich zu wandeln. Der Überlieferung nach aß die Gesellschaft zunächst zusammen zu Mittag. Nieny stellte fest, dass er die dreizehnte Person am Tisch war. Diesen Aberglauben hätte sich vermutlich niemand gemerkt, wenn es nicht kurze Zeit später zu einem Unglück gekommen wäre.

Auch sein ehemaliger Lehrer, Wilhelm von Kaulbach aus München, war dabei, als der junge Maler auf dem Rückweg von den Klippen in den Tod stürzte. Wie das genau passierte, ob er tatsächlich abstürzte oder auf andere Weise dort oben zu Tode kam, darüber gibt es verschiedene Angaben. Im Sterberegister von *St. Jürgen* in Stralsund ist von „Herzschlag" die Rede, sodass vermutet werden kann, dass Nieny beim Absturz einen tödlichen Schock erlitten hat. Schütz schrieb, wie oben erwähnt, von „Erkältungstod" und in der Todesanzeige der Familie heißt es, dass der Maler auf Stubbenkammer während einer Vergnügungsreise nach kurzem Leiden am Herzschlag starb.[21] Ein Verwandter, der Enkel des Schwagers Eduard Nienys, Dr. Karl Friedrich Beug aus Stralsund, gab das Geschehen in einem Brief an Dr. Fritz Adler, den damaligen Direktor des Stralsunder Museums, jedoch ganz anders wieder. Der Maler sei den Abhang bei Stubbenkammer heruntergeklettert, dabei abgestürzt und habe sich das Genick gebrochen.[22] Wie auch immer es sich zugetragen hat, die Hansestadt Stralsund verlor auf diese Weise ein hoffnungsvolles Talent, einen vielversprechenden jungen Künstler. Neben dem bekannten Historiengemälde hat Nieny noch ein bedeutendes Bild hinterlassen. Es handelt sich um „Die Rauchkaten" auf Hiddensee, gemalt um 1860 in Öl auf Leinwand, heute im Besitz der *Universität Greifswald*. Da das Gemälde vor der großen Sturmflut 1872 entstand, gilt es als eines der wenigen Zeugnisse der früheren, aus Holzständern, Torf, Rasen und Moos gebauten Katen auf der Insel. Sie wurden während der Naturkatastrophe weitgehend zerstört. Sicher wird der Künstler, wie damals üblich, vor Ort Skizzen angefertigt und das Gemälde dann im Atelier ausgeführt haben. Wie kein anderer zeigte Nieny detailreich die ärmlichen Katen im Stil des niedersächsischen Bauernhaus-Typs. Ein Schornstein fehlte in diesen Hütten. Der Rauch vom Heizen und Kochen über dem offenen Herd entwich mehr schlecht als recht durch Ritzen in Wänden und Dach, daher der Name „Rauchhaus" oder „Räucherkate". Die Fenster waren winzig und manchmal mit dem am Strand gefundenen Glas von alten Laternen oder Schiffen gefüllt. Die abgebildete Ortslage wurde später als Vitte identifiziert. Nieny ging es hauptsächlich um die Darstellung der Hütten, die ihn fasziniert haben müssen. Sie standen direkt am Bodden, die Grasnarbe reichte fast bis ans Ufer. Der Hintergrund des Bildes ist nur schemenhaft dargestellt. Selbst wenn die Katen sehr ärmlich wirken, ist die Stimmung nicht trostlos. Im Gegenteil, die Abendsonne scheint und taucht die Szenerie in ein relativ helles Licht. Menschen sind geschäftig am Wasser und auf den kleinen Booten, Nachbarn schwatzen und Kinder sitzen miteinander im Gras. Das Werk ist mit „Nieny" signiert und mit der Zahl 66 versehen. Das kann nur auf eine Zählnummer hinweisen, denn 1866 lebte der Künstler ja nicht mehr. Das würde bedeuten, dass dies sein 66. Werk war. Leider fehlen solche Angaben auf den anderen bekannten Bildern, sodass sich die These nicht untermauern lässt. Jedenfalls hat sich Nieny mit diesem Werk der Einmaligkeit des Motivs wegen ein Denkmal gesetzt. Genau wie Simon Wagner entdeckte er die einheimische Bevölkerung als Sujet, darüber hinaus besitzt das Gemälde kulturhistorische Bedeutung.

Johann Wilhelm Brüggemann – Der Zugezogene

Einer, der von außerhalb kam und sich in Stralsund dauerhaft niederließ, war Johann Gottlieb Wilhelm Brüggemann, Begründer der Malerfamilie Brüggemann. Er wurde am 27.12.1786 in Göttingen als Sohn des Postsekretärs und Amtsmeisters der Schneider, Johann Wilhelm Brüggemann (1740–1808), und dessen Frau Anna Catharina Rott (1754–1840) geboren. Die Ausbildung erhielt er an der *Kurfürstlichen Akademie der Bildenden Künste* in Kassel. Nach dem Studium verschlug es ihn nach Stralsund. Anlässlich des Besuches seiner Schwester in Greifswald 1807 wurde ihm eine Stelle als Zeichenlehrer an einer Stralsunder Töchtererziehungsanstalt angeboten, die er sofort annahm. So hatte er ein geregeltes Einkommen und konnte trotzdem künstlerisch arbeiten. Nachdem er 1812 das Bürgerrecht erhalten hatte, heiratete er eine Nichte des Chemikers Carl Wilhelm Scheele, Catharina Eleonore Wilhelmine (1780–1865).[23] 1823 trat Brüggemann dann seinen Dienst als Zeichen-, Rechen- und Schreiblehrer am Stralsunder Gymnasium an. 28 Stunden hatte er wöchentlich zu unterrichten, sowohl in der Gymnasialstufe als auch in der Realklasse. Sein jährliches Gehalt betrug 450 Reichstaler. Zum Vergleich: Der Scharfrichter Reindel, der 1855 die letzte Stralsunder Hinrichtung an einem Mörder ausführte, verdiente an zwei Hinrichtungen pro Jahr 340 Taler, ein Ackerknecht erhielt 24 und eine Hausmagd 9 Taler Jahreslohn. Ob Brüggemanns Salär jemals angehoben wurde, ist nicht bekannt. In dem Schreiben anlässlich seiner Ernennung zum Gymnasiallehrer wird er als bisheriger Privatlehrer bezeichnet. Mitgeliefert wurden ihm umfangreiche Instruktionen. Unter anderem musste er das eigens für den Zeichenunterricht erhobene Schulgeld von vierteljährlich 16 Talern kassieren. Die Anweisung des Rektors, den Unterricht im Rechnen betreffend, besagte Folgendes: „In der Realklasse soll durch das Rechnen der Schüler in den Stand gesetzt werden, die verschiedenen Rechnungen des bürgerlichen Lebens, besonders die kaufmännischen, nicht nur mit eigenem Vortheil anzustellen und ihre einfachsten Methoden aufzufinden, sondern auch mit Fertigkeit auszuführen."[24] 1834 geriet Brüggemann mit dem Vater eines Schülers in Konflikt. Die Stellungnahmen der Beteiligten sowie die des Rektors füllten über Wochen hinweg einen Aktenordner. Brüggemann hatte den Schülern der Sexta für zu Hause aufgegeben, ein Gedicht sauber in ein Heft zu schreiben und es auswendig zu lernen. Jedoch war er nach Kontrolle der Aufgabe der Meinung, dass die Schüler sie nachlässig und fehlerhaft erfüllt hätten, und das nicht zum ersten Mal. Er verlangte, das Blatt aus dem Heft zu schneiden und das Gedicht ein zweites Mal abzuschreiben. Diese Maßnahme rief den Zorn des Hauptmanns Schmidt hervor, dessen Sohn in die Sexta ging. Er beschwerte sich vehement über die in seinen Augen unsinnige Aufgabe, und nun gingen Stellungnahmen zwischen Schulleitung und Vater hin und her. Brüggemann bat den Rektor Johann Ernst Nizze (1788–1872) um Schutz vor den Beleidigungen des Hauptmanns, der am Ende einlenken musste, nachdem sogar der Bürgermeister David Lucas Kühl (1752–1837) wegen der Verletzung der Amtsautorität durch den Hauptmann ein Machtwort gesprochen hatte. Schon der Paragraf 1 der *Gesetze für die Schüler des Stralsundischen Gymnasii* von 1822 besagte, dass die Schüler ihren Lehrern Gehorsam schuldeten.[25]

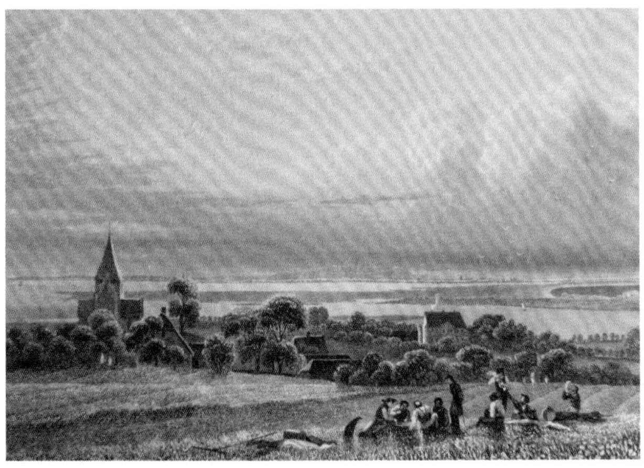

Bobbin, Stahlstich, o. J.

Mehr als 50 Jahre war Brüggemann als Pädagoge in Stralsund tätig und wahrscheinlich der erste Zeichenlehrer der Malerin Antonie Biel, über die noch berichtet wird. Anscheinend nahm selbst der spätere Stralsunder Bürgermeister Otto Francke (1823–1886) Zeichenunterricht bei ihm. Bei so einer Gelegenheit im Jahre 1857 erzählte Brüggemann seinem Schüler, dass er am 31.05.1809 die Erschießung von Ferdinand von Schill (1776–1809) in der damaligen Straße Hinter St. Johannis (heute Schillstraße) beobachtet und sogar einen Knopf von dessen Uniform sowie ein Stück eines Hosenträgers geborgen habe. Diese Andenken seien ihm später abhandengekommen.[26] 1859, mit immerhin 74 Jahren, ging Brüggemann in Pension. Als Rentenzahlung gewährte ihm der Rat der Stadt die gleiche Summe, die er als Lehrer bekommen hatte.

Als Künstler trat Johann Wilhelm Brüggemann vor allem mit seinen Zeichnungen hervor, die als Vorlage für Stiche und Lithografien dienten. Sie wurden unter anderem als Illustrationen in Büchern verwendet. Beispielsweise gab der Stralsunder Stadtbibliothekar Ernst Zober (1799–1869) im Jahre 1831 „Des Zacharias Orthus Lobgedicht auf Stralsund“ heraus, dem eine Ansicht der Hansestadt von Brüggemann beigefügt war, die viel Lob erfuhr.[27] Er schuf nur wenige Ölbilder. Ein Winterbild wird in einem Artikel in der *Sundine*, dem Unterhaltungsblatt für Neu-Vorpommern und Rügen, über die zweite Ausstellung des *Stralsunder Kunstvereins* 1843 begeistert beschrieben.[28] In Berlin stellte er in der *Königlichen Akademie der Künste* aus und schuf gemeinsam mit seinen Söhnen ein für den Klassizismus typisches Panorama, das Paris darstellte. In Stralsund bekam er den Auftrag zur Innengestaltung der *Marienkirche*. Die Baumaßnahmen wurden 1842 bis 1847 durchgeführt. Während der französischen Besatzung zwischen 1807 und 1813 hatte das Gotteshaus als militärisches Heu- und Verpflegungsmagazin gedient und war durch die Beschlagnahme arg in Mitleidenschaft gezogen worden. Das Kircheninnere war regelrecht verfallen und der Magistrat sah sich nach Beendigung der Befreiungskriege zu einer gründlichen Sanierung gezwungen. Also wurde der schon erwähnte Zeichenlehrer Johann Gottfried Quistorp aus Greifswald beauftragt, Vorschläge zur Neugestaltung des Inneren zu machen und anerkannte Künstler zu empfehlen. Quistorp verwies den Rat an Caspar David Friedrich aus Dresden und Karl Friedrich Schinkel (1781–1841) aus Berlin. Wegen der angespannten Haushaltslage kamen die Pläne der berühmten Künstler nicht zur Ausführung. Zunächst wurde die Kirche notdürftig instandgesetzt. Der Oberbaudirektor Schinkel reichte erst 1834/35 seine Entwürfe ein. Von Caspar David Friedrich existiert nur noch ein Schreiben von 1818 im *Stadtarchiv Stralsund*, seine Zeichnungen befinden sich im *Germanischen Nationalmuseum Nürnberg*. Am Ende griff man auf die Vorschläge Johann Wilhelm Brüggemanns zurück, der 1829 Entwürfe „zur würdigeren Ausstattung des Hohen Chores“ eingereicht hatte.[29] Der Wahlstralsunder trug dazu bei, dass der Kircheninnenraum sein „klassizistisch-romantisches Gewand“[30] bekam.

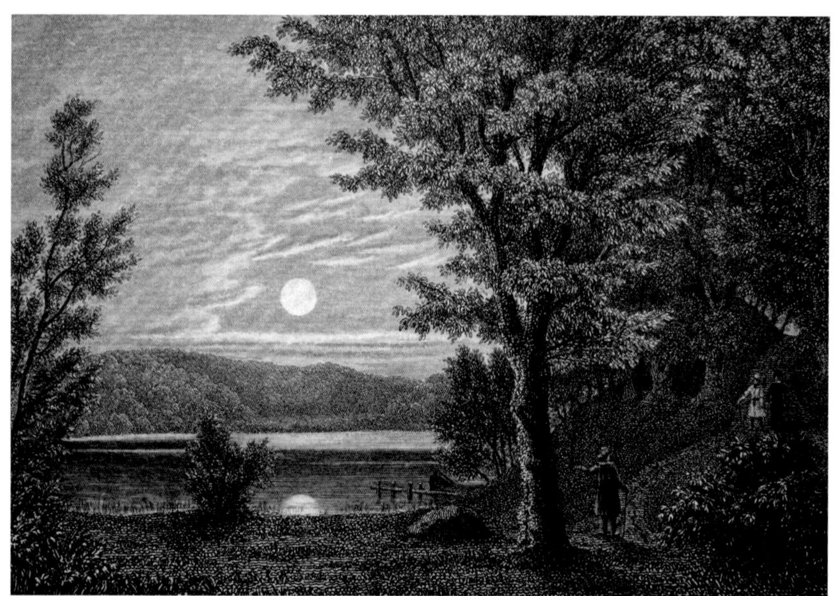

Der Herthasee auf Rügen, Stahlstich, o. J.

Besonders die Ansichten von Rügen und Stralsund, meist Lithografien oder Stahlstiche, haben sich im *STRALSUND MUSEUM* und bei Sammelnden erhalten. Die Blätter bestechen durch Detailtreue, saubere Linien und gediegenes Handwerk. Die Darstellung der wilden, ungezähmten Natur als Merkmal der romantischen Kunst steht vielfach im Mittelpunkt.

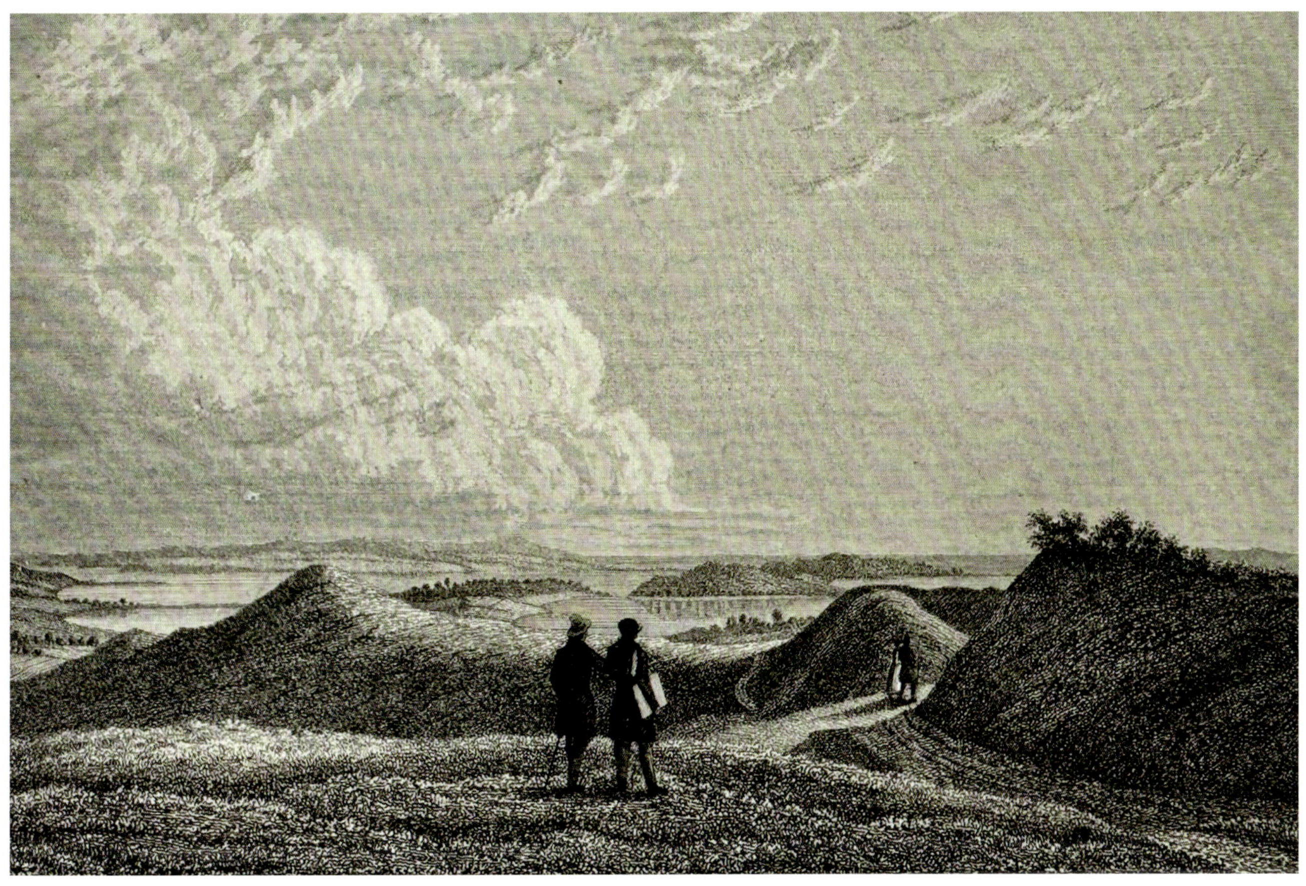

Der Rugard, Stahlstich, 1837

Johann Wilhelm Brüggemann starb am 03.02.1866 in Stralsund. Drei seiner Kinder schlugen eine künstlerische Laufbahn ein. Seine Tochter Angelica Catharina Natalie (1813–1875) wurde Sängerin. Sie verbrachte ihr Leben unverheiratet in Stralsund und trat nach ihrem Gesangsunterricht bei Johann Daniel Heinrich Stümer (1789–1857) in Berlin erfolgreich im Stralsunder Theater auf. Johann Carl Theodor Siegfried Brüggemann (1818 bis nach 1860) wurde gleichfalls Maler und schuf hauptsächlich Kapitänsbilder und Seestücke. Über sein Leben ist kaum etwas zu erfahren, ebenso über seine Schwester Paulina Johanna Friederica (1815 bis vor 1860). Große Bekanntheit erlangte Herrmann Brüggemann, um den es im Folgenden geht.

Hermann Brüggemann – Der Vielseitige

Der letzte Sprössling aus der Familie Brüggemann, Hermann Gotthard Johannes, wurde am 28.06.1822 in Stralsund geboren. Nach der Ausbildung bei seinem Vater ging er 1845 bis 1846 an die renommierte *Königlich Dänische Kunstakademie Kopenhagen.* Hier studierten vor ihm schon Caspar David Friedrich und Philipp Otto Runge (1777–1810). Ab 1854 lebte Brüggemann in Berlin. Dort hatte er zunächst nur ein Atelier, später eine Wohnung. Im „Berliner Adreßbuch" wird er als Porträt-, Genre-, Landschafts- und Geschichtsmaler bezeichnet. Überliefert sind vor allem Seestücke, Hafenansichten und Genredarstellungen. Später kam er zur Architekturmalerei.[31] Als Porträtmaler bediente Brüggemann hauptsächlich Aufträge und war in diesem Metier nicht minder begabt. So schuf er mit den zwei Porträts des Ehepaars Clausing aus Berlin – damals Inhaber von *Clausings Weißbierstuben* – klassisch-biedermeierliche Bildnisse, die sich in Privatbesitz befinden. Sie beeindrucken durch die fotografische Detailtreue der Kleidung und besonders bei dem Frauenporträt durch die schmeichelhafte Verjüngung des Gesichts der etwa 60-Jährigen.

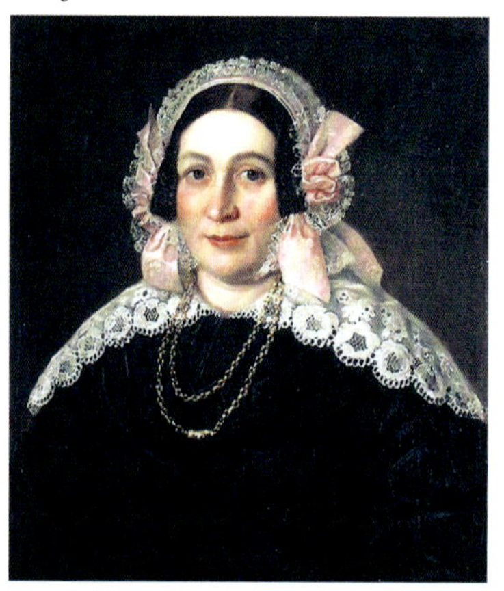

Henriette Christiane Clausing, Öl/Lw., o. J.

Das Ölbild „Das Stralsunder Pferderennen", welches 2016 in Bonn versteigert wurde, ist auch in Privatbesitz. Dabei handelt es sich um ein kulturgeschichtliches Zeitzeugnis, das Auskunft über das gesellschaftliche Leben des Stralsunder Bürgertums Mitte des 19. Jahrhunderts gibt. Pferderennen auf dem Parcours vor der Stadt (heute ist das der Bereich des Strelaparks) waren beliebte Ereignisse, was sich anhand der vielen Zuschauer in Festtagskleidung erahnen lässt. Sie wurden vom 1843 gegründeten *Actien-Verein für Pferdezucht und Pferderennen* organisiert. Abends traf man sich zum Ball im *Ressource-Haus.*[32]

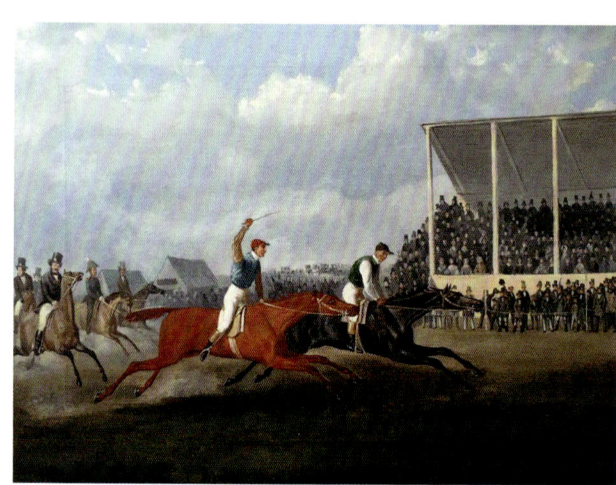

Stralsunder Pferderennen, Öl/Lw., o. J.

Die *Stiftung Stadtmuseum Berlin* besitzt das Ölgemälde „Ansicht der Maschinenbauanstalt Julius Freund in Charlottenburg“ von 1860. Es ist ein typisches Industriebild, das mit rauchenden Schornsteinen vom technischen Fortschritt kündet. Die Landschaft mit der Spree verschwindet im Ensemble aus Gießerei und Produktionsgebäuden ebenso wie der arbeitende Mensch. Das Werk zeigt einmal mehr die Vielseitigkeit dieses Künstlers.

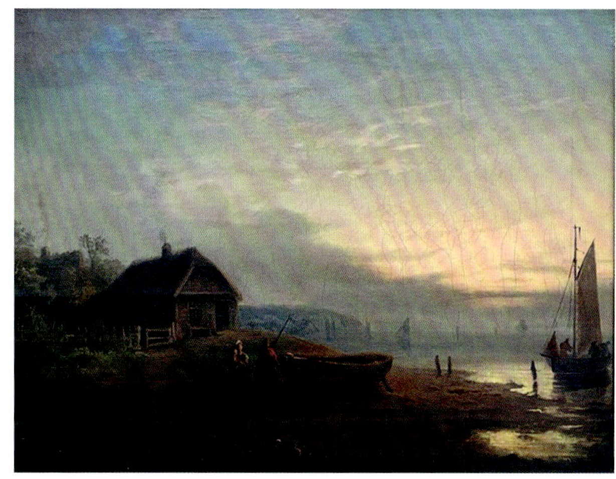

Abenddämmerung am Strande von Rügen, Öl/Lw., o. J.

Hermann Brüggemann heiratete 1869 mit 47 Jahren die wesentlich jüngere Tochter eines Tischlermeisters, die Modistin Auguste Pauline Wolff (1837 bis nach 1894). Die gemeinsame Tochter Angelika Emilie Martha war allerdings schon zehn Jahre zuvor zur Welt gekommen. Hermann Brüggemann starb am 06.10.1894 in Friedenau bei Berlin.

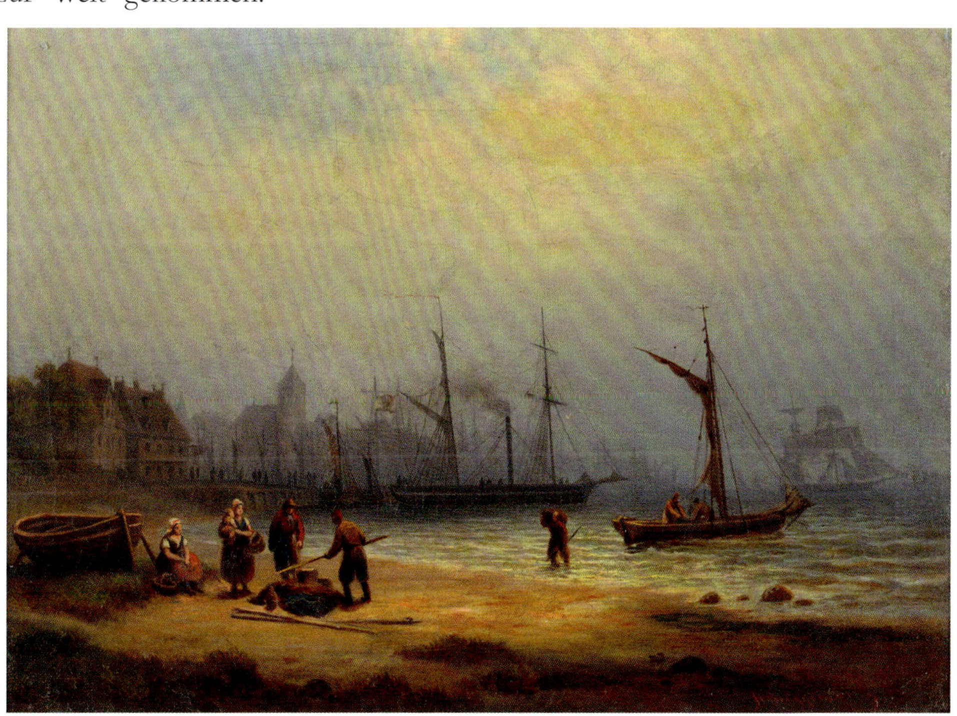

Hafenansicht, Öl/Lw., o. J.

Johann Wilhelm Brücke – Der Weltgewandte

Ein weit über die Grenzen seiner Heimatstadt hinaus berühmter Maler war Johann Wilhelm Brücke. Er wurde am 04.03.1800 in Stralsund in dem mittelalterlichen Giebelhaus Mühlenstraße 3 (bis 1869 Breitschmiedstraße) geboren. Seit 1979 wird dieses Haus nach einer umfassenden Sanierung als sogenanntes *Dielenhaus* von der Stadt für Ausstellungen genutzt. Johann Wilhelm war der fünfte von sieben Söhnen des Goldschmiedemeisters Johann Gottfried Brücke (1763–1812) und seiner Ehefrau Anna Barbara Bohl (1762–1827). Nach dem frühen Tod des Vaters führte die Mutter mithilfe des ältesten Sohnes, Johann Christian (1788–1850), die Werkstatt mehr schlecht als recht weiter. Die Not war oft so groß, dass die Witwe sich immer wieder Geld leihen musste. Nachdem sie gestorben war, meldete der Sohn Johann Christian Brücke Konkurs an und wurde Zahnarzt. Diese Umorientierung war nicht abwegig, galt der Beruf damals wegen der nötigen Fingerfertigkeit durchaus als Kunsthandwerk. Er starb unverheiratet an der Cholera, die in Stralsund grassierte. Sein Bruder, der vierte Sohn, Johann Gottfried Brücke (1796–1873), schlug eine künstlerische Laufbahn ein. Zwischen 1818 und 1848 wurde sein Name in den Katalogen der *Großen Berliner Kunstausstellungen* geführt. In Berlin arbeitete er als Porträt- und Historienmaler sowie als Lithograf und Zeichenlehrer. 1818 hatte er die Tochter des Gutspächters in Zipke bei Kenz geheiratet. Christina Müller war 16 Jahre älter als er und gebar 1819 ihren einzigen Sohn. Schon drei Jahre später starb sie an einer Lungenkrankheit. Johann Gottfried ging nach diesem Schicksalsschlag nach Rom, um seine Ausbildung fortzusetzen. Jedoch konnte er seine Pläne nicht wie erhofft verwirklichen. Laut einer späteren Äußerung seines Sohnes „fiel ihm angesichts der unsterblichen Meister, die er nie erreichen konnte, der Pinsel aus der Hand“[33] und er kehrte nach Berlin zurück. Hier schlug er sich als Porträt- und Historienmaler durch. Er heiratete ein zweites Mal und bekam zwei Söhne. Johann Gottfried überlebte seine zweite Frau und verbrachte seine letzten Jahre in Wien. Dort arbeitete sein Sohn aus erster Ehe als Universitätsprofessor. Nach dem Tod seiner Mutter war er als Dreijähriger zu seiner Tante gekommen und in Stralsund aufgewachsen. Nach dem Abitur studierte er Medizin. Unter anderem auf Empfehlung von Alexander von Humboldt (1769–1859)

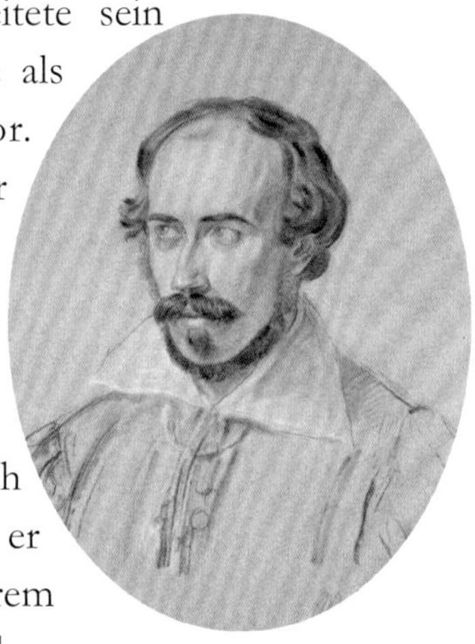

Louis Asher: Johann Wilhelm Brücke, Bleistift, 1834

erhielt er 1843 die Professur für Physiologie und Pathologie in Würzburg. Zwei Jahre später wurde er nach Wien berufen.[34] Seine Nachkommen leben heute in Österreich.

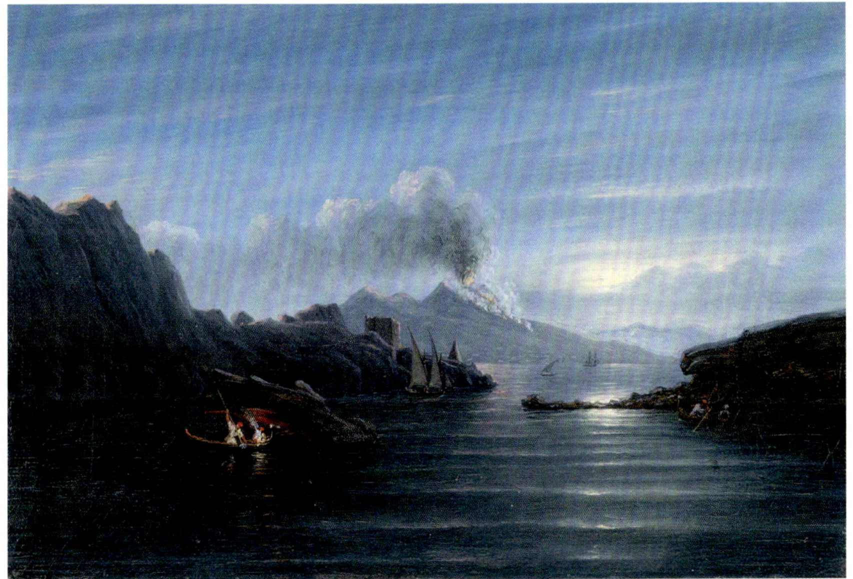

Pesca alla Lampara. Nächtlicher Tintenfischfang vor dem ausbrechenden Vesuv, Öl/Lw., 1849

Aber zurück zu den Malern der Familie. Der fünfte Bruder, Johann Wilhelm, hatte mit fünfzehn Jahren zwar eine Lehre als Goldschmied begonnen, widmete sich jedoch mehr und mehr der Malerei. 1820 beinhaltet ein Ausstellungskatalog der Berliner Kunstakademie erste Werke von ihm. Von 1819 bis 1824 studierte er in der preußischen Hauptstadt. Seine Heimatstadt Stralsund zahlte ihm ein jährliches Stipendium. In einem Beschluss des Rates vom 10.04.1822 wird mitgeteilt, dass die „Wittwe Brücke für ihren in Berlin studirenden Sohn Wilhelm Brücke unter Production von fünf Attesten Berliner Professoren gebeten habe, ihn noch ferner mit einem Stipendio zu unterstützen". Er habe schon drei Jahre das Scholarchatsstipendium von 12 ½ Talern jährlich erhalten. Der Rat werde ihm auch dieses Jahr diese Summe zukommen lassen, „und sollen ihm 12 ½ Taler auf die Casse zu gemeinnützigen Ausgaben angewiesen werden". Eines der Zeugnisse schrieb Johann Gottfried Schadow (1764–1850), der damalige Direktor der *Königlichen Preußischen Akademie der Künste*. Dieses lautete:

„Wilhelm Brücke aus Stralsund hat sämmtliche höhere Klassen mit Nutzen frequentirt und wäre zu wünschen: Er setzte noch ein Jahr seine Studia hier fort um mit Sicherheit, seine Kunst nochmals auszuüben. Worüber demselben dies Zeugniß gern ausgestellt wird. Königl. Academie der Künste. Schadow Director Coll. Helwig."[35]

Im Jahre 1829 ging Brücke nach Italien, kehrte nach fünf Jahren an die Spree zurück und wurde 1835 Mitglied im *Verein Berliner Künstler*. Oft kam er nach Stralsund, denn hier lebten seine Brüder, der Zahnarzt Johann Christian und der Zahnarzt und Porträtmaler Johann Sven Gustav Brücke

(1802–1874). Letzterer, der sechste Sohn, war 1836 und 1838 mit seinen Bildern in den Katalogen der *Großen Berliner Kunstausstellung* vertreten. Nach dem Tod von Johann Christian kehrte er nach Stralsund zurück und wurde hier im Bürgerbuch als Porträtmaler, im Wohnungsanzeiger jedoch als Zahnarzt geführt. Sein Bruder Johann Wilhelm war wohl der erfolgreichste Maler in der Familie. Wie schon erwähnt, beteiligte er sich an der ersten Ausstellung des *Stralsunder Kunstvereins* 1841. Er hatte sich bereits in jungen Jahren einen Namen als Landschafts- und Architekturmaler gemacht und bevorzugte italienische Motive sowie Berliner Stadtbilder. Seine Gemälde schmückten sogar die Wände des *Berliner Schlosses*.[36] In der *Sundine* wurde ein Beitrag über die *Große Berliner Kunstausstellung* 1828 und insbesondere über die Werke von Johann Wilhelm Brüggemann und Johann Wilhelm Brücke veröffentlicht:

„Was die Bilder des Herrn Brücke betrifft, so würde es zu weit führen, sie alle einzeln beschreiben zu wollen; es sind ihrer sechs, theils Rügensche Landschaften, theils Ansichten großer Bauwerke; aber Eines derselben, welches die besondere Aufmerksamkeit Sr. Majestät unseres geliebten Königs auf sich gezogen hat, darf schon deshalb, auch abgesehen von seinem inneren Kunstwerthe, hier gewiß nicht unerwähnt bleiben. Der Gegenstand dieses Bildes ist ein Theil des Opern-Platzes in Berlin, von einem Fenster des Opernhauses aus gesehen. Rechts im Vordergrunde erblickt man die kolossale Statue Blüchers neben dem königlichen Palais und weiterhin einzelne Parthien des Schlosses und des Museums. […] Auf dem Platze selbst, vielleicht dem schönsten in ganz Europa, ist das lebendigste Regen und Treiben. […] Bürgerliche und Militair-Personen eilen zu Fuß, zu Roß und zu Wagen in verschiedenen Richtungen vorüber. […] Mit großem Ergötzen ward dieses Gemälde immer von den Umstehenden betrachtet und bei ihm verweilt; und Sr. Majestät unserm allergnädigsten Könige gefiel es so sehr, daß er es zu 500 Thalern für sich selbst hat ankaufen lassen.“[37]

Selbst wenn er Berliner Prachtstraßen genau wiedergibt und das Erscheinungsbild Berlins in

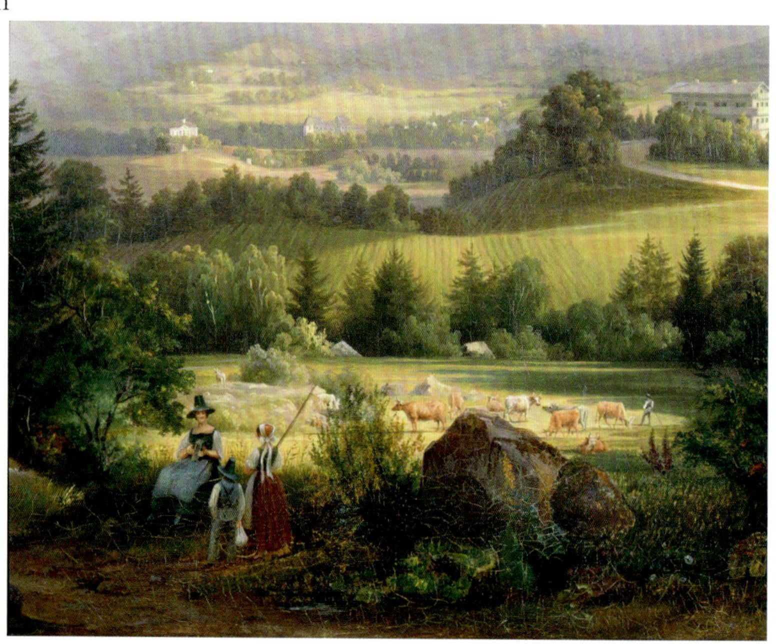

Ansicht auf Milkow und Schneekoppe (Riesengebirge), Öl/Lw., o. J.

der Biedermeierzeit zeigt, gewinnen wir stets einen lebendigen Eindruck vom gesellschaftlichen Leben des 19. Jahrhunderts im Allgemeinen. Ein Beispiel dafür ist das Gemälde „Aussicht auf den ehemaligen Berlinischen Rathausturm" von 1840 mit dem bunten Treiben zwischen den Häusern. Dieses Bild gehört heute der *Stiftung Stadtmuseum Berlin*. Charakteristisch ist die von Brücke bevorzugte rötliche Farbgebung, die ein Erkennungsmerkmal seiner Bilder darstellt.

Johann Wilhelm hatte 1855 Clara Cölestina Adelheid Lehne (1820–1900) geheiratet. Die Ehe war kinderlos, jedoch hatte das Paar eine Adoptivtochter, die spätere Musiklehrerin Hedwig Clara Borges (1860–1885).

Brücke verstarb am 01.04.1874 in Berlin. Auf der *Berliner Jahrhundertausstellung Deutscher Kunst* 1906, Jahre nach seinem Tod, wurden drei seiner Gemälde („Parade vor dem Palais Kaiser Friedrichs", „Berliner Schloss" und „Zeughaus") gezeigt. In seiner Heimatstadt kam er spät zu Ehren: Eine Straße in Stralsund trägt seit einigen Jahren seinen Namen.

Der siebte Sohn Johann Gottfried Brückes, Karl Heinrich Eduard (geb. 1809), wurde übrigens Goldschmied und Zahnarzt. Zwei Brüder tanzten jedoch aus der Reihe: Heinrich Balthasar (1791 bis ca. 1843), der zweite Sohn, war königlicher Proviantmeister in Colberg und Carl Friedrich Adolph (1793 bis nach 1856), der dritte Sohn, wurde Königlicher Grenzaufseher und Steuerkontrolleur.

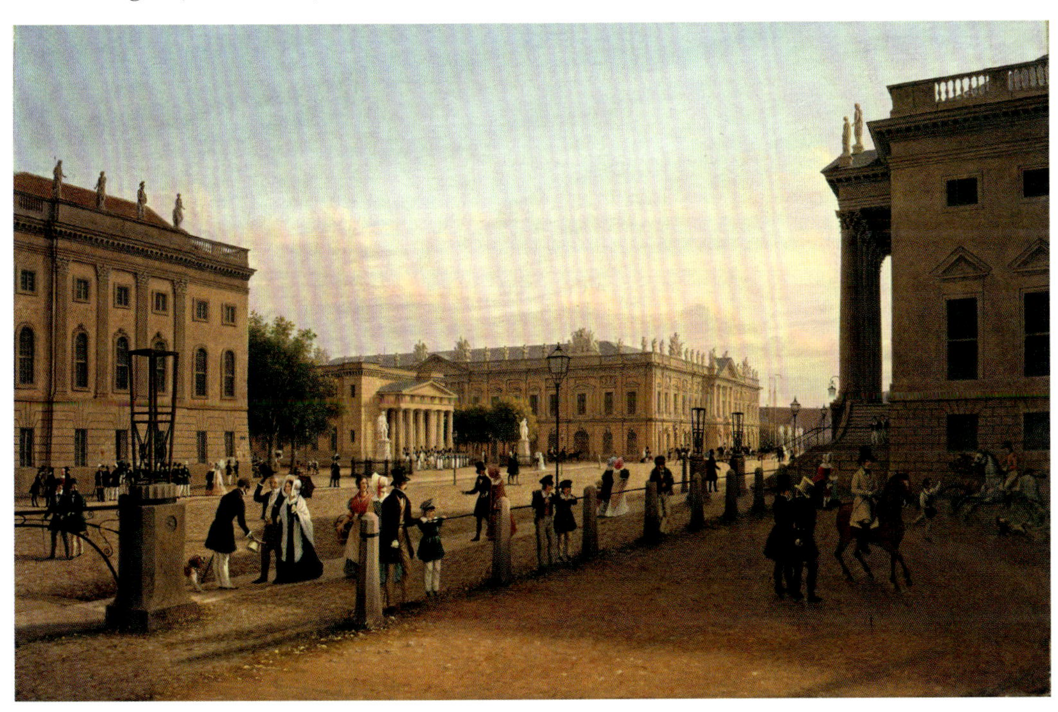

Ansicht der Neuen Wache in Berlin, Öl/Lw., 1842

Wilhelm Witthöft – Der Unbekannte

Ein weiteres Beispiel dafür, dass Stralsund die Wiege auswärts zu Ruhm gekommener Kunstschaffender war, ist Johann Friedrich Wilhelm Witthöft. Er wurde am 11.08.1816 in Stralsund als Sohn des Unteroffiziers Johann Gustav Witthöft (1780–1842) und seiner Frau Maria Dorothea Graumann (1784–1854) geboren. Johann Witthöft hatte beim *Engelbrechtschen Regiment* unter den Schweden gedient und war dann 1815 vom preußischen Militär übernommen worden. Wilhelm hatte noch zwei Schwestern.

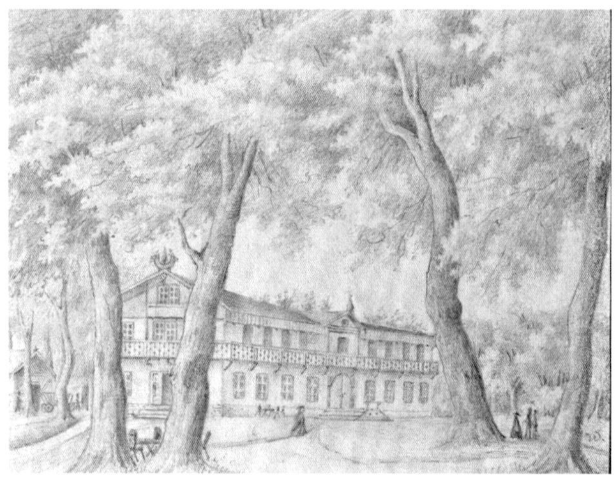

Gasthaus auf Stubbenkammer, Bleistift, 1850

Das *Neue Allgemeine Künstlerlexikon* von 1835 bezeichnet Witthöfts Vater als armen Soldaten, der auf fremde Hilfe angewiesen war.[38] Damit ist sicher eine finanzielle Unterstützung gemeint, die der Sohn als Student bekam. Nachdem sein Fürsprecher dem Rat der Stadt einige Arbeiten zur Ansicht geschickt hatte, sah dieser sich bemüßigt, ihm aus der „gemeinnützigen Büchse“ 50 Taler zu zahlen. Jedoch wurde ein Schuldschein über die Summe hinterlegt. Die „hypothekarische unverzinsbare Verschreibung“ war nur geliehen.[39] Heute würden wir das als BAföG bezeichnen. Ob der Maler das Geld je zurückzahlte, ist nicht bekannt.

Den Antrag auf Unterstützung vom Rat schrieb ein gewisser Ernst Runs im Juni 1835 und bat um Finanzierung einer Reise nach Italien des jungen Witthöft, der nichts besäße als sein Talent. Der junge Mann habe zunächst Unterricht in der Militärschule ebenso wie zwei Jahre in der Gewerbeschule erhalten, sich jedoch mehr und mehr mit Zeichnen befasst. Runs wollte ihn mit dem berühmten Kupferstecher Moritz Steinla (1791–1858) auf eine Reise nach Italien schicken, die im Herbst 1835 stattfinden sollte. Zu seinen Förderern gehörte der Stralsunder Schulrat Adolf Friedrich Furchau (1787–1868). Der Theologe und Dichter, Freund von Ernst Moritz Arndt (1769–1860), interessierte sich für die Geschichte Pommerns und für Bildende Kunst. Sein Haus galt als Mittelpunkt des geistigen Lebens in Stralsund.

Später studierte Witthöft zunächst bei Anton Krüger (1795–1857) in Dresden und ging dann 1839 nach München zu Samuel Amsler (1791–1849). Im zeitgenössischen Lexikon ist vermerkt, dass von Witthöft „treffliche“ Radierungen bekannt seien und dass er im Landschaftsfach Ausgezeichnetes leistete. Als Stahlstecher und Radierer vervielfältigte er Werke berühmter Künstler, so von Ernst Ferdinand Oehme (1797–1855), Carl Friedrich Lessing (1808–1880), Ludwig Richter (1803–1884) und Karl Friedrich Schinkel. Von Letzterem fertigte er einen Stich nach dessen Gemälde „Die Blüte Griechenlands“ an, das damals zu seinen bekanntesten Werken gehörte.

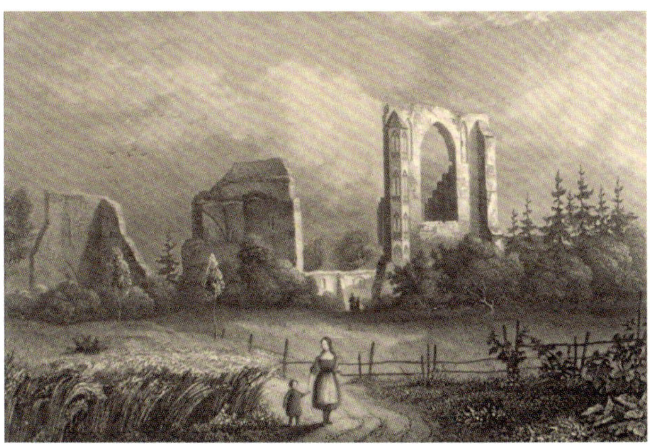

Ruine des Klosters Eldena, nach B. Peters, Stahlstich, o. J.

1843 heiratete Witthöft die Adlige Caroline Friederike Henriette von Reder (1813–1864). Das Paar bekam drei Kinder: Margarethe Helene Eugenie (1844 bis um 1900), Alexander Egon Valentin (1855–1906) und den späteren Oberregierungsrat Malte Erich Waldemar (1851–1900). Weder den Eltern Witthöft noch den Kindern war ein langes Leben vergönnt. Caroline starb 1864, noch während die Söhne minderjährig waren. Diese wiederum wurden kaum 50 Jahre alt. Für Tochter Margarethe gab es im Jahr 1900 sogar ein Aufgebot, in dessen Ergebnis die Verschollene für tot erklärt werden sollte. Vermutlich ging es ums Erbe, denn in jenem Jahr war Malte gestorben. Wilhelm Witthöft selbst starb am 24.07.1874 in Berlin-Schöneberg. Im Sterberegister ist sogar vermerkt: „Namhafter Kupferstecher, besonders in der Landschaft.“ Die *Stralsundische Zeitung* rühmte sein Schaffen in einem Nachruf: „Seine Arbeiten gehören zu dem Besten, was die deutsche Radierkunst geleistet hat. [...] Seiner Energie und Thätigkeit gelang es, schon mit 18 Jahren sich selbst zu erhalten, indem er theils kleinere Platten, theils sehr gesuchte Zeichnungen lieferte. Im Jahr 1845 siedelte er nach Berlin über und gewann auch schnell Gönner. [...] Die letzten Jahre seines Lebens hatte er, wie die Voss. Ztg. berichtet, theils verbittert durch üble Erfahrungen, theils gezwungen durch Schwerhörigkeit, höchst einsam verlebt.“[40] Zum Zeitpunkt seines Todes besaß Witthöft eine Villa in der Potsdamer Straße in Berlin, mehrere Häuser und eine Wohnung in der Stralsunder Schillstraße. Werke von Witthöft sind heute kaum bekannt. Im *STRALSUND MUSEUM* und im *Stadtarchiv Stralsund* werden einige aufbewahrt.

Albert Grell – Der Verschmähte

Mit Carl Gustav Albert Grell (in manchen Dokumenten Carl August Albert) tritt ein weiterer Künstler aus Stralsund hervor, der über die Grenzen seiner Heimatstadt hinaus bekannt wurde. Albert Grell wurde am 03.07.1814 als Sohn des Porträt- und Dekorationsmalers Gottlieb Jacob Friedrich Grell (1778–1829) und seiner Ehefrau Carolina Eleonora Eckel (1786–1842) geboren. Die Familie stammte aus Ostpreußen. Großvater Gottlieb Jacob Grell, der 1731 in Königsberg zur Welt kam und von Beruf Schneider war, erhielt Mitte des 18. Jahrhunderts das Bürgerecht der Hansestadt Stralsund. Er heiratete Clara Maria Tröger aus Loitz und bekam zehn Kinder mit ihr, darunter zwei Zwillingspärchen. Auch Albert Grells Vater war ein Zwilling.

Schon als Kind zeigte sich das künstlerische Talent Grells. Seine Eltern beantragten für ihn eine finanzielle Unterstützung vom Rat der Stadt Stralsund. In der schon mehrfach zitierten Akte im *Stadtarchiv Stralsund* betreffend die Förderung junger Künstler befinden sich etliche Schriftstücke über Albert Grell. So schrieb er über sich selbst in seiner Schrift „Einige Worte über meinen bisherigen Unterricht über die Malkunst", die einem Unterstützungsgesuch an die Stadt beigelegt war, dass die Natur ihn „mit einem gewissen Talent für die Malerkunst" ausgestattet habe.[41] Der Vater, so hieß es in besagtem Schreiben, fördere „die Liebe und Hang für das Edle und Schöne der Kunst", hauptsächlich das eigene künstlerische Bestreben seines Sohnes. Am Gymnasium bekam Albert wöchentlich zwei Stunden Zeichenunterricht bei Johann Wilhelm Brüggemann. Später übergab der Vater seinen Sohn einem Freund, dem Zeichenlehrer Johann Christoph Habermeyer, als Schüler.

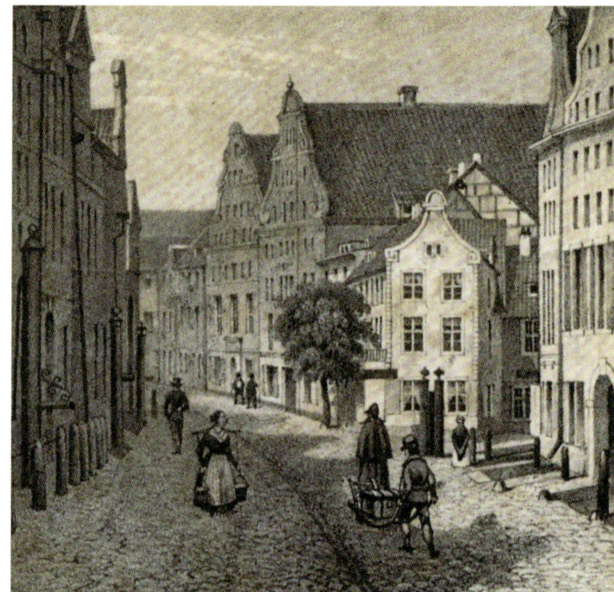

Stralsund, Fährstraße, Lithografie, 1842

Dieser machte ihn „mit dem Verhältnis des menschlichen Körpers bekannt"[42]. Ostern 1829 wurde im *Landständehaus* in der Badenstraße 39 eine Gewerbeschule eröffnet. Hier erhielt Albert

Grell Unterricht durch den Zeichenlehrer Adolf Schmidt (1799–1880), der ihm „die Lehre der höchst unentbehrlichen Wissenschaften Perspektive und Architektur“ zuteilwerden ließ und ihn im „Handzeichnen und Modelliren“ unterwies. Schmidt war mit Johanne Katharina Wenzel, der Tochter des letzten Stralsunder Scharfrichters, verheiratet, der 1841 starb. Die Stelle wurde nicht neu besetzt, sodass wegen der letzten Hinrichtung in Stralsund 1855 an dem Mörder Johann Joachim Lorenz eigens der Scharfrichter Reindel aus Berlin engagiert wurde. Nach dem Tod seines Vaters musste Grell die Schule verlassen und Dekorationsmalerei lernen, um später das Geschäft der Familie zu übernehmen. Doch seine Liebe zur Kunst blieb, und die Mutter unterstützte ihren Sohn weiter, damit sein Traum vom Kunststudium wahr werden konnte. Nach der „Fürsprache seiner Familie“, wie aus der o. g. Akte hervorgeht, entschloss sich Albert Grell, an der *Königlich Preußischen Akademie der Künste* in Berlin zu studieren. Die Mutter überreichte dem Rat der Stadt am 16.03.1832 ein Gesuch, womit sie um die Genehmigung bat, ihrem Sohn „ein Stipendium auf

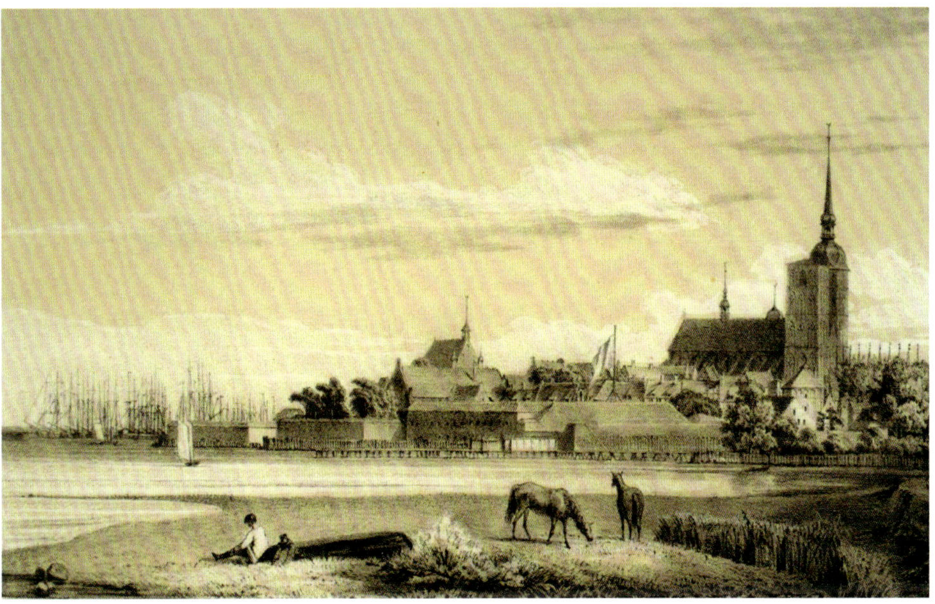

Stralsund vom Knieper-Strande, Lithografie, um 1850

3 Jahre als Mithülfe zur Ausbildung der Malkunst in Berlin zu bestimmen“.[43] Der Rat übergab das Gesuch dem Syndikus Arnold Brandenburg (1783–1870), einem Onkel der Malerin Antonie Biel. Dieser wurde angewiesen, die „Anlagen und Geschicklichkeit“ des jungen Mannes und die Vermögensverhältnisse der Familie zu überprüfen. Am 02.04.1832 zeigte Brandenburg dem Rat einige Arbeiten Grells, die den Herren zwar gefielen, sie beschlossen jedoch: „Ein HochEdler Rath kann es nicht ferner verantwortlich finden, zur Beförderung der Kunstmalerei Unterstützungen zu bewilligen, nachdem die Erfahrung gezeigt hat, daß nur zu häufig die Meinung besondere Anlagen für diese Kunst zu besitzen, die jungen Leute

verleitet zu ihrem eigenen großen Nachtheile einen eigenen unrichtigen Weg zu betreten." Trotz der fehlenden Unterstützung aus seiner Heimatstadt begann Albert Grell sein Studium in Berlin. Am 16.03.1835 stellte seine Mutter wieder einen Antrag. Ihr Sohn, so schrieb Carolina Eleonora Grell, habe sich an den Minister Karl vom Stein zu Altenstein gewandt und von diesem „die Bewilligung des freien Unterrichts bei der Akademie der Künste in Berlin"[44] erhalten. Der Stralsunder Rat ließ sich jedoch nicht erweichen und lehnte das dreijährige Stipendium für Grell weiterhin ab. 1836 beendete Albert Grell sein Studium an der Akademie in Berlin, wo er unter anderem ein Schüler von Professor August von Kloeber (1793–1864) war, und kehrte nach Stralsund zurück. Friedrich von Suckow (1789–1854), der Herausgeber der *Sundine*, veröffentlichte am 21.10.1840 einen Artikel über ein Werk von Grell, in dem es hieß: „Unser vortrefflicher Landsmann, Herr Albert Grell, hat eben wieder ein Bild vollendet, das seine Gefälligkeit allen Liebhabern den ganzen Donnerstag (der morgende Tag) zur Ansicht stellt, da es am Freitag nothwendig mit der Post zur Berliner Kunst-Ausstellung abgehen muß, indem es zu derselben fast schon zu spät kommt. Das Bild stellt eine Stralsunder Fischerfamilie dar."[45] Albert Grell schuf hauptsächlich Landschafts- und Städteansichten. Auch von einem Madonnenbild wurde in der *Sundine* berichtet, das auf der *Großen Berliner Kunstausstellung* wohlwollende Aufmerksamkeit erhielt. Die Stralsunder konnten es in Grells Elternhaus in der Badenstraße besichtigen.[46] Um 1860 war Albert Grell als Gewerbelehrer in Halle tätig, heute ist eine Straße in der Stadt an der Saale nach ihm benannt. 1865 folgte er dem Ruf der *Berliner Königlichen Gewerbeakademie* und wurde dort zum Professor ernannt. Bis 1879 wirkte er als Dozent und Vorsteher der Kunstsammlungen an der Akademie.

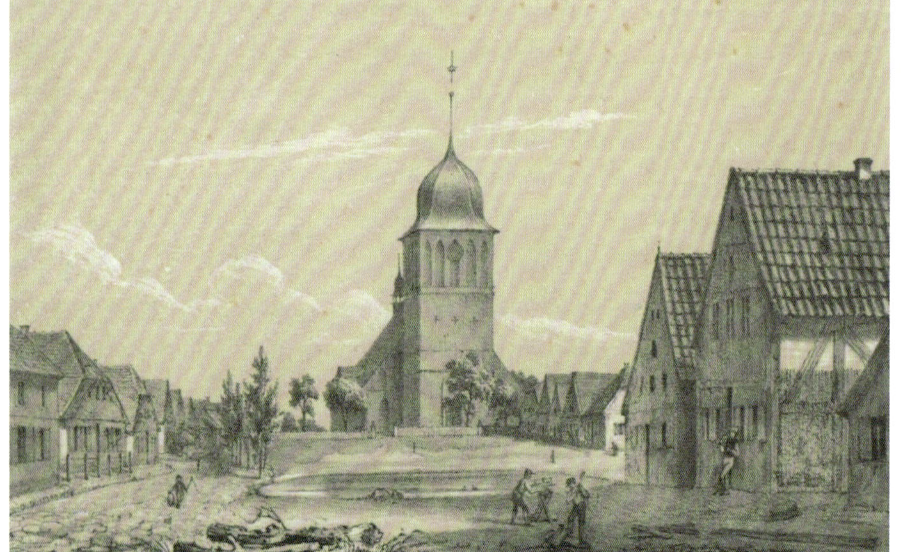

Marktplatz in Gingst. Lithografie, um 1850

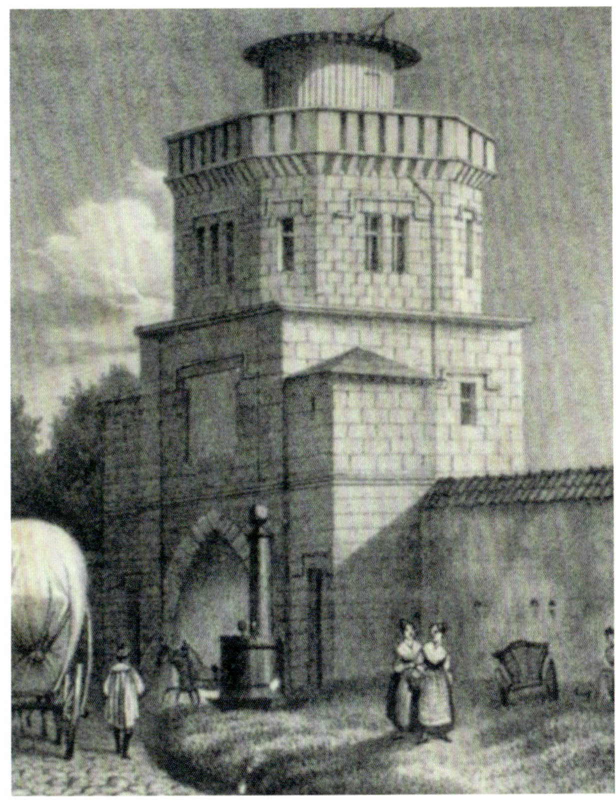

Stralsund, Inneres Tribseer Tor, Lithografie, um 1850

Lithografien aus der Serie „Neu-Vorpommersche Rügensche Städteansichten“ sowie Ansichten von Stralsunder Stadttoren, die Anfang der 1840er Jahre im *Verlag A. Volkmann* in der Hansestadt herausgegeben wurden, befinden sich im Stralsunder Stadtarchiv und im *STRALSUND MUSEUM*. Die grafischen Darstellungen von Rügen und der Heimatstadt des Künstlers überzeugen durch ihre Genauigkeit und die solide handwerkliche Ausführung. Er hielt alle wichtigen Gebäude Stralsunds fest und liefert uns damit viele kulturgeschichtliche Zeugnisse für Häuser, die im Zweiten Weltkrieg zerstört wurden.

Grell war seit 1854 mit Marie Auguste Albertine Zipfel (1824–1914) verheiratet und hatte eine Tochter, Marie Louise Adelheid (geb. 1855), sowie einen Sohn, Paul Albert August Grell (1857–1937), der Kaufmann wurde.

Albert Grell verstarb am 15.11.1891 in Berlin-Charlottenburg.

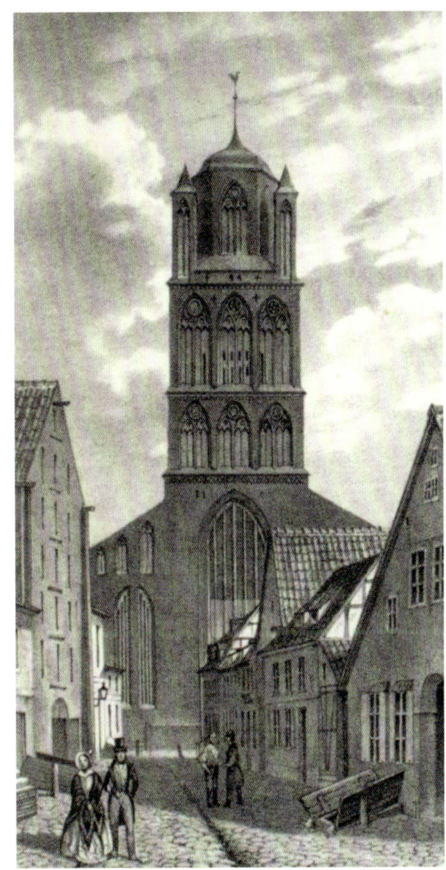

Stralsund, Jacobikirche, Lithografie, um 1850

Karl Fröhlich – Der Fleißige

In der Hansestadt Stralsund wurden nicht nur künftige Malerinnen und Maler geboren, hier stand auch die Wiege eines der bedeutendsten Scherenschnittkünstler des 19. Jahrhunderts. Wenige Jahre vor seinem Tod schrieb Karl Fröhlich an einen Freund: „Eine ungeduldige Schar von Schatten verfolgt mich und will mit der Schere aus dem schwarzen Papier erlöst sein.“[47] Selbst wenn diese poetische Aussage augenzwinkernd gemeint war, so drückte der Meister doch damit aus, in welchem Dilemma er zeitlebens steckte: Von unbändigem Schaffensdrang getrieben und in jeder freien Minute ausschneidend, musste er hauptsächlich als Buchdrucker seinen Lebensunterhalt verdienen. Damit unterscheidet sich Fröhlich von den anderen für diese Publikation untersuchten Kunstschaffenden, die fast ausschließlich freischaffend tätig waren.

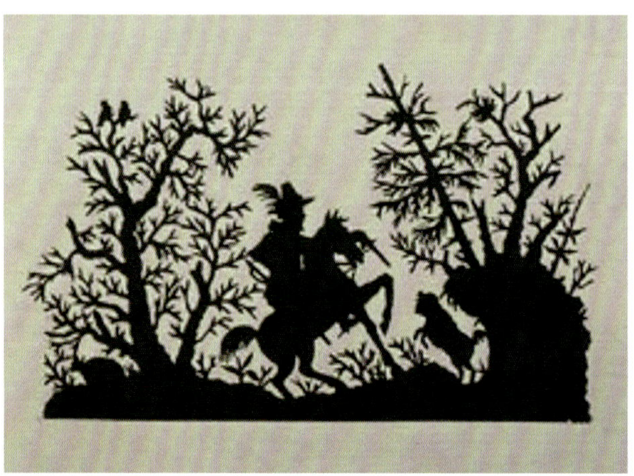

Bevor die interessante und außergewöhnliche Biografie Karl Fröhlichs näher beleuchtet wird, soll zum besseren Verständnis zunächst auf die Geschichte der Scherenschnittkunst eingegangen werden.

Die Scherenschnittkunst, auch „Schwarze Kunst“ genannt, hat eine lange Geschichte. Schon aus der Karolingerzeit im 8./9. Jahrhundert sind uns Buchdeckelschnitte aus Leder, Papier und Pergament bekannt. Seit dem 11. Jahrhundert gibt es das Schattentheater in China und Indien. Die dort verwendeten Figuren wurden aus schwarzem Papier geschnitten. Um die Mitte des 18. Jahrhunderts kam das Ausschneiden schwarzer Porträtsilhouetten auf. Das Silhouettieren fand im Bürgertum regen Zuspruch. Man konnte sich nun einfach ein naturgetreues Profil verschaffen, ohne die teure Miniaturmalerei zu bemühen. Die Technik war von jedermann leicht zu erlernen: Geöltes dünnes Papier wurde hinter eine Glasplatte gespannt und mithilfe eines Ständers an den Silhouettierstuhl montiert. Das Licht einer Kerze beleuchtete den Kopf des Modells, das auf dem Stuhl saß. Der Schatten des Profils erschien rückwärts der Glasplatte auf dem Papier und konnte umrissen werden. Nachdem die Silhouette ausgeschnitten, mit dem „Storchenschnabel“ verkleinert und schwarz getuscht worden war, musste sie auf der Rückseite mit dem damals gebräuchlichen Gummi- oder Leimwasser bestrichen und auf weißes Papier geklebt werden. Den Namen „Silhouette" verdankt der Schattenriss dem französischen Generalkontrolleur der Finanzen, Etienne de Silhouette, und dessen sprichwörtlicher Sparsamkeit 1759 hinsichtlich der Wirtschaft im Lande Ludwigs XV. Alles, was preiswert und einfach war, erhielt im Volksmund den Namen „à la Silhouette".

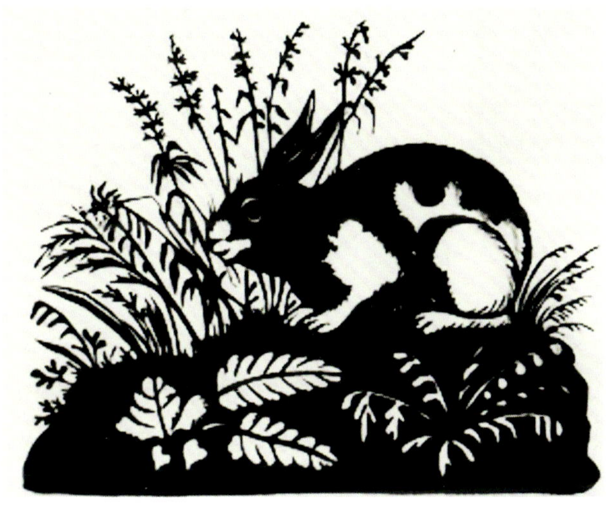

Neben den Dilettanten gab es etliche Silhouetteure, die die Ausschneidekunst gewerbsmäßig betrieben. Oftmals kamen sie aus der Gilde der Miniatur- und Porträtmaler, zogen nun von Stadt zu Stadt frei umher und boten ihre Dienste in Annoncen an. Sesshafte Künstler oder gar eine entsprechende Zunft konnten für Stralsund bisher nicht nachgewiesen werden. In der *Stralsundischen Zeitung* vom 26.01.1790 findet sich folgende Anzeige:

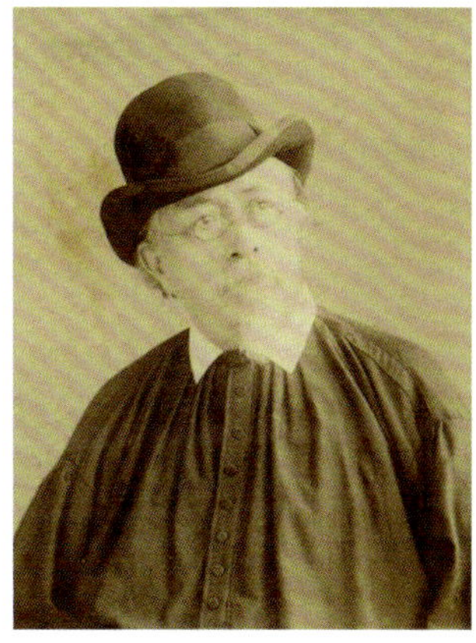

Karl Fröhlich, Fotografie, 1891

„Der Silhouetteur Herwig reiset heute nach Bergen auf Rügen, wo er sich auch eine kurze Zeit aufhalten wird. Er empfiehlt sich allen resp. Herrschaften daselbst und in der Gegend zur Verfertigung aller Arten Silhouetts nach neuestem Geschmack. Die Silhouette einer Person im Brustbild mit Einfassungen von ganz neuer Erfindung wird für einen Thaler 6 mal, und für einen Gulden 3 mal, und in Lebensgröße für einen Thaler 1 mal, und in Ringe, Berloques e.t.c. für einen Thaler 1 mal verfertigt."[48]

Die Silhouettiertechnik wurde weiterentwickelt, die Porträts gern reliefiert, d. h. mit der stumpfen Seite einer Nadel von hinten so eingedrückt, dass Augen, Haare, Mund, Nase und Kleidung zu erkennen waren. Außerdem waren das Bemalen oder Vervielfältigen mithilfe der Lithografie beliebt.

Nachdem das Zeitalter der klassischen Porträtsilhouette bereits Anfang des 19. Jahrhunderts zu Ende ging, erhielt sie durch die Erfindung der Daguerreotypie 1839 und der Fotografie 1851 weitere Konkurrenz. Schließlich silhouettierte man kaum noch. Der eigentliche Scherenschnitt lebte im Genreschnitt seit der Zeit des Biedermeier und später im Illustrationsschnitt fort. Während die Silhouette durch den zufälligen Schatten entsteht, liegt dem Scherenschnitt eine Bildidee des Künstlers zugrunde. Einer der bedeutendsten und bekanntesten deutschen Scherenschnittkünstler, Karl Hermann Fröhlich, kommt aus der Hansestadt Stralsund. Er wurde am 08.04.1821 in der Külpstraße 6 als uneheliches Kind des armen Schuhmachers Johann Heinrich Fröhlich (1795–1848) und Anna Ilsabé Barbara Lustig (1797–1865) geboren. In den nächsten sechs Jahren kamen drei weitere Geschwister in Stralsund zur Welt. Im Januar 1825 hatten die Eltern geheiratet. Zwischenzeitlich saß der Vater wegen seiner Schulden in der Quartierkammer im Gefängnis. Er konnte das Bürgergeld nicht mehr bezahlen, das ihm aber wegen seiner großen Armut erlassen wurde.[49] „Mein Vater war ein heiterer, leichtlebiger Mann“[50], schrieb Fröhlich später. 1829 zog die Familie nach Berlin. Seiner Heimatstadt

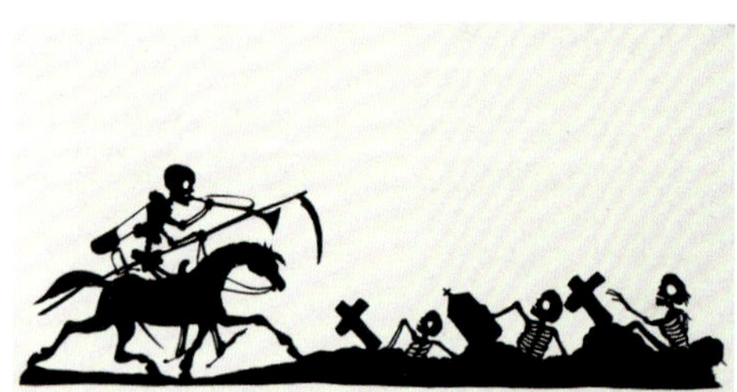

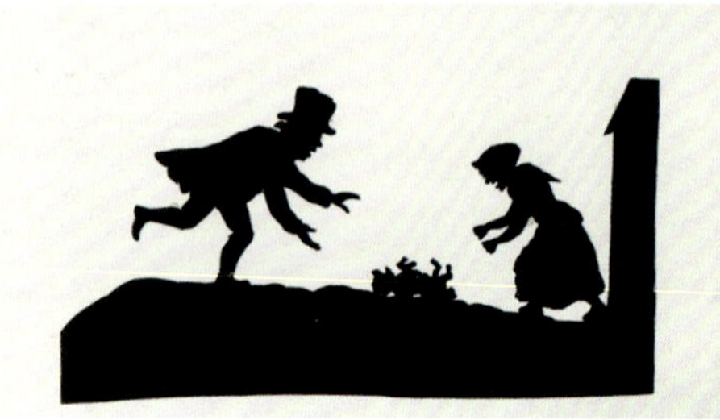

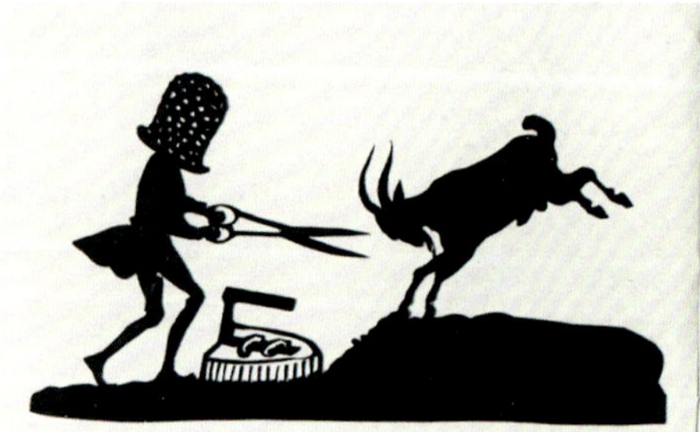

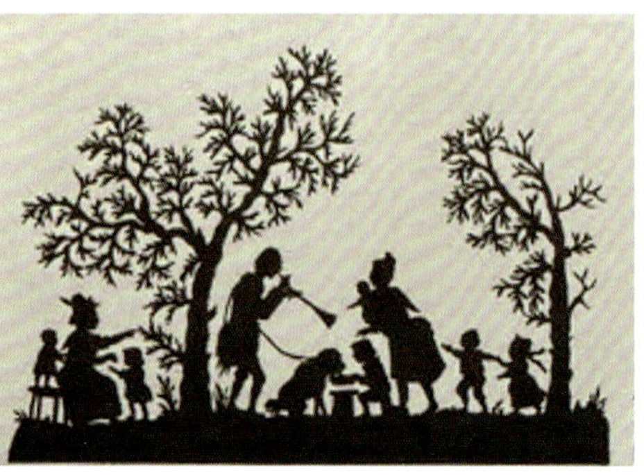

blieb der Künstler sein Leben lang treu. „Auf dem Johannishof bei Mamsell Jäkel habe ich den einzigen Schulunterricht, den ich je empfing, genossen.“[51] Mit der Ausschneidetechnik war Karl Fröhlich schon als Kind in Berührung gekommen. Seine Tante Marie, Schwester seiner Mutter, war Totenfrau und schnitt Papiermanschetten für die Kerzen aus, die am Sarg aufgestellt wurden. Fröhlich bezeichnete sie später als „Erweckerin“ seines Ausschneidetalents.[52] Seit 1840 hielt er sich wieder öfter in Stralsund auf. Er besuchte Großmutter Lustig sowie die Geschwister seiner Mutter, Tante Marieken und Onkel Hans, im *Gastwirt Grün'schen Hause*. Er hatte in Stralsund Freunde, namentlich den Arzt Dr. Georg Reuter und dessen Tochter Marie (1897 verstorben).

Was seine Bildung betraf, war jedoch der Umzug nach Berlin ein Glücksfall für Karl Fröhlich. Zunächst trug er mit seinem Verdienst als Laufbursche bei einem Zeugschmied zum

Lebensunterhalt der Familie bei, die sich noch einmal um vier Kinder vergrößert hatte. Mit 12 Jahren begann er ebenfalls als Laufbursche und dann als Lehrling bei E. Nauck, Besitzer einer *Concessionirten Buchhandlung und Buchdruckerei.* 1838 wurde er als Geselle losgesprochen. Im darauffolgenden Jahr begab er sich auf Wanderschaft. Stationen seiner Walz waren Mecklenburg, Pommern und Holstein, bis er nach weiteren drei Jahren in Wertheim an der Tauber eine feste Anstellung bei Nikolaus Müller, Herausgeber des *Main-Tauber-Boten*, bekam. Hier lernte er seine spätere Frau, Anna Ströbe, die Tochter seiner Zimmerwirtin, kennen.[53]

Seit 1840 widmete sich Fröhlich mehr und mehr der Schwarzen Kunst. Entscheidenden Ausschlag gab die Begegnung mit Wilhelm Müller (1804–1865). Fröhlich schrieb dazu: „Etwa 30 Jahre lang, bis 1865, leistete Wilhelm Müller aus Düsseldorf in der Schwarzen Kunst ganz Vorzügliches. Er war vom Handwerk Schuhmacher. Im Umgang mit Malern und Bildhauern vervollkommnete er seine Talente, und wird jetzt noch mit Ehren genannt. Wilhelm Müller wurde mein Vorbild und uns verband brüderliche Freundschaft bis zu seinem erfolgten Tode."[54] Fröhlich besuchte den Freund nicht nur in Düsseldorf, sondern lebte zeitweise in der Stadt und studierte ein Semester an der dortigen Kunstakademie.[55] Die Leidenschaft für die Scherenschnittkunst hatte Fröhlich gepackt und er verbrachte fortan jede freie Minute mit dem Schneiden. Mit der Zeit gebrauchte er die Schere geradezu akrobatisch. Er hatte unheimlich viel Fantasie, denn er zeichnete selten vor, schnitt gleich ins Papier. Die kleinen Kunstwerke sind oft nur wenige Zentimeter groß. Neben dem äußerst filigranen Schnitt bediente sich Fröhlich der Ritztechnik und der Nadelarbeit, um weiße Innenkonturen entstehen zu lassen bzw. schwarze Flächen aufzuhellen. Zu seinen beliebtesten Motiven gehörten Jagd- und Schäferszenen, Leute auf dem Markt, spielende Kinder mit Tieren und natürlich die bürgerliche Familienidylle. Seltener schnitt Fröhlich reine Porträts.

Ein Markenzeichen seiner Scherenschnittkunst sind oftmals missratene oder nicht vollständig ausgeführte Hände, was nicht als Makel, sondern eher liebenswert erscheint. Die Scherenschnitte sind poesievoll, märchenhaft harmonisch, typisch biedermeierlich, obwohl Fröhlichs Hauptschaffenszeit nicht mehr in jene Stilepoche fiel. Er schnitt stets perfekt und überaus aufwändig, egal, ob er den flüchtigen Augenblick darstellen oder eine kleine Geschichte erzählen wollte. Unübertroffen sind die äußerst filigranen Pflanzenranken mit dem verzweigten Blattwerk, typisch die Geschlossenheit und Harmonie seiner Werke. Er probierte häufig Neues aus, ließ sich inspirieren. Sammelnde bescheinigen ihm, dass er schneidetechnisch in den Bereich des Extremen vordrang.[56]

Das Jahr 1846 wurde entscheidend für sein weiteres Leben. Am 9. Oktober heiratete er Anna Katharina

Margaretha Ströbe (1802–1865) und holte sie nach Berlin, wo er sich inzwischen niedergelassen hatte. Das einzige Kind des Paares verstarb früh.

1847 streikten die Buchdrucker und Schriftsetzer um höhere Löhne. Karl Fröhlich trat als Redner bei verbotenen Versammlungen auf, wurde verhaftet und zu einigen Monaten Gefängnis verurteilt.[57] Im Herbst 1849 wurde in Berlin der *Gutenberg-Bund* gegründet, der ca. 3000 Mitglieder zählte. Einer der Gewerkschaftsführer hieß Karl Fröhlich. Die Ziele des Bundes lauteten „Begründung, Hebung und Sicherstellung des materiellen und geistigen Wohles der Buchdrucker und Schriftgießer, ebenso das Wohl der Prinzipale wie Gehülfen."[58]

Die nächsten Jahre waren von unermüdlicher Schaffenskraft geprägt. Schon 1846 hatte Fröhlich seinen ersten kleinen Gedichtband mit eigenen Scherenschnitten herausgebracht. „Daß die Silhouette vielfach als Illustrationsmittel verwendet wurde, habe ich verschuldet. Denn größere Versuche des Grafen Franz Pocci blieben ohne Erfolg. Pocci hatte seine Silhouetten nicht geschnitten, sondern gezeichnet und deshalb gerieten sie schlecht. Die wirkliche Silhouette muß als geschnitten gedacht werden, denn Werkzeug und Technik bedingen die Grenzen dieser Kunst."[59] Franz Ludwig von Pocci (1807–1876) war ein vielseitiger Künstler: Zeichner, Radierer, Schriftsteller, Musiker und Komponist in den Diensten der bayrischen Könige.

So gilt Karl Fröhlich zu Recht als erster Scherenschneider, der eigene Gedichte illustrierte. 1856 erschien erstmals das Frauenjahrbuch „Herzblättchens Zeitvertreib", für das er fast vierzig Jahre lang Bilder und Texte lieferte. Mit der Herausgeberin Thekla von Gumpert, verh. Schober (1810–1897), verband ihn eine enge Freundschaft. Weitere Veröffentlichungen waren „Blumen am Wege" (Cassel 1851), „Gedichte" (Berlin 1862), die Kinderbücher „Fabeln und Erzählungen" (Cassel 1853/54), „Silhouettenfibel" (Cassel 1855), „Neue Silhouetten und Reime" (Berlin 1855), „Buntes Allerlei" (Berlin 1857), „Lilgen Konfallgen" (Berlin 1858), „Neue Silhouetten-Fibel" (Berlin 1859), „Blumen am Wege, ein Strauß für die Jugend" (Berlin 1882). Zumeist gab er die Bände im Eigenverlag heraus. Seine Gedichte und Reime entsprachen dem Zeitgeschmack und waren sehr beliebt. Auch im Verwandten- und Bekanntenkreis galt „Onkel Fröhlich" als begnadeter Märchenerzähler und Freund der Kinder. Besonders als er und seine Frau Anna Ende der 1850er Jahre mit seinem Bruder und dessen Familie zusammenzogen, war er in seinem Element. Wenn er von der Arbeit kam, warteten die Kinder aus der Nachbarschaft schon auf ihn.[60]

Karl Fröhlich hatte nachweislich einen Schüler, Paul Konewka (1841–1871). Über ihn berichtete er Rudolf Baier (1818–1907), dem Direktor des Stralsunder Museums: „Durch Herrn Prof. Johannes Gruber in Stralsund wurde ich mit Konewka in Greifswald bekannt. Der Knabe Paul hatte durch Herrn Gruber meine Fibeln und Erzählungen in Silhouetten und Reimen als Geschenk erhalten und ließ nicht nach bis er mich kennenlernte. Ich erkannte sogleich die bedeutenden Anlagen des Knaben, unterrichtete ihn in den Handschriften und gab ihm eine von meinen Scheren und geeignetes Papier. Paul Konewka besuchte später die Kunstakademie in Berlin, aber seine schon früh bewunderten Silhouetten ließen den Bildhauereleven an ausdauerndem Fleiß in seinem erwählten Kunstfach erlahmen. Er erlangte als Silhouetteur einen verdienten Ruf und ist früh verstorben. [...] Er erkannte das Wesen der Silhouette und empfand es innerlich. Selbst tüchtige Zeichner verstehen selten à la Silhouette darzustellen, denn, in Bezug auf Composition und Erfindung, steht die Silhouette der Plastik näher als der Malerei."[61]

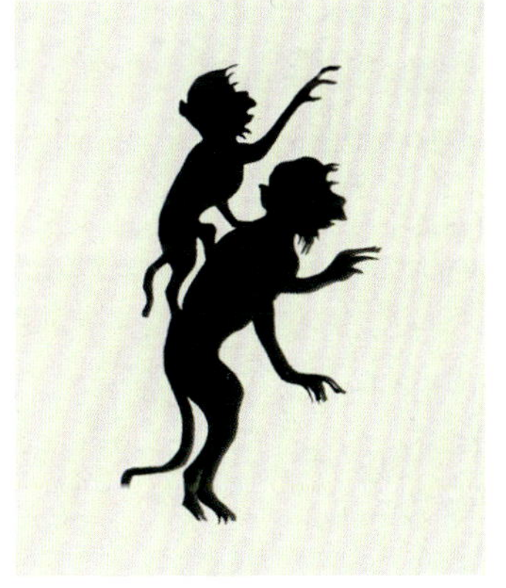

Karl Fröhlich suchte die Bekanntschaft mit Künstlern seiner Zeit. So stand er in Verbindung mit Ferdinand Freiligrath (1810–1876), Justinus Kerner (1786–1862), Theodor Storm (1817–1888), Ludwig Richter und anderen.

Dass Karl Fröhlich der Scherenschnittkunst ausschließlich nebenberuflich nachging und fast durchgängig als Buchdrucker arbeitete, muss vermutet werden. Für die Zeit von 1867 bis 1872 ist noch eine andere Tätigkeit belegt: Er wurde künstlerischer Mitarbeiter beim Berliner Hoffotografen Gustav Schauer (1826–1902). Danach, bis er sich 1880 zur Ruhe setzte, verdiente er als Korrektor der *Berliner Börsenzeitung* sein Geld. Eine kurze Phase in seinem Leben, ungefähr zwischen 1865 und 1868, hat er später als die Zeit eines „ungeordneten Wirtshauslebens" bezeichnet. Der Tod seiner Frau, seiner Mutter und seines Freundes Wilhelm Müller stürzte ihn in tiefe Trauer. Untätigkeit als Künstler war die Folge. Erst 1868, nachdem er seine zweite Frau, Luise Naumann (1839–1916), geheiratet hatte, lebte er wieder auf.[62] Auch diese Ehe blieb kinderlos.

In Stralsund pflegte er die freundschaftliche Beziehung zur Familie Reuter. „Hoch verehrtes Fräulein", schrieb er 1856 an Marie Reuter, „Sie wissen, wie mein Herz und Wesen beschaffen ist. Ich freue mich jedesmal, wenn ich an Sie denke. Könnte ich Ihnen nur recht viel Freude machen. Halten Sie, mit gütigem Herzen, das beiliegende Blättchen für ein ganz kleines Blümchen. Ihr treu ergebener Karl Fröhlich."[63]

In all den Jahren schenkte und widmete er ihr eine große Anzahl von Scherenschnitten, mit denen sie die „Marie Reuter'sche Sammlung Karl Fröhlich'scher Scherenschnitte" (158 Werke) begründete, die später auseinandergerissen wurde. 1899 überließ die Erbin, Elsa Pütter, 30 Stücke dem Stralsunder Museum. Davon gingen knapp die Hälfte durch die Auslagerung während des Zweiten Weltkriegs verloren. Ein anderer Teil dieser Sammlung (60 Stücke) tauchte 1993 bei einem Antiquitätenhändler in Ratzeburg auf und wurde von einem privaten Sammler erworben.

Unter dem Titel „Ein Besuch bei einem Schwarzkünstler" brachte die Zeitschrift *Die Gartenlaube* 1862 ein fiktives Gespräch über ein Treffen zweier Damen bei Fröhlich zu Hause heraus. „Fröhlich ist Dichter. Er sieht mit dem Auge des Poeten, und fast auf jedem der schwarzen Bildchen und Bilder, die dem wirklichen, realen Leben mit so beschränkten Mitteln nachgebildet sind, liegt ein Hauch von Poesie, welcher sie zu idealen Gestaltungen erhebt."[64]

Seit etwa 1870 schnitt Karl Fröhlich großformatiger. Für die Veröffentlichungen stand nun die Technik der Fotografie zur Verfügung. Das ermöglichte eine Korrektur der Druckvorlagen. Bis zu dem Zeitpunkt musste der Künstler seine Illustrationen in der Größe der gewünschten Vervielfältigungen schneiden.

Im Jahr 1889 bekannte Fröhlich in einem Brief an Marie Reuter: „Je älter ich werde je mehr sagt mir häusliche Stille und Abgeschiedenheit zu, und es ist wirklich ein Ereignis, wenn ich einmal, wie gestern, sonntags, das Leben und Treiben auf der Straße an mir vorrüberfluthen sehe."[65]

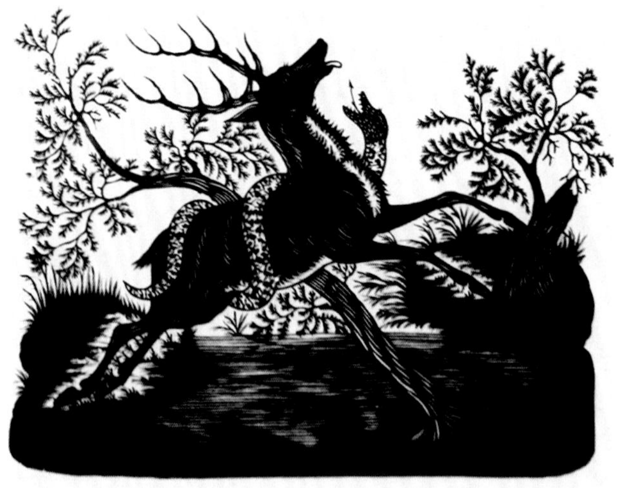

Anlässlich seines 70. Geburtstags fanden mehrere Ausstellungen mit seinen Werken statt, so 1889 im *Verein Berliner Künstler* und 1890 im *Museum für Kunst und Gewerbe Hamburg*. Letztere wurde ausführlich in einem Vortrag im *Kunstgewerbe-Verein* von Prof. Wilhelm Weimar (1857–1917) besprochen, einem Freund des Künstlers, den er aus Wertheim kannte.[66] 1892 erfolgte die Aufnahme seiner Biografie in die 14. Auflage des Konversationslexikons des *Verlags F.A. Brockhaus*.

Nach einer überstandenen Influenza klagte Fröhlich 1893 über nachlassende Sehkraft.[67] Der Künstler starb am 19.12.1898 im Alter von 77 Jahren in Berlin. Die *Stralsundische Zeitung* widmete ihm einen Beitrag, in dem auch eins seiner Gedichte abgedruckt wurde:

O wunderbares Prangen
Mit Leuchten angethan,
Als käm' mit Ruhm gegangen
Ein Held die Siegesbahn!
Es wehen Silberflocken
Der Wald blitzt wie Krystall;
Von allen Thürmen die Glocken,
Die jubeln mit Feierschall
Es springen alle Pforten,
Die Riegel flirr'n zurück;
Es rieseln aller Orten
Perlen vom frohen Blick
Und alle Hütten glänzen,
D'rin weht es frühlingslind:
Es kam mit Freudenkränzen
Das holde Jesuskind
Im Herzen Feierchöre
Die tönen mit hohem Schall:
„Gott in der Höh' sei Ehre
Und Friede überall!“[68]

Ein Jahr nach seinem Tod richtete seine Heimatstadt Stralsund eine große Ausstellung für ihn aus. 200 bis 300 Arbeiten wurden im Zeichensaal des Gymnasiums gezeigt. Die *Stralsundische Zeitung* berichtete mehrfach darüber. „Auf Einzelheiten einzugehen ist kaum möglich, [...], darum mag es genügen, den Gesamteindruck der eigenartigen Ausstellung dahin auszusprechen, daß Fröhlich mit bewundernswerther Geschicklichkeit die anmuthsvollen Gestalten seiner künstlerischen Intuition zur Darstellung bringt und daß bei aller Einfachheit der Gegenstände sich in diesen kleinen Bildern eine liebenswürdige, tief empfindende, auch des kindlichen Humors nicht ermangelnde Künstlerindividualität ausbricht.“[69]

Werke des Künstlers befinden sich im *STRALSUND MUSEUM*, im *Grafschaftsmuseum Wertheim*, im *Germanischen Nationalmuseum*, im *Pommerschen Landesmuseum Greifswald* und in anderen Institutionen, meist jedoch in privaten Händen.

Seit 2001 ist eine Straße in Stralsund nach Karl Fröhlich benannt.

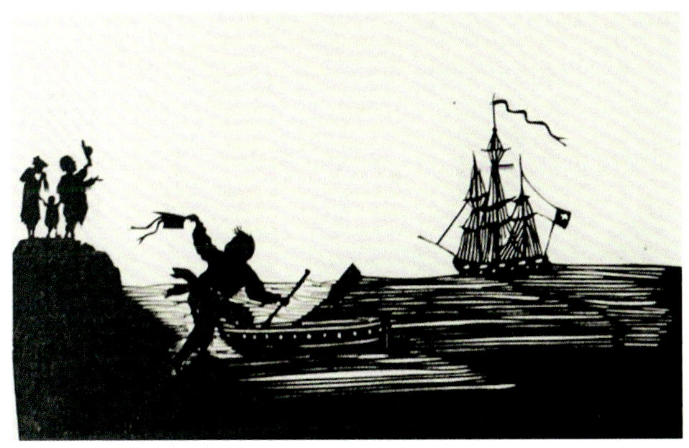

Alle abgebildeten Werke von Karl Fröhlich: o. T., o. J.

Antonie Biel – Die Einzigartige

Auch Sophie Antonie Biel, geboren am 31.01.1830 in Stralsund, suchte sich ihre Motive an der Ostseeküste und bereiste unter anderem Hiddensee und Rügen. Bei ihr ist es jedoch umgekehrt, vergleicht man es mit Eduard Nieny: Die Räucherkaten werden nur schemenhaft dargestellt, während die Landschaft in den Vordergrund tritt. Biel war die erste bekannt gewordene Stralsunder Künstlerin, die den Schritt wagte, als junge Frau nach Berlin zu gehen, um sich als Malerin ausbilden zu lassen, und die sehr erfolgreich wurde. Hartnäckig verfolgte sie das Ziel, sich als Künstlerin zu etablieren. Ihren Vater Johann Carl Biel (1783–1837), den Juristen und Stralsunder Ratsherrn, verlor sie mit sieben Jahren, ihre Mutter, Hermine Friederica Schneider (1797–1851), mit einundzwanzig. Vehement mischte sich die Verwandtschaft in ihre und die Erziehung ihrer drei Geschwister ein. Dass Antonie einen Beruf ausüben wollte, galt als undenkbar, deshalb verließ sie zusammen mit der zehn Jahre älteren Schwester Johanna heimlich ihre Heimatstadt, um Malunterricht zu nehmen. Heute ist ihr Leben umfangreich erforscht und ihr Werk in öffentlichen und privaten Sammlungen vertreten. Sie wurde Vorbild für die nach ihr kommende Generation Stralsunder Künstlerinnen. Sie hatte immer Heimweh, kam oft nach Stralsund zurück, und es gibt kaum ein Werk von ihrer Hand, das nicht an der Ostseeküste entstanden ist.[70]

Die Schriftstellerin Marie Giese (ca. 1830–1914) beschrieb Antonie Biel kurz nach deren Tod 1880 wie folgt: „Sie war klein und schmächtig von Gestalt, ihren feingezeichneten Kopf schmückte eine Fülle seidigen, blonden Haares und nie hat wohl ein zierlicherer Fuß als der ihre seine Spur in das Sandufer der Ostsee geprägt. Ihr Gesicht besaß keine Formenschönheit, war aber in hohem Grade anziehend durch den Stempel einer seltenen Geistesbildung und durch den Ausdruck ruhevoller Heiterkeit, die oft den Charakter reizender Schalkhaftigkeit annahm und wahrhaft herzerquickend wirkte.“[71]

Zeichenunterricht bekam sie zunächst von ihrer Mutter sowie dem Stralsunder Kunstlehrer Johann Wilhelm Brüggemann. Ziemlich schnell war für Antonie klar, dass sie Malerin werden wollte. Doch das war im biedermeierlichen Stralsund für ein Mädchen aus gutem Hause nicht vorgesehen.

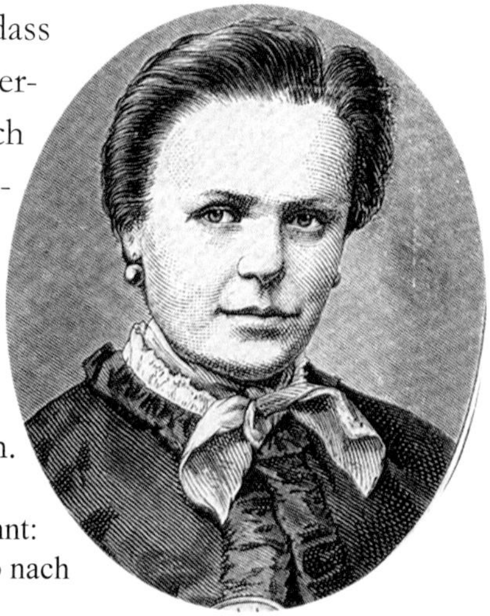

Künstler/in unbekannt: Antonie Biel, Repro nach Lithografie, 1879

Sie sollte heiraten und eine Familie gründen. Allenfalls zum Zeitvertreib durfte die Malerei dienen. Es schickte sich nicht, einen Beruf auszuüben und damit Geld zu verdienen. Einzig Antonie Biels zehn Jahre ältere Schwester Johanna und ihr Bruder Carl unterstützten sie. Der übrigen Familie musste sie Desinteresse an der Kunst vorspielen und an den verhassten Kaffeekränzchen teilnehmen. Heimlich jedoch zeichnete und übte sie unverdrossen, während draußen vor der Stadt Pferderennen stattfanden, wo die Damen der gehobenen Gesellschaft sich in schöner Garderobe zeigten. Sie arbeitete sich ab beim Skizzieren ihrer Heimatstadt, während gleichzeitig im Ressource-Haus, im ehemaligen *Löwenschen Palais*, junge Frauen zum Ball gingen, um einen passenden Ehemann kennenzulernen. Antonie wagte erst mit 27 Jahren ihre Heimatstadt in Richtung Berlin zu verlassen. Dort nahm sie Unterricht bei dem Landschaftsmaler August Wilhelm Ferdinand Schirmer (1802–1866), Mitglied der *Königlich Preußischen Akademie der Künste*. Zu Hause durfte das niemand wissen.

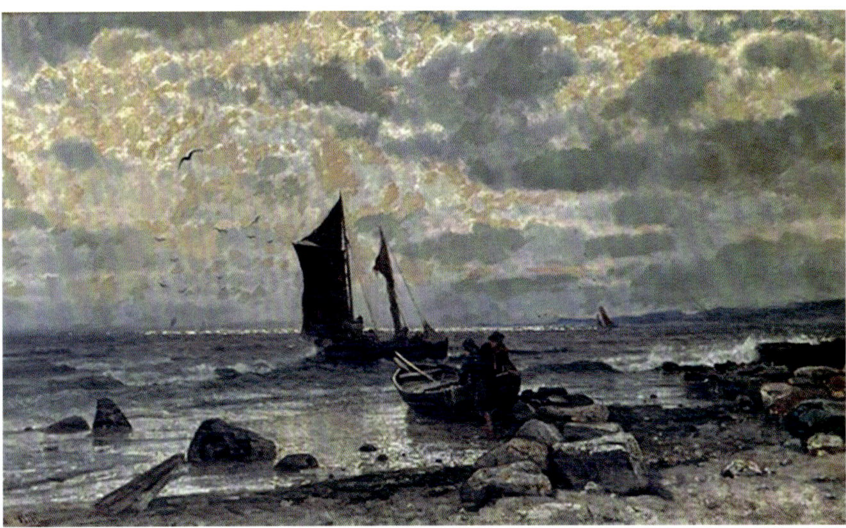

Rügen, Öl/Lw., o. J.

Sich einfach an einer Kunstakademie einzuschreiben, war Frauen nicht erlaubt. Erst mit der Weimarer Reichsverfassung 1919 wurde das endgültig möglich. Bis dahin verdienten sich Künstler und sogar Kunstprofessoren ein Zubrot, indem sie Malklassen für Frauen betrieben und sich den Unterricht gut bezahlen ließen. Einen Abschluss wie die männlichen Studenten bekamen die jungen Malerinnen damit nicht.

Während Biels Studium war die *Königliche Kunstakademie* in Düsseldorf bei Carl Friedrich Lessing (1808–1880) eine weitere Station. Danach folgte sie Lessing nach Karlsruhe, wo dieser ab 1858 als Direktor der Kunstgalerie wirkte. Vermutlich war sie Schülerin von Hans Fredrik Gude (1825–1903), der seit 1854 Professor für Landschaftsmalerei an der Düsseldorfer Kunstakademie war und ab 1864 Direktor der *Herzoglich Badischen Kunstschule Karlsruhe*. Nach vielen Studienreisen ließ sie sich 1867 endgültig in Berlin nieder. In Paris hatte sie wichtige Impulse für ihre Malerei bekommen und die Anerkennung ließ nicht lange auf sich warten. Ihre Werke waren in großen Berliner und Münchner Kunstausstellungen zu sehen. Schon 1862 war es ihr gelungen, zwei Gemälde erfolgreich zur *Großen Berliner Kunstausstellung* einzureichen.

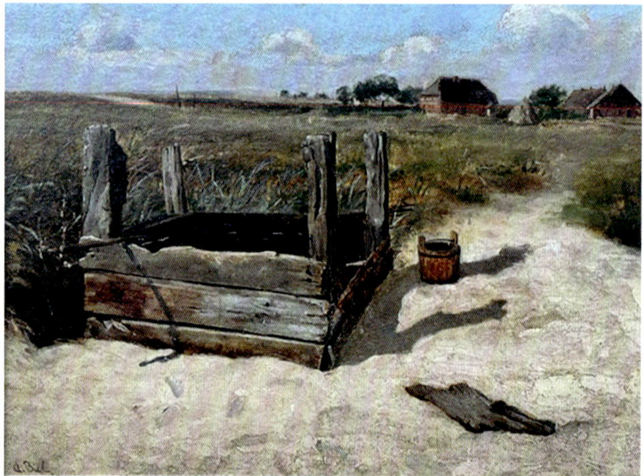

Ziehbrunnen, Öl/Lw., o. J.

Seit ihrer Mitgliedschaft im *Verein der Künstlerinnen und Kunstfreundinnen zu Berlin* wurden ihre Bilder auch in dessen Ausstellungen gezeigt. Allerdings signierte sie zeitlebens mit „A. Biel", wahrscheinlich um zu verschleiern, dass sich eine Frau hinter dem Signum verbarg. So wollte sie Vorurteilen aus dem Weg gehen. Im Jahr 1881 fand posthum eine Exposition mit ihren Bildern in der *Nationalgalerie Berlin* statt. Der Katalogtext wurde im selben Jahr in Band 16 der *Kunstchronik* abgedruckt. Darin heißt es über die Künstlerin: „Eine ungewöhnliche Energie ließ sie alle Schwierigkeiten überwinden, welche sich ihr in den Weg stellten, und namentlich gelang es ihr, ihre malerische Technik zu einer Virtuosität und Sicherheit auszubilden, die man bei Frauen selten findet. [...] Die See in ihrer majestätischen Ruhe, vom Strande beobachtet, auf welchem sich eine einsame Fischerhütte erhebt, ist ihr Lieblingsthema. Tiefe Schwermut lagert auf der stahlblauen Fläche, auf dem Küstensande, auf dem spärlichen Graswuchs; aber diese Schwermut ist nicht hineingetragen, sondern ergibt sich ungesucht aus dem Charakter der Landschaft. Fehlt ihr auch sonnige Heiterkeit, so sieht man doch warme Begeisterung und innige Liebe aus ihr hervorleuchten."[72]

Noch einmal soll ihre Freundin Georgina Archer zitiert werden: „Seit ihrer frühesten Jugend hatte sie das ‚Öffne Dich, Sesam' des Genies gefunden, nämlich fest auf das Ziel gerichtete, unermüdliche Arbeit! Keine Anstrengung war zu groß, und selten ist eine so strenge Selbstkritik geübt worden. Sie erwarb sich einen ehrenvollen Namen, aber sie hatte auch den vollen Preis dafür mit ehrlicher Arbeit gezahlt. Als sie starb, hatte sie ein volles, wahres, befriedigtes Leben gelebt. Die letzten fünf Jahre wohnte sie bei Verwandten, geschützt und doch ganz unabhängig. Oft schien sie wieder froh und heiter, indeß widmete sie sich immer ausschließlicher der Kunst. Ihre Bilder wurden alle verkauft, meistens an Kunstvereine. Wenige sind in Berlin geblieben. Eins der größten und schönsten ist im Besitz des Kaisers. Noch kürzlich wurden einige nach England verkauft.

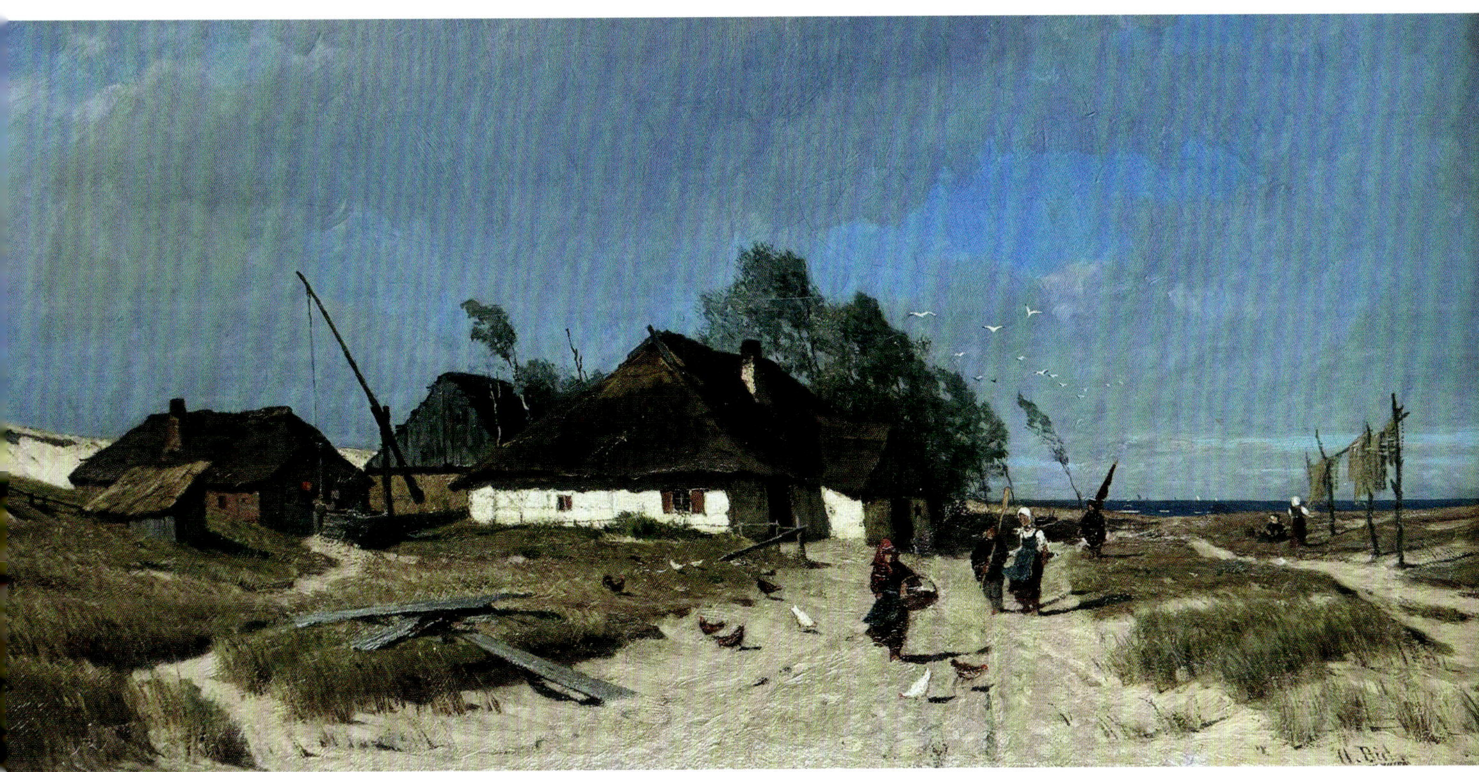

Auf Hiddensee, Öl/Lw., um 1864

Im Winter 1878/79 kränkelte sie viel; eine Kur in Ems hatte nicht den gehofften Erfolg. Beim Beginn des letzten Winters fand man sie wieder mit dem alten Eifer an ihrer Staffelei beschäftigt. Im März und noch acht Tage vor ihrem Tode, ging sie täglich aus, wenn auch nicht mehr im gewohnten Schritt. Sie litt verhältnismäßig wenig, sprach von den vielen Ideen, mit denen ihr Kopf erfüllt sei. Auch in ihren Briefen, in einem vom 27.11.1879 schreibt sie: ‚Mein Kopf ist jetzt ganz voll von neuen Bildern, von denen wenigstens einige heraus müssen und da ist für weitere Dinge nicht viel Platz.‘ In einem anderen vom Januar dieses Jahres heißt es: ‚So habe ich verworfen und geändert, bis ich es nun weiß, besser kann ich es nicht und somit bin ich fertig … Das Leben ist doch schön, wenn man Freude an seiner Arbeit hat! Zu vielen anderen Dingen komme ich nicht, doch freue ich mich, daß ich wieder die Kraft habe, den ganzen Tage und oft auch die Abende zu zeichnen, ohne Anstrengung zu spüren.‘ Noch auf ihrem Sterbebett waren ihre Gedanken mit ihrer Arbeit beschäftigt, sie sagte zu ihren Pflegerinnen, wenn sie wieder hergestellt wäre, dann würde sie zeigen,

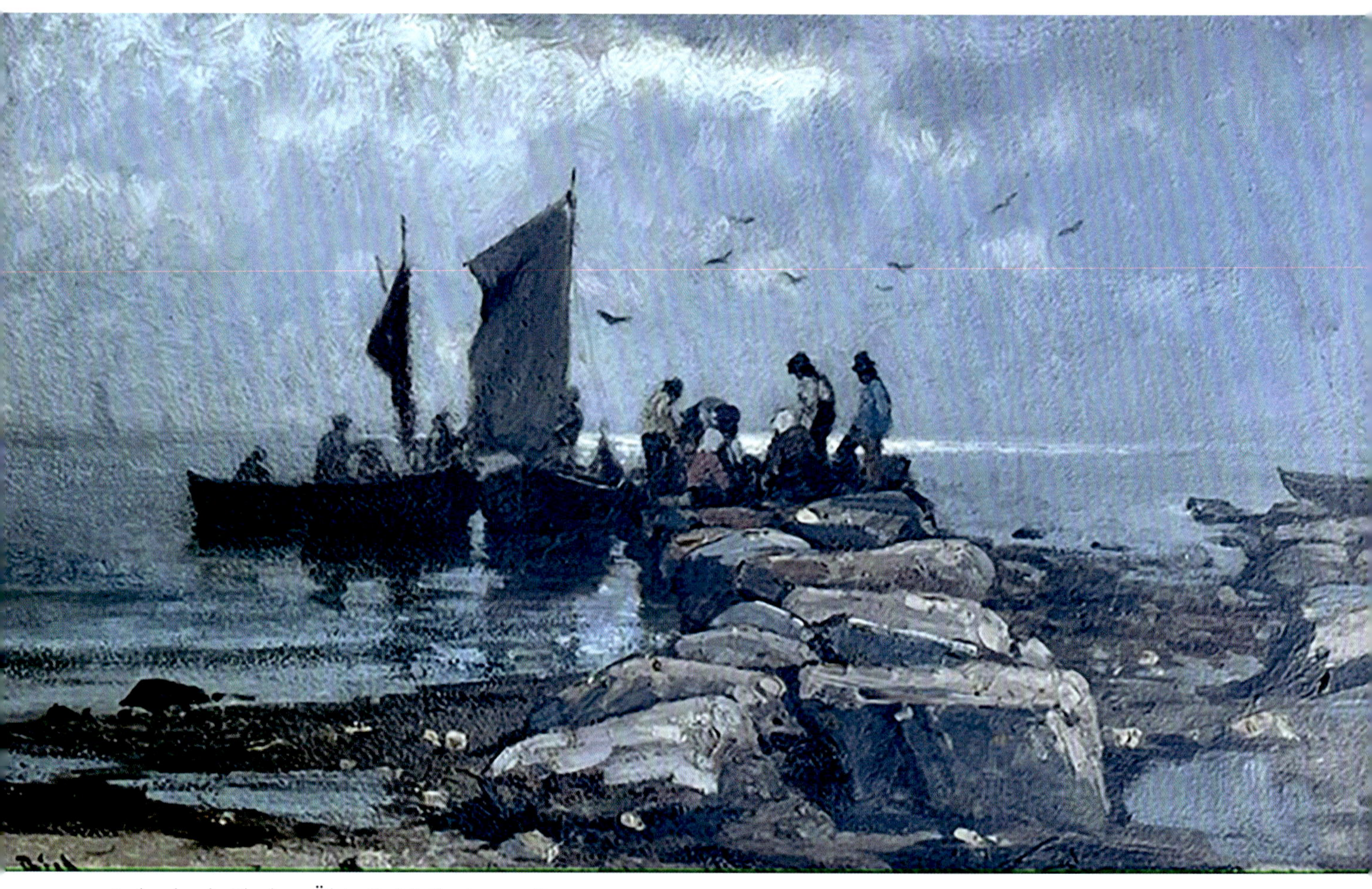

Anlandende Fischer, Ölstudie/Malkarton, o. J.

wie viel besser als jemals sie zu malen verstände, alles wäre ihr klargeworden. Die Arbeit war ihr in der Tat Religion. Und so ging ihr Geist die irdischen Schranken durchbrechend, welche nie vermocht hatten, seine Schwingen zu lähmen, zu jener Vervollkommnung ein, die sie hinieden mit so andachtsvollem Eifer, in Demut und seltenem Fleiß erstrebt hatte. Herzbeutel-Wassersucht machte ihrem Leben am 2. April d. J. ein Ende."[73] Der *Verein der Künstlerinnen und Kunstfreundinnen zu Berlin* widmete Antonie Biel eine Gedenkausstellung. Stilistisch stand sie als Schülerin von Carl Friedrich Lessing, dem Mitbegründer der *Düsseldorfer Malerschule*, der Romantik und der Poesie in der Malerei, nahe. Von ihm übernahm sie das gründliche Naturstudium. Ihre frischen farbigen Ölstudien sind bereits Zeugnisse der Freilichtmalerei, die den Naturalismus durch gründliche Beobachtung des Lichts weiterentwickelt. Ihre Werke beeindrucken durch solides Handwerk und anrührende Stimmung. Am Ende hatten sich wohl ihre Verwandten damit abgefunden, dass es eine Malerin in der Familie gab. Die Zeiten hatten sich geändert. Trotzdem vergingen fast 40 Jahre, bis es wieder eine Stralsunderin schaffte, Fuß in der von Männern beherrschten Kunstszene zu fassen: Das war Elisabeth Büchsel.

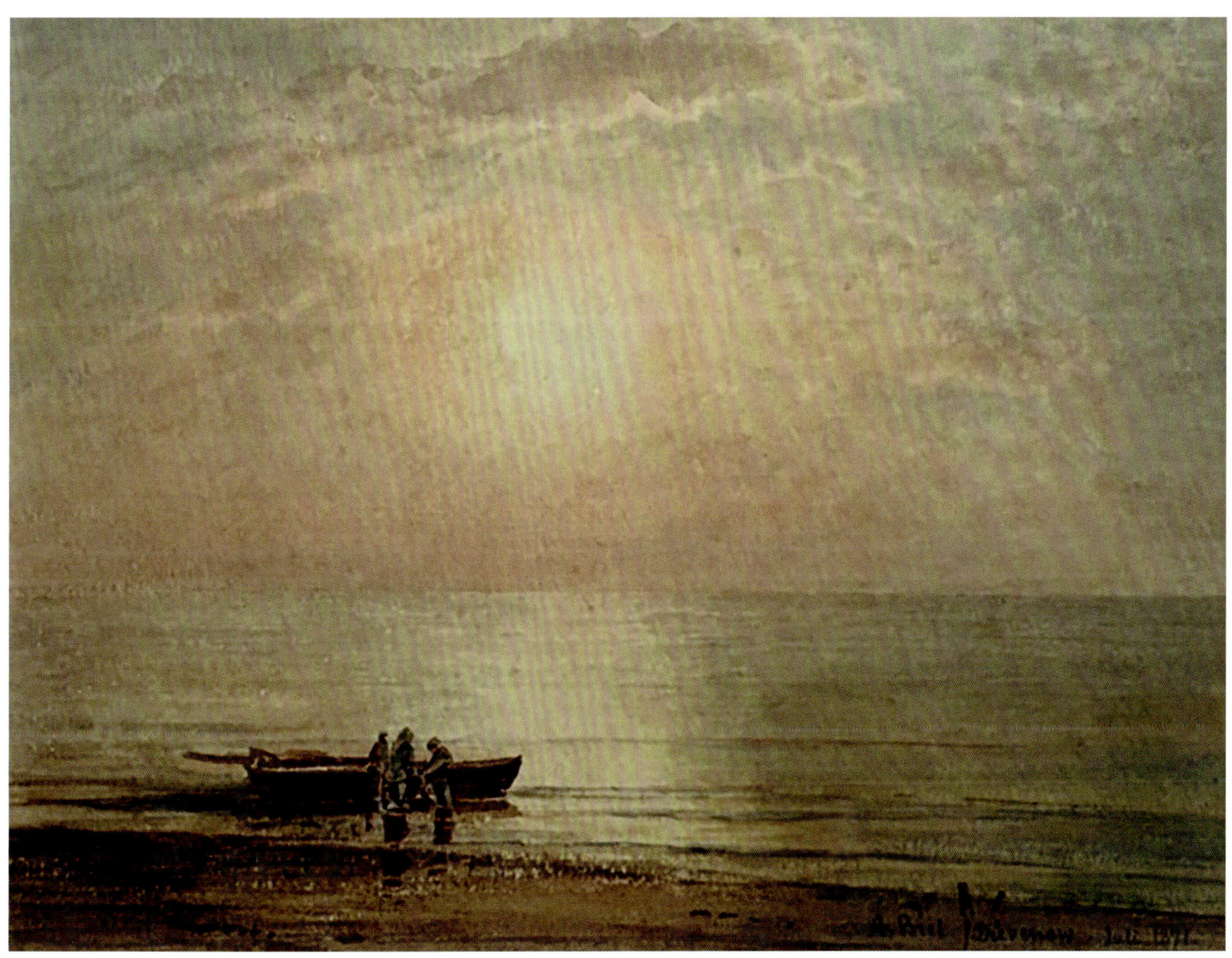

Fischer in der Abendsonne vor Dievenow, Aquarell, 1871

Elisabeth Büchsel – Die Berühmte

Im kollektiven Bewusstsein der Stralsunder und Hiddenseer Bevölkerung spielt Elisabeth Büchsel immer noch eine große Rolle. Über sie kursieren in unzähligen Familien Geschichten, und stets wird respekt- und liebevoll von ihr gesprochen. Elisabeth folgte nicht dem traditionellen Lebensweg als Ehefrau und Mutter, sondern ging konsequent ihren eigenen, blieb aus freiem Willen unverheiratet und wurde Malerin. Ihr Œuvre ist unüberschaubar groß, ein Gesamtwerkverzeichnis gibt es bis heute nicht.

Elisabeth Charlotte Helene Emilie Büchsel erblickte am 29.01.1867 in der Ossenreyerstraße 6 in Stralsund als zweites Kind des Tuchhändlers Ernst Gotthilf Felix Büchsel (1834–1911) und seiner Frau Anna Maria Wilhelmine Musculus (1843–1911) das Licht der Welt. Elisabeth erlebte eine behütete Kindheit, die vom Tod dreier ihrer fünf Geschwister überschattet wurde. Ihre ältere Schwester Maria starb zwölfjährig an einem Herzleiden, wie es im Sterberegister der Stralsunder *Nikolaikirche* vermerkt ist. Elisabeth war zu diesem Zeitpunkt erst elf Jahre alt. Ihre Schwester Katharina erlag 1886 in Berlin, auf dem Rückweg von einer Kur in Bad Nauheim, ebenfalls einer Herzkrankheit.[74] Wenige Monate später starb der jüngste Sohn der Familie, Hermann. Über die Todesursache ist nichts bekannt. Sein Porträt, eines der ersten, das die Büchsel schuf, hing zeit ihres Lebens in ihrem Atelier in Stralsund.

Elisabeths künstlerisches Talent war offensichtlich. Später schrieb sie: „Vater war ein guter Zeichner, und ihm und der Schwester meiner Mutter, Anna Musculus, die wundervoll fein Blumen in Aquarell malte, verdanke ich die ersten Anregungen. Ich selbst zeichnete als kleines Mädchen auf der Schiefertafel und später mit Bleistift und Tinte wurden besonders gern aus Bilderbüchern die Skizzen von Hendschel und L[udwig] Richter abgezeichnet, bis der gute Zeichenunterricht in den oberen Klassen der Schule bei Herrn Müller die Wege zum Zeichnen nach der Natur und nach lebendem Modell wies. Mein perspektivisches Wissen verdanke ich ausschließlich diesem guten Lehrer, bei dem ich nach der Schule noch Privatstunden bekam."[75] Bis zum Ende ihrer Schulzeit erhielt Elisabeth zusätzlichen Zeichenunterricht, durfte ihn danach jedoch nicht fortsetzen. Zu sehr befürchteten ihre Eltern, dass sich ihr Wunsch, Malerin zu werden, weiter verfestigen würde. Auch die Erlaubnis, eine Mal- und Zeichenschule zu besuchen, gaben sie nicht, obwohl sich Zeichenlehrer Müller dafür einsetzte. Man lebte eben in der Provinz, und einen Beruf zu ergreifen oder einer Berufung zu folgen, schickte sich nicht für eine Tochter aus gutem Hause, die „dadurch anderen, die es nötiger hatten, das Brot wegnahm", wie es ihr Vater ausdrückte.[76] Diese

Haltung war allgemein verbreitet und dem Zeitgeist geschuldet. Nur wenige wohlhabende Eltern ließen damals ihre Töchter einen Beruf erlernen. Die meisten jungen Frauen werden das sicher gar nicht gewollt haben. In einem undatierten, maschinegeschriebenen und unveröffentlichten Lebenslauf Elisabeth Büchsels findet sich im Zusammenhang mit dem Verbot des Vaters, die Ausbildung fortzusetzen, folgender Satz: „Darum wurde auch das Stipendium von Fräulein Hasper, das den Eltern für mich angeboten wurde, abgeschlagen, denn es war für drei Jahre bestimmt, und so lange hätten die Eltern ihre Tochter nie fortgelassen.“[77] Es ist unklar, warum Büchsel das später so darstellte, denn die entsprechenden Akten beinhalten etwas anderes: Die Stralsunder Kaufmannstochter Auguste Louise Hasper (1816–1888), die ihre Privatbibliothek der Stralsunder *Ratsbibliothek* vermachte – errichtete 1888 mit einem Betrag von 27.880 Mark eine Stiftung. Sie gewährte künstlerisch begabten Frauen, die sich dem Studium der Musik, der Malerei oder der Bildhauerei widmeten, ein Stipendium. Es musste beantragt werden und wurde nicht „angeboten“. Am 01.07.1901 befand das Kuratorium aus Ratsherren, Kaufleuten und Bürgermeister Max Israel (1856–1906) über die Anträge von zwölf Stralsunderinnen. Fünf wurden positiv beschieden, zu den restlichen lautete der pauschale Vermerk, „daß dagegen die Zeugnisse von Fräul. Büchsel […] nicht genügen und daher diese Damen nicht weiter in Betracht kommen“.[78] Ob es bereits 1888 einen Antrag von Büchsel gegeben hat, ist nicht dokumentiert.

Von ihrem Berufswunsch ließ sich Elisabeth jedoch nicht abbringen. Bis sie die Volljährigkeit erreichte, lernte sie im Selbststudium so viel sie konnte. Sie kopierte und porträtierte und machte schnell Fortschritte. Mit 21 Jahren trotzte sie den Eltern die Erlaubnis ab, eine Weile bei deren Bekannten in Berlin-Spandau leben zu dürfen, um Malunterricht bei Paul Flickel (1852–1903) zu nehmen. Sie hatte tatsächlich so lange gewartet, bis ihre Eltern nicht mehr Nein sagen konnten, nämlich bis sie volljährig war. Wirklich aufgelehnt hätte sie sich nicht, war sie doch eine gehorsame, gottesfürchtige Tochter – der Tod dreier Kinder hatte die Familie zusammengeschweißt. Direkt an der Königlichen Akademie der Künste konnte sich Büchsel als Frau nicht einschreiben. Für die männlichen Akademiemitglieder und Studenten wäre das unerhört gewesen. Erst mit der Novemberrevolution bzw.

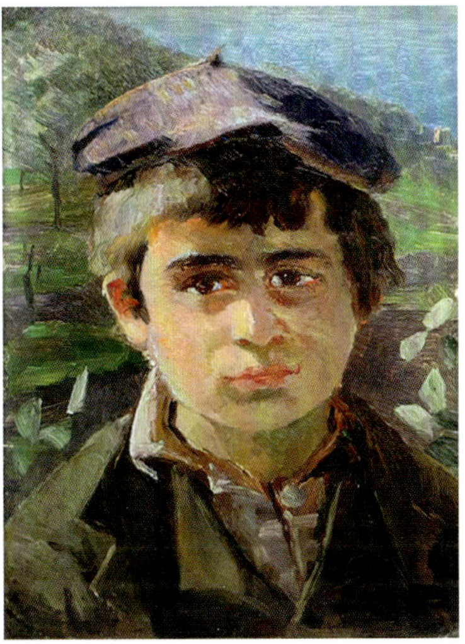

Bildnis eines Fischerjungen, Öl/Karton, um 1904

der Weimarer Reichsverfassung 1919 wurde das endgültig möglich. So hatte Elisabeth Büchsel sich also Paul Flickel als Lehrer ausgesucht. Der Schüler und Enkel von Carl Gropius (1793–1870) war Mitglied der *Königlichen Akademie der Künste* und wurde 1894 zum Professor ernannt. Bei Theodor Hagen (1842–1919) an der *Großherzoglich-Sächsischen Kunstschule Weimar* hatte er Landschaftsmalerei studiert und war Anhänger der Freilichtmalerei. So lehrte Flickel das Malen von Landschaften unter freiem Himmel mit der daraus resultierenden realistischen Farbwirkung. Seit dem Frühjahr 1888 also durfte Elisabeth Büchsel „für zweieinhalb Jahre von Spandau aus zweimal wöchentlich nach Berlin fahren, um bei Professor Flickel Landschaften zu kopieren und zweimal in der Woche in Spandau nach der Natur zu malen".[79] Doch sie wollte weiter! Flickel war die erste Station ihrer Lehrjahre. „Auf diesen ersten Versuch gab es bis 1900 noch einige Male ein- bis zweimonatliche Studien in Berlin und Dresden bei Conrad Fehr, Skarbina, Götz und Pepino, wozu ich mir das Geld durch Malstunden und Porträts selbst verdient hatte."[80] 1892 besuchte sie eine akademische Schule für bildende Kunst, die *Akademie Fehr*, die von Conrad Fehr (1854–1933) als Alternative zur Berliner *Königlichen Akademie der Künste* gegründet worden war, und nahm dort Unterricht in der Landschaftsklasse Walter Leistikows (1865–1908). Leistikow selbst war Schüler von Hans Gude (1825–1903) und Hermann Eschke (1823–1900) gewesen und gilt als der erste Hiddenseer Freilichtmaler.[81] 1898 war er Mitbegründer der *Berliner Secession*, die als Reaktion auf die Zurückweisung der Bilder der Freilichtmaler bei den *Großen Berliner Kunstausstellungen* entstand. Man darf also davon ausgehen, dass Elisabeth Büchsel sich ihre Lehrer ganz gezielt aussuchte. 1896 studierte sie dann in Dresden bei Anton Josef Pepino (1863–1921), Lehrer an der dortigen Kunstakademie. Wieder war es ein Landschafts- und Porträtmaler, von dem sie lernen wollte. Von 1896 bis 1898 hielt sie sich an der Malschule des *Vereins der Künstlerinnen und Kunstfreundinnen zu Berlin* auf und studierte bei dem vom Impressionismus beeinflussten Maler und Radierer Franz Skarbina (1849–1910). In Stralsund wurde sie derweil zur gefragten Porträtistin. Endlich – im Jahre 1900 – fuhr Elisabeth Büchsel erstmals nach Paris, dem Sehnsuchtsort aller Malerinnen und Maler, zu dessen Besuch schon Flickel und Skarbina geraten hatten. Angeblich

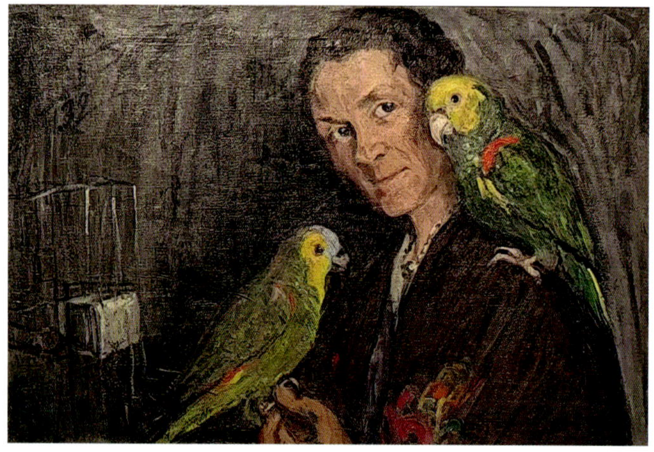

Selbstbildnis mit Papageien, Öl/Lw., 1932

hinterließ sie auf dem Nachttisch ihres Spandauer Quartiers einen Zettel mit der Nachricht: „Bin nach Paris abgereist.“[82] Von dort bat sie ihren Vater telegrafisch um Geld. Dieser telegrafierte zurück: „Komme sofort nach Hause. Ich schicke kein Geld.“[83] Sie selbst schrieb über ihre Reise: „1900 im Herbst dann für sieben Monate nach Paris. Arbeitete dort mit fünf Münchner Kolleginnen unter Korrektur von Lucien Simon und im Abendakt von Cola Rossi unter Mss. Girardot und Prinet mit fiebrigem Fleiß. Denn es galt alles nachzuholen, was ich meiner Meinung nach durch zu langes Kleben an zu Hause versäumt hatte. In Paris war gründliches Zeichnen die Hauptsache. Il faut dessiner trois jours et peintre en un jour – das war das Grundprinzip von Mr. Simon. (Deutsch: Sie müssen drei Tage zeichnen und an einem Tag malen.) Als ich dann im Winter 1902 zu Christian Landenberger nach München ging, hieß es: ‚Was wollen Sie erst zeichnen, Sie haben die Zeichnung im kleinen Finger, malen S' gleich.‘ Von so verschiedenen Gesichtspunkten unterrichten Künstler. Jedenfalls verdanke ich beiden viel.“[84] Christian Landenberger (1862–1927) war zwischen 1899 und 1905 Lehrer an der *Damenakademie* des *Künstlerinnen-Vereins München*. Außerdem hatte er 1895 eine private Malschule am Ammersee gegründet.

Um Geld zu verdienen, betätigte sich die Büchsel als Restauratorin. Aus einem Briefwechsel zwischen dem Rat der Stadt Stralsund und dem Museumsdirektor Dr. Fritz Adler vom März 1927 geht hervor, dass sie 40 Porträts von Bürgermeistern und Pommernherzögen restauriert und dafür 400 RM erhalten hatte.[85]

Neben all ihren vielfältigen Studien reflektierte die junge Malerin die künstlerischen Auseinandersetzungen in den europäischen Metropolen während der beginnenden Moderne. In Frankreich studierte sie den Impressionismus. Fragen des Lichts und der Farbe ließen sie fortan nicht mehr los. Hinsichtlich der Sujets hat sie Anfang des neuen Jahrhunderts ihre großen Themen gefunden: den Menschen, die Landschaft, das Licht. Noch bis ins hohe Alter reiste sie durch Europa und ließ die gefundenen Anregungen in ihre Bilder einfließen. 1904 hielt sie sich in Bayern und Ostpreußen auf, 1907 und 1913 auf Capri, 1910 in Holstein, 1918 in Oberbayern, 1923 in Garmisch und Nürnberg, 1924, 1927 und 1930 in den Alpen und im Voralpenland, 1929 in Bregenz und am Gardasee, 1931 im Spreewald, 1933 in Südtirol, Dalmatien, Capri und Rom, 1936/37, 1938, 1941 und 1948 in Berchtesgaden und Murnau.[86] Ein Skizzenbuch ergänzt diese Liste und gibt Auskunft über weitere Reisen von 1900 bis 1903: Rügen, Hamburg, Ostfriesland (Borkum), Bremen, Hannover, Stettin, Kolberg, Berlin und Dresden.[87] Belegt werden ihre Reisen durch die Korrespondenz, die sie ein Leben lang führte. Eine Privatsammlung[88] von 14 Postkarten, die Elisabeth Büchsel schrieb, und mehr als

100, die sie erhielt, geben Aufschluss über die Gegenden, in denen sie Bekannte hatte, weil sie vor Ort gewesen war. Manchmal hatte sie sich Post nachsenden lassen, und so erfahren wir etwas über ihre temporären Adressen. Der Inhalt der Karten aus der Zeit zwischen 1899 und 1942 bezieht sich meist auf Feiertage, Urlaube oder Geburtstage, zu denen man sich gegenseitig gratulierte. Die Büchsel wird mit (Tante) Elisabeth, Lisa, Lissa, Lisbeth, Büchselchen, Fräulein Büchsel, Lis oder Liesel angesprochen. Sie selbst unterschrieb mit (Tante) Elisabeth, Elsbe oder einfach EB. 1908 weilte sie zum wiederholten Male in Dresden. Dort wohnte sie bei Rittmeister a. D. Friedrich Robert von Beringe (1865–1940) in der Würzburger Straße 67. Der damals 43-jährige ehemalige Hauptmann des *Deutschen Heeres* war möglicherweise mit ihrem Bruder und ihrem Onkel – beide Angehörige der *Kaiserlichen Marine* – bekannt. Andererseits gibt es noch eine Verbindung nach Neubauhof bei Franzburg, denn da kam der Vater von Beringes, Carl-Robert, 1826 zur Welt. Der Ort liegt keine 30 Kilometer von Stralsund entfernt. Die Bekanntschaft Büchsels mit von Beringe könnte auch durch die Schwester des Rittmeisters zustande gekommen sein. Clara von Beringe (1863–1947) war Malerin. Sie war Schülerin an der *Damenakademie* des *Künstlerinnen-Vereins München* gewesen – wie Büchsel – und 1904 Mitbegründerin der *Gruppe Dresdner Künstlerinnen*, die gemeinsam ausstellten. Zu den Ausstellenden gehörte interessanterweise Elisabeth Andrae (1876–1945), die gemeinsam mit Elisabeth Büchsel im *Hiddensoer Künstlerinnenbund* wirkte. Diese Beispiele zeigen einmal mehr, wie gut die Frauen miteinander vernetzt waren. Mit Friedrich von Beringe wird jedoch noch etwas anderes verbunden: Er entdeckte 1902 in Ruanda die bis dahin unbekannten Berggorillas. Beringe gehörte der *Kaiserlichen Schutztruppe für Deutsch-Ostafrika* an, das heute die Staaten Ruanda, Tansania und Burundi umfasst.

Mehrfach schrieb Büchsel Karten aus Italien. Im Dezember 1913 hielt sie sich in Capri auf, sogar gemeinsam mit ihren Geschwistern Anna und Ernst. 1933 war sie in Torbole am Gardasee. 1900 schrieb sie aus Strassburg an ihre Schwester, 1913 hatte sie sich in Putbus einquartiert; in Ahrenshoop, Amsterdam, Lemgo und Frankfurt am Main erhielt sie Grüße. 1922 wohnte sie in Köslin, 1930 in Lübz, 1910 und 1926 in Prenzlau, 1939 in Lübben/Spreewald, 1932 und 1938 in Hamburg, Dachau und Hallstadt/Bayern. 1938 sandte ihr die Post eine Karte nach Wien hinterher, auf der es von der Absenderin hieß: „Liebe Lisa, wo magst Du sein? Wann erreicht Dich diese Karte?" Noch im Mai 1941, immerhin in Kriegszeiten, zog es sie nach Bad Gastein ins *Hotel Sendelhof*. Wenn auch der Inhalt der Karten nicht besonders spannend ist, so zeugen sie von der großen Reiselust der Büchsel.

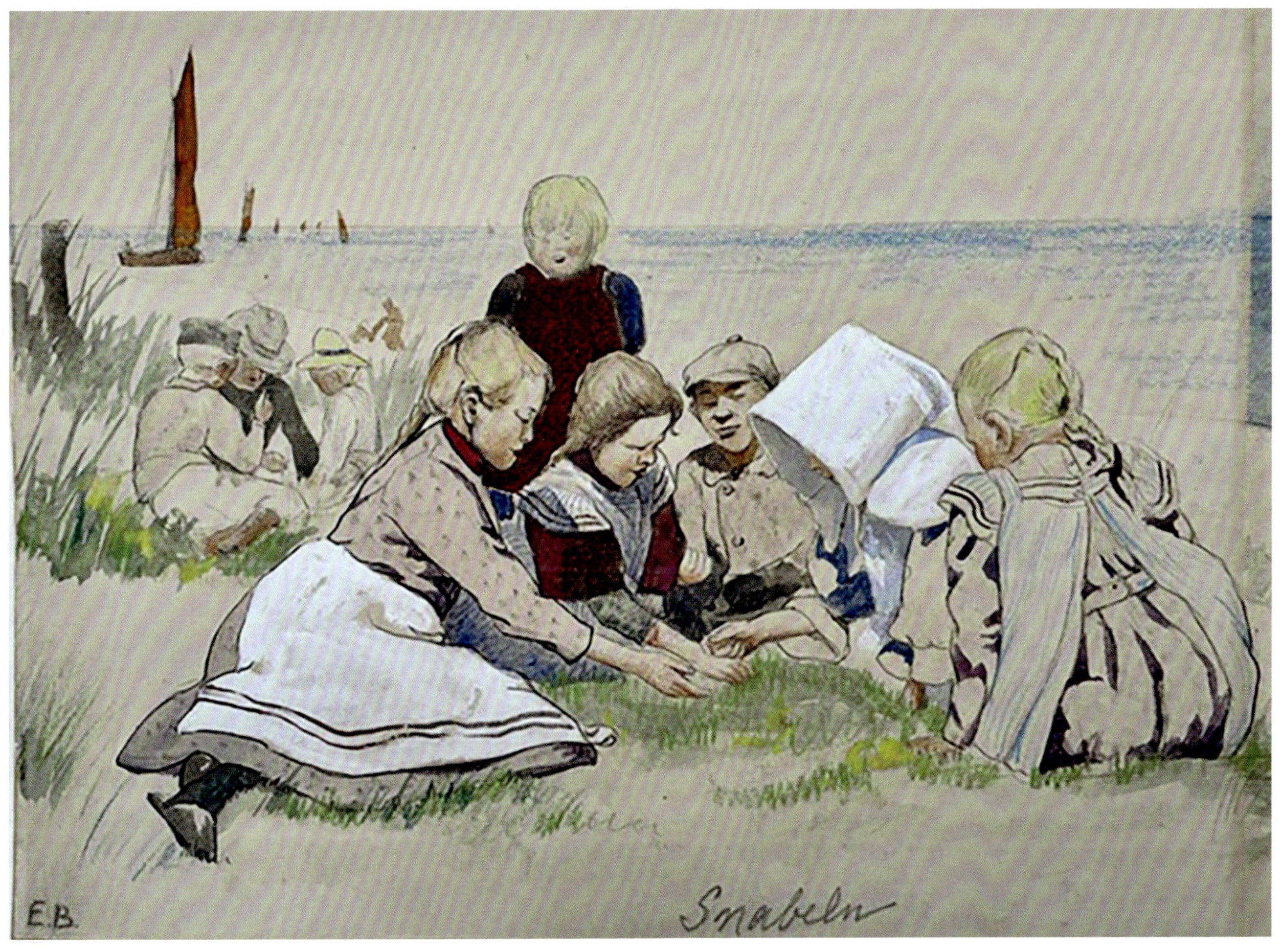

Snabeln (Kinderspiel), Mischtechnik, vor 1910

Nach den Unterweisungen ihres ersten Lehrers, Paul Flickel, hatte sich der kraftvolle Pinselstrich durchgesetzt, obwohl dunkle, gedeckte Farben dominierten. Nachdem sie die *Akademie Fehr* besucht hatte, begann sie, Porträtierte nicht nur abzubilden, sondern sie in ihrem gesellschaftlichen Umfeld zu zeigen, ihre Geschichte zu erzählen, ähnlich den zeitgenössischen Sujets der „Arme-Leute-Malerei" Max Liebermanns (1847–1935). Von Paris zurückgekehrt, begann sie, reine Farben zu verwenden, sie nicht abzutönen, wie es in den Akademien gelehrt wurde. Sie setzte starke Kontraste, zum Beispiel Kadmiumgelb und Zinnoberrot gegen Elfenbeinschwarz, was in Deutschland bisher verpönt gewesen war.[89] Bei Christian Landenberger scheint ihr endgültig klar geworden zu sein, wohin ihre künstlerische Reise gehen sollte. Alltäglichkeiten wollte sie malen, genau wie die Impressionisten – Menschen in ihrem Alltag. Da lag es nahe, an die Küste zurückzukehren, in die Heimat, wo die Motive, die sie suchte, ihr buchstäblich zu Füßen lagen: die Fischer, die Bauern, das Leben der einfachen Menschen. Scheinbar Unscheinbares wollte sie auf die Leinwand bannen. Und so pendelte sich ihr Stil zwischen Impressionismus, Expressionismus und Realismus ein. Treffend formulierte Willi Geismeier (1934–2007) in einem 1968 erschienenen Katalog: „Die Beziehungen zu den Errungenschaften des modernen Pleinairismus verraten am deutlichsten die sommerlichen Motive, doch auch hier spürt man das Bemühen um konzentrierte, oft fast expressiv gesteigerte Farbwirkung."[90] Die künstlerischen Mittel, das Spiel mit Farbe und Licht, blieben Mittel zum Zweck: der Abbildung der Realität. Völlig abstrakt wurde sie nie, selbst wenn manchmal sehr frei breite Pinselstriche nebeneinandergesetzt sind und die Zeichnung sich auflöst. Ihr Anliegen blieb es, die Wirklichkeit abzubilden.

Das Jahr 1907 wurde zum Schlüsseljahr in der Biografie Elisabeth Büchsels. Sicher wird sie die Insel Hiddensee, unmittelbar vor ihrer Heimatstadt Stralsund gelegen, gekannt haben – bewusst wahrgenommen und als möglichen „Malort" ins Auge gefasst hat sie das Eiland wohl erst in jenem Jahr. In ihrem unveröffentlichten Lebenslauf schreibt sie: „Seit dem Sommer 1907 hält mich Hiddensee in seinem Bann."[91] Bis in den Oktober hinein lebte sie fortan auf Hiddensee, im Winter zog sie sich in ihre Heimatstadt zurück. Und das sollte bis wenige Jahre vor ihrem Tod so bleiben.

Die Schweriner Kunsthistorikerin Hela Baudis beurteilt Büchsels Entwicklung seit ihrer Entscheidung, regelmäßig auf der Insel zu wohnen, so: „Die Künstlerin hatte sich bereits aus der Tradition Wilhelm Leibls, einem der Hauptmeister der Münchner Schule, gelöst und zu ihrer sensiblen, markanten Malerei gefunden, die ganz unter dem Eindruck der Lichtphänomene der Insel stand."[92] Kurz nach der Jahrhundertwende hatte Elisabeth Büchsel nun sowohl ihr Thema als auch ihr Zuhause gefunden. In Stralsund zog sie mehrmals um. Anfang 1915 nahm sie ihr endgültiges Domizil, die obere Etage im *Schloss am Sund* in der Strandstraße 5, heute Gerhart-Hauptmann-Straße 5, in Besitz.[93]

Im Verlaufe ihres langen Lebens ist Elisabeth Büchsel eine Dokumentarin der Stadt am Sund gewesen. Zu allen Zeiten ist sie durch deren Straßen gelaufen und hat ihre Gesichter festgehalten. „Auch das alte Stralsund wird wieder lebendig in den Bildern dieser Ausstellung", schrieb Museumsdirektorin Käthe Rieck (1902–2004) anlässlich der Jubiläumsausstellung zu Büchsels 90. Geburtstag 1957, „die Semlower Straße mit den hohen Giebeln, von denen die schönsten durch

Bomben vernichtet wurden, Spinnstuben und Kreuzgänge des Johannisklosters, das ebenfalls im Zweiten Weltkrieg schwere Zerstörungen erlitt, oder andere kostbare Bauwerke und verträumte Winkel einer versunkenen Zeit."[94]

Zum Jahresende 1902 hatte es die erste nachweisbare Personalausstellung in ihrer Heimatstadt gegeben. Im *Oberlichtsaal* des Rathauses durfte sie für einige Tage eine größere Anzahl von Kunstwerken präsentieren, darunter Ölbilder, Aquarelle und Federzeichnungen. „Die Besucher werden durch die Reichhaltigkeit und Vielseitigkeit überrascht sein", schrieb ein unbekannter Autor im Beitrag der *Stralsundischen Zeitung*. Er lobte die Landschaften, Interieurs, Stillleben und Architekturdarstellungen, die in der Heimat und auf Studienreisen in Rom, Venedig und Paris entstanden waren, und hob die „flotte und pastose Behandlung der Farbengebung" hervor.[95] Ironischerweise hatte noch im Jahr zuvor der Rat der Stadt ihren Antrag auf ein Stipendium abgelehnt, weil sie den Auswahlkriterien nicht genügte. 1904 war die Büchsel wieder im Rathaus zu Gast, diesmal mit etlichen Motiven der Insel Hiddensee.

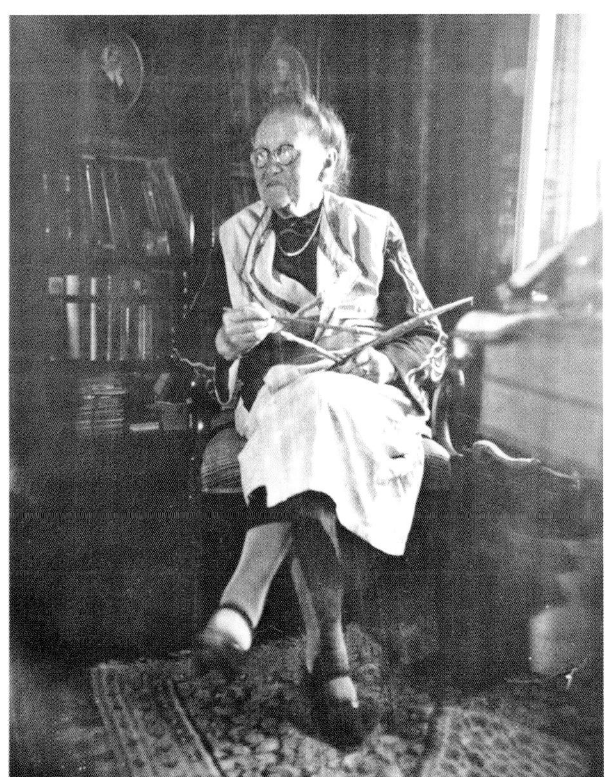

Elisabeth Büchsel, Fotografie, 31.05.1953

1911 nahm sie an der jährlichen *Großen Berliner Kunstausstellung* vom 29. April bis zum 1. Oktober teil. Im Saal 28 des Gebäudes der *Königlichen Akademie der Künste* am Pariser Platz in Berlin präsentierte Büchsel ihr Gemälde „Im Holunderschatten".[96] Die Ausstellung zählte ca. 500.000 Besucher. Ebenfalls 1911 stellte die Büchsel 50 Werke wiederum im *Oberlichtsaal* des Stralsunder Rathauses gemeinsam mit Franz Pflugradt (1861–1946) und Heinrich Heuser (1887–1967) aus. Im *Stralsunder Tageblatt* wurde die Schau ausführlich besprochen. Der Verfasser sprühte vor Begeisterung: „Von den bisherigen Ausstellungen wissen wir, dass die Malerin ganz hervorragendes leistet und wir in den von der Künstlerin Hand geschaffenen Werken nur Vollendetes zu sehen bekommen."[97]

Ab 1917 beschickte Elisabeth Büchsel Ausstellungen des *Pommerschen Künstlerbundes*, dessen

Mitglied sie im selben Jahr wurde. Der Verein war mitten im Ersten Weltkrieg, am 26.08.1916, gegründet worden. Die Initiative ging von einer Gruppe von bildenden Künstlern in Pommern und verschiedenen Städten des Deutschen Reichs aus. Sie wünschten sich eine Interessenvertretung und bessere Ausstellungsbedingungen. Der Bund war offen für alle pommerschen Künstlerinnen und Künstler. Im Vorwort des Katalogs zur zweiten Ausstellung hieß es:

„Der Pommersche Künstlerbund dient keiner bestimmten Kunstrichtung, er will nur ein gesamtes Band um seine den verschiedensten Programmen huldigenden Mitglieder schlingen und gibt auch jungen, aufstrebenden Talenten die Möglichkeit zur Ausstellung. Nur der Dilettantismus findet bei ihm keine Stätte."[98] Diese Vorgaben entsprachen Elisabeth Büchsels Ambitionen, nachdem sie sich in ihrer Heimat niedergelassen hatte. Der Bund vertrat zeit seines Bestehens gemäßigt moderne bis traditionelle Kunstauffassungen. Viele Mitglieder fühlten sich wie Büchsel der Pleinair-Malerei und nach dem Ersten Weltkrieg dem Spätimpressionismus verpflichtet. Die Künstlerin zählte bald zu den bedeutendsten Malerinnen in Pommern.[99] Bis 1944 fanden 37 Ausstellungen hauptsächlich im 1913 eröffneten Neubau des *Städtischen Museums Stettin* an der Hakenterrasse statt, aber ebenso an anderen Orten und zum Teil mehrmals im Jahr. Im Januar/Februar 1933 stellte der Bund sogar mit 36 Kunstschaffenden im Stralsunder Museum aus. Elisabeth Büchsel beschickte die Ausstellungen des *P.K.B.* noch bis 1944.[100]

1920 fand in ihrer Heimatstadt eine Personalausstellung statt, die am 11. Februar in der *Stralsundischen Zeitung* besprochen wurde. Im *Artushof-Saal* zeigte die Malerin eine große Anzahl von Landschaften, Porträts und Interieurs in Öl, Tempera und Aquarell. Die Bilder waren auf Reisen in den Alpen, in Stralsund, auf Rügen und Hiddensee entstanden und rangen dem Autor nach eigenen Worten „höchste Anerkennung" ab:

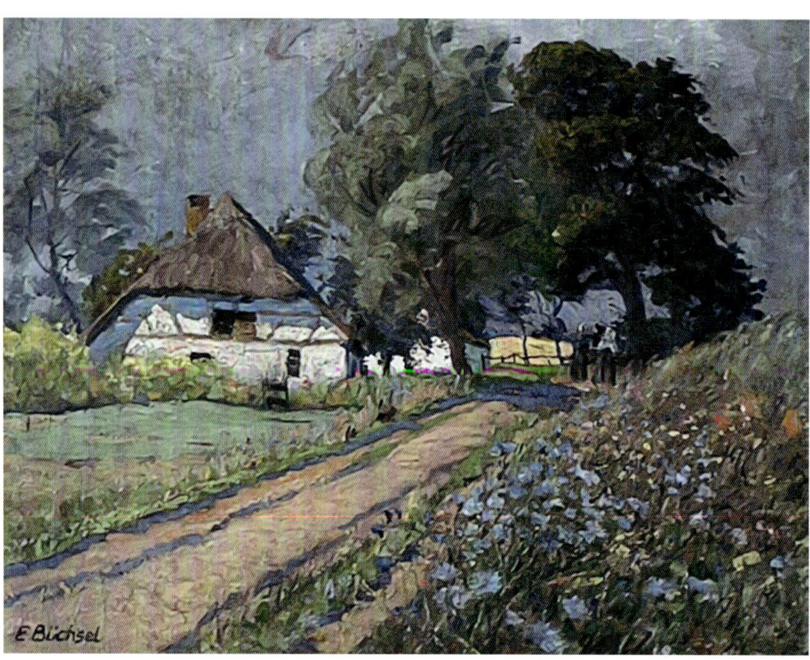

Feldweg, Öl/Lw., o. J.

„Ein schönes, starkes Leben spricht aus allen diesen Bildern, die mit Linie, Farbe, Stimmungskraft, belebt von innerer Wärme, das Mitempfinden auf das Stärkste wecken."[101] Einem weiteren Bund trat die Malerin bei: der *Vereinigung Stralsunder Künstler*, die sich 1924 gegründet hatte und im Dezember desselben Jahres zum ersten Mal ausstellte, und zwar in der Badenstraße 15. Dort befanden sich zu jenem Zeitpunkt die Möbelfabrik und das Einrichtungshaus *E. Mackenthun Sohn*. Das Haus hatte die Stadt 1923 angekauft. Einige Räume – oben gab es einen großen Saal – wurden unter anderem für Ausstellungen des Museums genutzt. Außer Büchsel gehörten der Vereinigung auch die schon erwähnte Katharina Bamberg, Fritz Rackow (1881–1968), Bernhard Feistel (1898–1976), Franz Pflugradt, Rudolf Bartels (1872–1943), Erich Kliefert, Mathilde Kliefert-Gießen (1887–1978) und Hedwig Freese (1873–1956) an. 200 Bilder waren in der Ausstellung zu sehen. Die Vereinigung stellte nun regelmäßig aus, manchmal in Kooperation mit dem Museum. Im November 1925 gab es beispielsweise wöchentlich wechselnde Ausstellungen mit verschiedenen Mitgliedern. Neben Büchsel waren in der ersten Gruppe Hedwig Freese und Bernhard Feistel vertreten, wiederum in der Badenstraße 15.[102] 1931 finden sich in mehreren Ausgaben der *Stralsundischen Zeitung* Besprechungen zu einer Gemeinschaftsausstellung der Vereinigung in der heute nicht mehr existierenden Ausstellungshalle am damaligen Hindenburgufer. „Elisabeth Büchsel bevorzugt dunkle Hintergründe, aus denen umso leuchtender die Gesichter hervortreten. Auch sonst betont Elisabeth Büchsel doch wohl allzu sehr die scharfen und herben Züge und lässt eine gewisse Liebenswürdigkeit, die doch auch gerade in den von ihr gezeigten Menschen an sich zu finden ist, zu sehr zurücktreten", kritisierte der unbekannte Verfasser, um dann versöhnlicher fortzufahren: „Die Vielseitigkeit der Wahl der Motive muss voll anerkannt werden."[103] In den Ausstellungen des *Stralsunder Kunstvereins*, der sich 1901 aufgelöst hatte und fünf Jahre später neu gründete, war Elisabeth Büchsel öfter vertreten. Erst im Jahre 1937, zu ihrem 70. Geburtstag, bekam die Malerin eine Personalausstellung im Stralsunder Museum, die allerdings nur elf Tage dauerte, vom 28. Januar bis zum 7. Februar. In der Pressemitteilung für die Stralsunder Schulen wies der Museumsdirektor darauf hin, dass die Ausstellung versuche, „einen Überblick über das Schaffen dieser heimischen Künstlerin von 1900–1936 zu geben durch ausschließliche Berücksichtigung derjenigen Arbeiten, welche die Heimat, Stralsund und Hiddensee, darstellen". Für Schüler betrage der Eintrittspreis 5 Pfennige, begleitende Lehrkräfte und Parteimitglieder hätten freien Eintritt.[104] Mit der Wahl der Sujets sollte kein Zweifel aufkommen, dass die Werke nicht den nationalsozialistischen Vorgaben an bildende Künstler entsprächen.

Fast 80 Arbeiten wurden ausgestellt, zwölf davon wurden verkauft, einige erwarb das Museum. Anlässlich ihres runden Geburtstags schrieb Büchsel: „Und so sind 70 Jahre gelebt, und das Bild ist immer noch nicht gemalt und immer steht man als Lernender vor der Natur und neuen Aufgaben und mit tastenden Händen versucht man ein Gutes zu vollbringen."[105]

1919 gehörte Elisabeth Büchsel zu den Gründerinnen des *Hiddensoer Künstlerinnenbundes*. Die Idee, eine Vereinigung von Künstlerinnen ins Leben zu rufen, war nicht neu. Schon in München und Berlin gab es solche Organisationen, in denen Frauen, die malten und von ihrer Arbeit leben wollten, gemeinsam ausstellten und sich unterstützten. Dass es gerade auf Hiddensee dazu kam, ist dem großen Engagement Henni Lehmanns (1862–1937) geschuldet, die bereits Erfahrung in der Frauenbewegung hatte. Kein Wunder also, dass sie mit den Malerinnen, die saisonweise auf

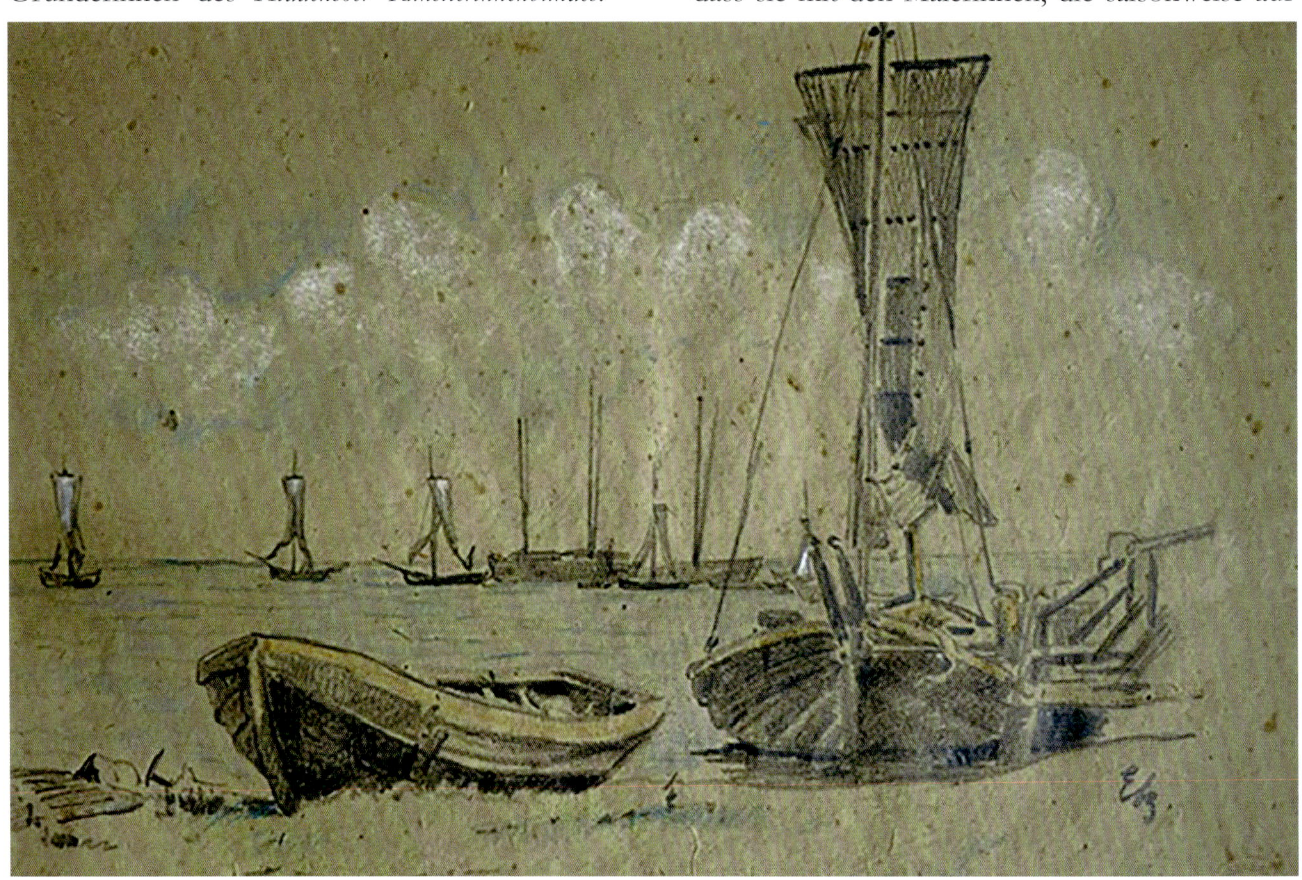

Boote am Strand, Mischtechnik, o. J.

der Insel lebten, in Kontakt kam bzw. – wie im Fall von Clara Arnheim (1865–1942) – schon lange befreundet war. Was lag also näher, als einen Ort für gemeinsame Ausstellungen zu finden? Henni Lehmann kaufte die später so genannte *Blaue Scheune*, ein Gebäude neben ihrem Ferienhaus, das quasi zum Ausstellungszentrum der Malerinnen des *Hiddensoer Künstlerinnenbundes* wurde. Jenem gehörten neben den drei Vorstandsmitgliedern Henni Lehmann, Clara Arnheim und Elisabeth Büchsel noch Katharina Bamberg, Julie Wolfthorn (1864–1944), Anna Schirbaum (1871–1952) und andere an, insgesamt nie mehr als 16 Frauen. Ab 1919 stellten die Künstlerinnen nun jeweils von April bis September in der *Blauen Scheune* aus. Gäste konnten die Verkaufsausstellung mit Gemälden, Skizzen und Grafik mit Motiven „von Hiddensee und der Waterkant" immer mittwochs und sonntags von 16 bis 18 Uhr für 25 Pfennige Eintritt besichtigen. Die Künstlerinnen spekulierten darauf, dass die großstädtische Bohème, die die Sommerfrische auf der Insel genoss, das eine oder andere Bild erwarb.[106] Allerdings gibt es bisher keine Belege dafür, dass dieses Konzept aufging und wie die Resonanz auf die Ausstellungen war. Nur in einem Eintrag in der Zeitschrift *Werkstatt für Kunst* heißt es: „Die Vereinigung hat bereits in diesem Sommer eine Ausstellung in einem alten Bauernhause veranstaltet, die gut besucht war, Verkäufe wurden erzielt von Kl. Arnheim, El. Büchsel, Henni Lehmann […]."[107] Auch Postkarten von Werken der ausstellenden Künstlerinnen wurden viel gekauft.[108] Es steckte nichts anderes als der Gedanke gemeinsamer Ausstellungen hinter der Gründung des Bundes, der kein eingetragener Verein war.[109] Ein Konzept ist nicht bekannt, nur der Ausstellungstitel. Die Malerinnen waren nicht mehr jung, jede hatte ihren Stil längst gefunden und war etabliert, konnte von der Malerei mehr oder weniger gut leben. Das Ende kam 1933 mit den Nationalsozialisten. Die Malerinnen mit jüdischen Wurzeln mussten die Insel verlassen. Zu ihrer Vertreibung haben sicher nicht die Hiddenseer Familien, mit denen sie befreundet waren und bei denen sie gewohnt haben, beigetragen. Im Gegenteil, die Bäckerfamilie Schwartz, bei der Clara Arnheim stets logierte, hat die Künstlerin noch lange mit Essenspaketen unterstützt. Gleichwohl gab es Gesetze, die die „Arisierung" durchsetzen sollten und an die sich die Behörden hielten. Ohne „Ariernachweis" durfte niemand Mitglied in der Reichskulturkammer sein, was quasi einem Berufsverbot gleichkam. Henni Lehmann wurde als Jüdin stigmatisiert, obwohl sie ihren Glauben längst abgelegt hatte. Schwer erkrankt nahm sie sich 1937 das Leben. Clara Arnheim, Käthe Loewenthal (1878–1942) und Julie Wolfthorn (1864–1944) starben in Vernichtungslagern. In vorauseilendem Gehorsam hatte bereits 1922 der Ort Vitte, in dem Henni Lehmanns Haus stand, mit dem Slogan „Juden finden hier keine Aufnahme" geworben.

Was Elisabeth Büchsel zu diesen Geschehnissen gedacht oder gesagt haben wird, ist nicht bekannt. Das Schicksal ihrer Freundinnen aus dem Künstlerinnenbund kann ihr weder als Christin noch als Mensch gleichgültig gewesen sein.

Elisabeth Büchsel galt als geselliger Mensch. Auf Hiddensee pflegte sie einen großen Freundes- und Bekanntenkreis. So besuchte sie Gerhart Hauptmann, der 1930 *Haus Seedorn* erwarb und umbauen ließ. Zu seinen Abendgesellschaften war die Malerin manchmal eingeladen, ebenso beim Maler Oskar Kruse (1847–1919), der die *Lietzenburg* erbaute und seit 1904 auf Hiddensee lebte. Bekannt war sie mit den Schauspielern Elsa Wagner (1881–1975), Otto Gebühr (1877–1954) und mit Asta Nielsen (1881–1972) und sehr gut befreundet mit dem Inselpfarrer Arnold Gustavs (1865–1956). In Stralsund waren die Faschingsfeste in ihrem Atelier berühmt, zu denen sich Jung und Alt kostümiert einfanden.[110]

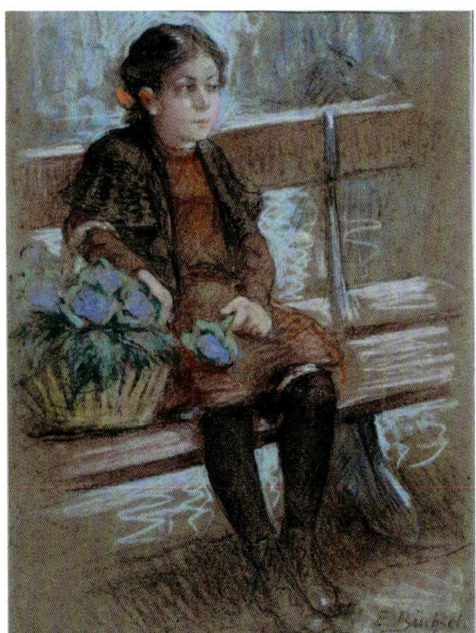

Mädchen auf der Bank, Pastell, o. J.

Auch ein Kränzchen traf sich im *Schloss am Sund* – Personen aus ihrem Umfeld, Künstler und Künstlerinnen, Nachbarn, Bekannte, die im Lauf der Jahre wechselten. „Wie ein Magnet zog Tante Büchsel die Menschen an. Im Nu konnten da 15–20 Menschen Kaffee trinkend, singend und erzählend um sie auf dem grünen Rasen bei ihrem Quartier in Vitte versammelt sein."[111]

Elisabeth Büchsel wurde 1951 – inzwischen hochbetagt – Mitglied im neu gegründeten *Verband Bildender Künstler Deutschlands*. Eine Kommission entschied anhand der eingereichten Arbeiten über Aufnahme oder Ablehnung. Am 12.01.1951 erhielt Büchsel die Nachricht vom Landesvorstand Mecklenburg: „Die Erfolge Ihrer künstlerischen Lebensarbeiten sind uns bekannt. Es wurde beschlossen, Sie in den VBK aufzunehmen."[112]

Anlässlich ihrer letzten runden Geburtstage, dem 80. und dem 90., wurde sie mit Ausstellungen, Pressemitteilungen und Feierstunden geehrt. Im Juni/Juli 1947 beteiligte sie sich an der Wanderausstellung des *Kulturbundes/Sektion Bildende Kunst Mecklenburg* mit sechs Aquarellen und Grafiken.[113]

Auch über die Ausstellung im Stralsunder Museum anlässlich des 80. Geburtstags der Malerin ist mehrfach in der Presse berichtet worden. So lobt der unbekannte Berichterstatter in der *Landes-Zeitung* vom 05.02.1947, dass erst diese Ausstellung es verdiene, „als maßstäbliche für ihr tatsächliches Können angesehen zu werden", und schwärmt weiter: „Und so haben wir in diesen 14 Tagen das

Glück, unsere Stralsunder Altmeisterin in ihrer vollen Bedeutung kennenzulernen. […] Alles ist so sicher und findet doch noch immer Gleichwertiges neben sich, […] das Bildnis eines Hiddenseer Fischers, eine ausgezeichnete Darstellung des arbeitenden Menschen, wo die Unmittelbarkeit der Wirkung auf den Beschauer mit malerischen Mitteln kaum zu übertreffen ist. Wie Elisabeth Büchsel Menschen und Landschaft harmonisch vereinigt, das ist auch ein Kapitel ihrer hohen Meisterschaft. […] Landschaften wie ‚Kuhweide' oder ‚Neuendorf auf Hiddensee' gehören zum Schönsten, was mit künstlerischen Mitteln über unsere heimatliche Landschaft ausgesagt wurde."[114]

Schon zu Lebzeiten der Malerin wurden viele Anekdoten erzählt. Gerda Becker (1923–2009), einer entfernten Verwandten, verdanken wir folgende Beobachtungen: „Tagsüber war E. B. meist unterwegs mit einer Tasche mit ihrem Malzeug. Irgendwo saß sie dann auf dem Sandboden und malte. Wenn sie fortging, drehte sie sich erst noch einmal um und sagte dem Plätzchen ein lautes Dankeschön. Dabei überblickte sie noch einmal, ob sie nicht etwas liegengelassen hatte. Abends ging sie immer zum Sonnenuntergang ans Meer. Dann wurden am Spülsaum die Füße gewaschen, d. h. sie stellte sich ins flache Wasser und drehte die Füße eine Zeit lang hin und her bis sie sauber geschrubbt waren. Sie war sehr großzügig in allem. Auch in der Haushaltsführung. Damit machte sie sich möglichst wenig Arbeit. Oft aß sie abends dicke Milch und trocken Brot und fand das herrlich. Sie machte nie Umstände, es ging einfach und natürlich zu. Jeder kam gern und fühlte sich zu Hause bei ihr. Es kam leicht zu guten Gesprächen."[115]

Legendär ist, dass die Malerin von Frühjahr bis Herbst täglich in der Ostsee badete. Ihr Badeanzug war vierzig Jahre alt, als sie zum 80. Geburtstag von ihrer Freundin, der Malerin Dora Strohschein (1883–1967), einen neuen bekam. Aus einer Gardine selbst genäht, mit Rosenmotiven und hauchdünn, löste er unbändige Freude bei der Jubilarin aus, zerfiel jedoch schon nach kurzer Zeit.

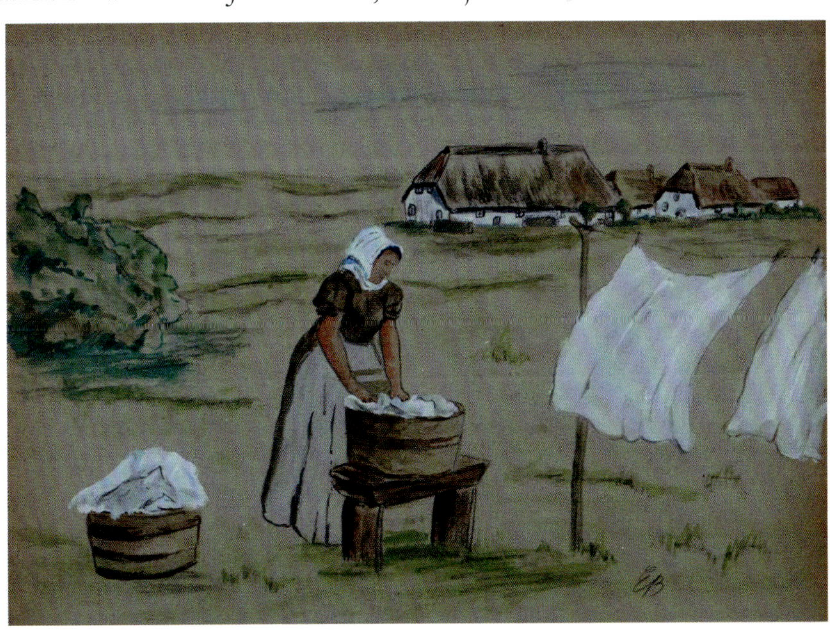

Wäschewaschen, Aquarell, o. J.

Von da an kam Elisabeth eine Stunde früher, gegen sechs Uhr, an den Strand und badete nackt. Wenn es im Herbst noch dunkel war, nahm sie einen Spazierstock und eine Kerze mit, setzte sich ans Ende des Strandes und ließ sich von den ankommenden Wellen umspülen. Hier mit der Natur eins zu sein, bedeutete ihr viel. Erst im Alter von 86 Jahren, als der Arzt ihr das Baden nach einem Ischiasleiden verbot, musste sie es einstellen.[116] Gegen das Rheuma, an dem sie litt, trug sie immer drei Kastanien bei sich.[117] Im Winter ersetzte sie das morgendliche Bad in der Ostsee durch eine kalte Dusche in ihrer Stralsunder Wohnung. Und wenn das Wasser im Frühjahr oder im Herbst zu eisig zum Schwimmen war, tauchte sie nur dreimal unter.[118]

Es sind nur wenige Schülerinnen Elisabeth Büchsels bekannt. Eine war die Stralsunderin Elisabeth Beß (1895–1970), die ab 1919 die *Kasseler Kunstakademie* besuchte und später als Dozentin für Kunst und Werkerziehung an verschiedenen pädagogischen Akademien wirkte. 1968 berichtete sie in einem Brief an das damalige *Kulturhistorische Museum Stralsund* über ihre einstige Lehrerin: „Es lohnte sich, in Tante Büchsels Atelier zu leben zwischen den edlen Erbmöbeln, den Stapeln von schon fertigen Bildern, den Blumensträußen und dem weiten Fensterblick und dem Werden ihrer Bilder zuzusehen oder selber für sie Modell zu sitzen. Dazu kam ihre eindrucksvolle Persönlichkeit, ganz geladen mit Energie, Fleiß, Temperament, Originalität und Herzenswärme. Sie war klein, hager und zäh, hatte eine fast lederne, faltige Haut durch Wind und das Seebaden bis in den Herbst hinein, und sie war immer so fix, dass man kaum mitkam.“[119] Eine weitere Schülerin war die Stralsunderin Margot Zeeck (1900–1968), die von 1917 bis 1922 Unterricht im Atelier im *Schloss am Sund* nahm.[120] Sie stammte aus einer Kaufmannsfamilie. Ihr Onkel Eduard Zeeck hatte das Modehaus in der Wasserstraße gegründet, das am 6. Oktober 1944 beim Bombenangriff der Alliierten auf Stralsund zerstört wurde.

Nach dem Tod ihrer Eltern 1911 hatte Elisabeth Büchsel ein kleines Vermögen geerbt. Der Erste Weltkrieg, die Weltwirtschaftskrise, spätestens der Zweite Weltkrieg und die Währungsreform hatten sie arm gemacht. Aus Erzählungen der Besitzer und Besitzerinnen ihrer Bilder ist bekannt, dass sie diese in Krisen- und Kriegszeiten oft gegen Essen und Brennmaterial tauschte und äußerst sparsam und bescheiden lebte. Sehr beliebt bei Tausch und Kauf war die Ansicht des sogenannten „Großen Inselblicks“, und zwar vom Dornbusch (Hochland) in Richtung Osten zum Bodden auf die beiden Sandhaken (Neuer und Alter Bessin) und die Orte Kloster und Vitte. Angeblich hat sie das Motiv an die tausend Mal gemalt. „Ümmer disse Inselblicke. Ick mach em gor nich mier seihn“, soll sie gesagt haben.[121]

Ihre Reiselust war bis ins hohe Alter ungebrochen, auch in die nähere Umgebung zog es sie. 1912 schrieb sie in das Poesiealbum einer Großcousine in Stettin: „In Nord un Süd – de Welt is wid, in Ost un West – to Hus is best.“ Diese Zeilen drücken wohl ihr Lebensmotto aus. Elisabeth Büchsel war eine Weltenbummlerin und eine Heimkehrerin. Anregungen aus der Ferne spiegeln sich in ihren Bildern. Wie ein Zimmermannsgeselle auf Wanderschaft blieb sie bis an ihr Lebensende lernbegierig und offen für Neues. Von ihren Reisen kehrte sie immer wieder zurück in die Heimat. Sie war nicht volkstümlich, sondern Heimatmalerin im besten Sinne. „Sie hat ihre Wurzeln in Stralsund und in Pommern nie vergessen, aber ihre Welt und ihr Denken waren nicht auf ihre Heimat beschränkt. Wenn man so will, verkörpert sie ein heutiges europäisches Ideal“, schrieb die Kulturwissenschaftlerin und Philosophin Angela Rapp treffend in einem Ausstellungskatalog.[122]

Im Sommer 1957 starb die Malerin. Vorangegangen waren ein Oberschenkelhalsbruch und eine Lungenentzündung. Noch am 17. Mai hatte sie die Ausstellungseröffnung „Erlebtes Albanien“ zum 50. Geburtstag des Malers Tom Beyer (1907–1982) besucht.

Einige Tage danach war sie in ihrer Wohnung unglücklich gestürzt und musste ins Krankenhaus gebracht werden. Dort schlief sie in den späten Nachmittagsstunden des 3. Juli schmerzfrei ein. „An einem heißen leuchtenden Sommertag, wie ihn die Malerin so sehr geliebt hatte, wurde sie bei ihren Eltern und Geschwistern auf dem alten Knieperfriedhof zur letzten Ruhe gebettet“, schrieb Käthe Rieck in ihrem Nachruf. „Ihre Freunde aber trauern nicht nur um eine starke Künstlerpersönlichkeit, sondern auch um einen lauteren, uneigennützigen Menschen, der das Leben zu meistern verstand und bis zuletzt dankbar und aufgeschlossen blieb für alles Schöne und Schwere, was es zu geben hatte.“[123]

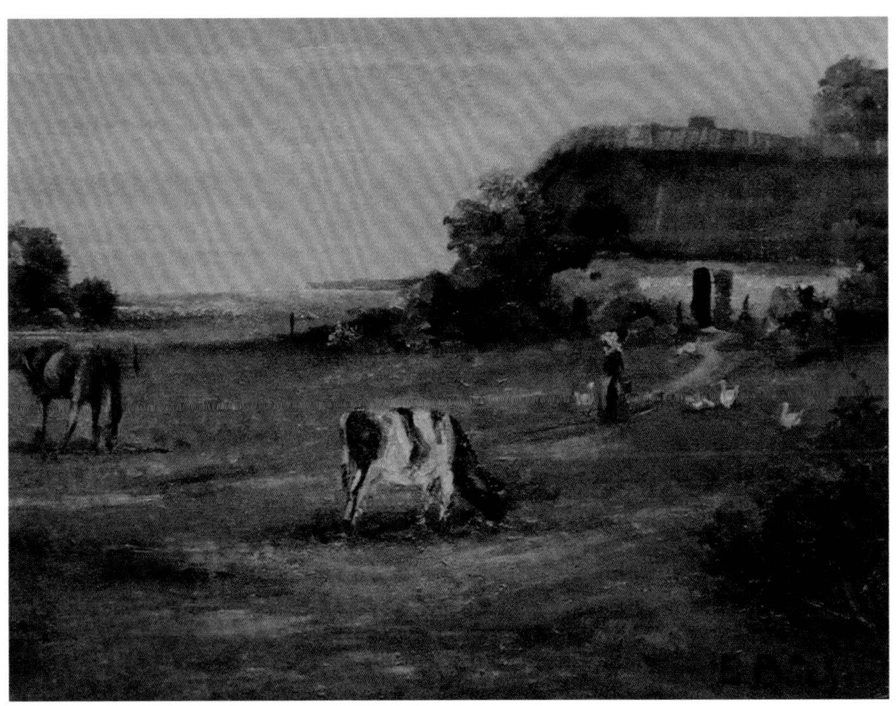

Bauernhof bei Kap Arkona,
Öl/Malpappe, o. J.

Franz Pflugradt – Der Späte

Friedrich Ludwig Franz Pflugradt kam spät zur Malerei. Er wurde am 19.01.1861 in Peenwerder bei Demmin als Sohn des Landwirts Heinrich Friedrich Franz Pflugradt (1822–1912) und dessen Ehefrau Maria Friederike Dorothea Lange (1833–1899) geboren. Zunächst übte er den Beruf seines Vaters aus und ging erst mit 27 Jahren nach Berlin, um an der *Königlichen Akademie der Künste* zu studieren. Der Landschaftsmaler Eugen Bracht (1842–1921) sowie Max Koner (1854–1900) sind seine Lehrer gewesen. Unterstützung erhielt er außerdem von seinem Onkel Gustav Pflugradt (1828–1908), der ein guter Aquarellmaler war und damals große Anerkennung genoss. Bei ihm wohnte er während seines Studiums. Wenn künstlerisches Talent denn vererbbar ist, muss Caspar David Friedrich als Urgroßonkel Pflugradts genannt werden. Franz Pflugradts Urgroßmutter Dorothea war die Schwester Caspar David Friedrichs gewesen. In deren Großfamilie des Predigers August Sponholz in Breesen hatte sich ihr berühmter Bruder wohlgefühlt und sich dort des Öfteren aufgehalten.

Nach seiner Ausbildung blieb Pflugradt viele Jahre in Berlin als freischaffender Maler. Studienreisen unternahm er nach Norwegen und Hiddensee. 1910 ließ er sich in Stralsund nieder. Seine Eltern hatten in der Nähe (in Viersdorf bei Pantelitz) eine Landwirtschaft gepachtet. Sommers bewohnte er ein eigenes Haus in Zingst. Schon einige Jahre nach der Jahrhundertwende muss Pflugradt in Stralsund öffentlich ausgestellt haben. 1911 war er gemeinsam mit Elisabeth Büchsel und Heinrich Heuser in der jährlich stattfindenden Ausstellung des *Stralsunder Kunstvereins* präsent. Der Verfasser einer Besprechung im *Stralsunder Tageblatt* beklagte zwar, dass erstmals keine auswärtigen Künstler dabei seien und nur der *Oberlichtsaal* des Rathauses und nicht wie üblich noch der *Löwensche Saal* benötigt würde. Jedoch würde eine wirklich gute Auswahl an Werken gezeigt. Über die Landschaftsbilder Pflugradts hieß es: „So etwas kann kein Dilettant, sondern nur ein gereifter, ernst zu nehmender Künstler schaffen.“[124] Ein Jahr später fiel die Kritik am selben Ausstellungsort in

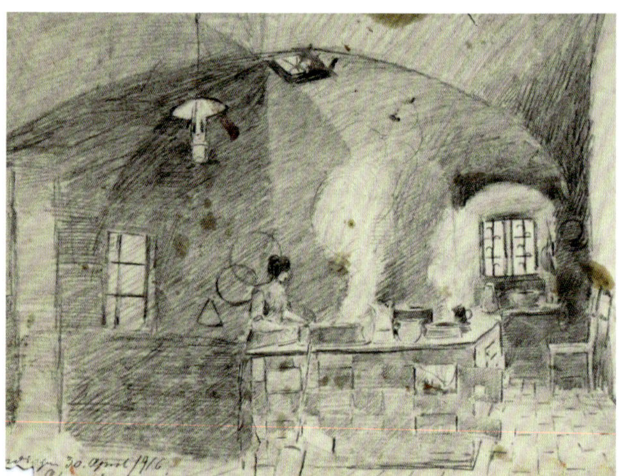
Blick in die Küche des Gutshauses Endingen, Bleistift, 30.04.1916

der *Stralsundischen Zeitung* allerdings ernüchternd für die Werke des 51-Jährigen aus: „Im übrigen scheinen sie uns künstlerisch doch wohl noch nicht ganz auf der Höhe zu stehen, die Technik läßt manches vermissen, die Farbenharmonie fehlt stellenweise und die menschlichen Gestalten sind da, wo sie die Landschaft beleben sollen, etwas steif. Auch perspektivisch ist nicht alles ganz richtig geschaut. Im übrigen tritt uns aus den Bildern aber viel Fleiß entgegen, bei dem es dem Künstler nicht ermangeln wird, uns, wenn er sich erst mehr ausgereift hat, auch noch mit Besserem zu erfreuen.“[125] 22 Jahre später, 1934, wurde im *Stralsunder Tageblatt* von einem Besuch in Pflugradts Atelier in der Frankenstraße 44 berichtet. Der unbekannte Verfasser schrieb: „Ein erstaunliches und bedenkenswertes Volk sind diese Künstler, die unangefochten von den Nöten der Sterblichen wie verkleidete Fürsten unter uns

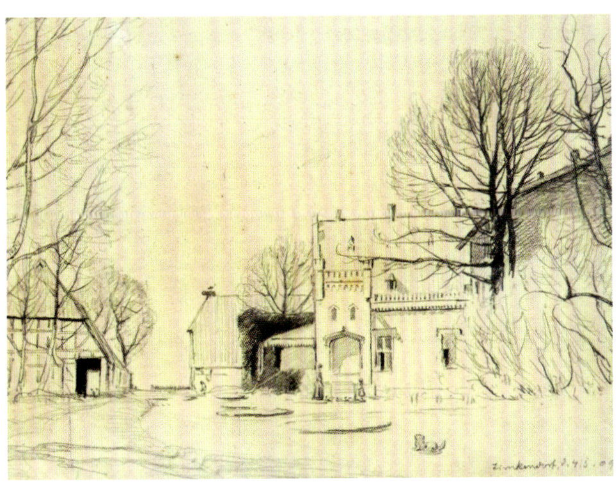

Zimkendorf, Bleistift, 04.05.1909

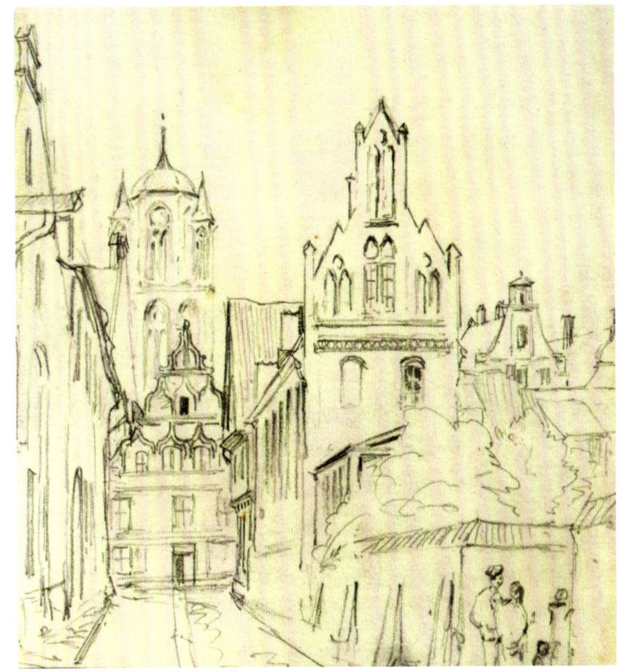

Stralsund, Bechermacherstraße Richtung Badenstraße, Bleistift, o. J.

einhergehen. Es will mir scheinen, dass Pflugradt einer dieser Glücklichen sei.“ Das Atelier wurde so beschrieben: „Wertvolle alte Möbel, seine eigenen und Bilder von Caspar David Friedrich und seinem Onkel Gustav schmückten die Räume. An den Wänden hingen Flinten und Jagdzeug.“ Der Maler berichtete, dass er ein passionierter Jäger gewesen sei und so manchen „Bock geschossen“ hätte, jetzt aber keinem Reh mehr etwas zuleide tun könne. Pflugradt veräußerte in Stralsund viele Werke, nun sei der Verkauf sehr zurückgegangen. „Ich lasse aber darum den Kopf nicht hängen. Es wird schon besser werden.“[126]

Das wurde es in der Tat. 1937 erschien im *Stralsunder Tageblatt* ein weiteres Loblied auf den inzwischen 76-Jährigen, dem ein „derber, fester, männlicher Pinselstrich" bescheinigt wurde. Wenn er im Sommer auf dem Darß lebte, ging es immer noch hinaus zum Naturstudium. Im Atelier vollendete er dann die Bilder. „Arbeit hält jung", wird Pflugradt zitiert.[127]

Pflugradts Malweise wurde oft von Kollegen kritisiert, denn er spachtelte viel. Zu seinen Malutensilien gehörten Holzstöckchen verschiedener Größen, um bestimmte Effekte zu erzielen. Sogar der Daumen kam zum Einsatz. Eine Anekdote, die er selbst zum Besten gab, ist in diesem Zusammenhang überliefert: Der Künstler saß auf einer Blumenwiese, um in der freien Natur an einem Ölbild zu arbeiten. Ein Dorfjunge, der ihm über die Schulter sah und der Spachtelei ansichtig wurde, rief aus: „Ümmer rup mit den'n Schiet!"[128]

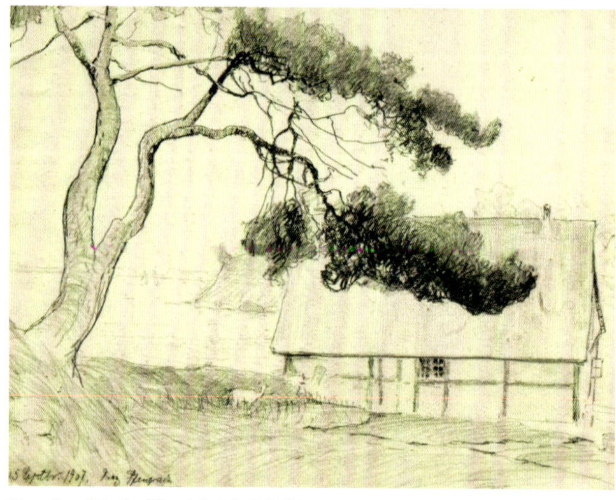

Devin, Bleistift, 15.09.1907

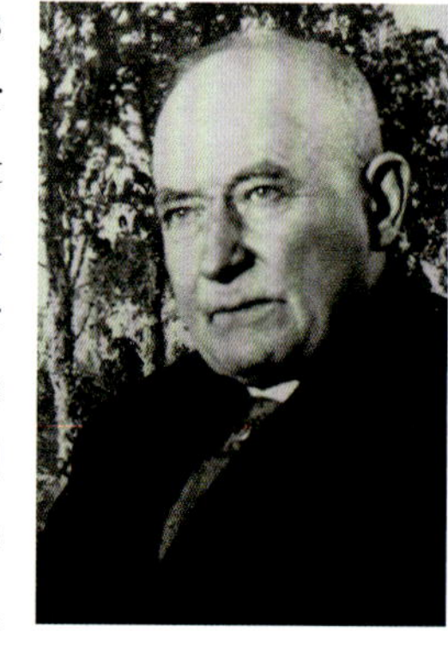

Franz Pflugradt, Fotografie, o. J.

Franz Pflugradt kann als Landschaftsmaler seiner vorpommerschen Heimat bezeichnet werden. Zu den Sujets seiner Ölbilder gehören Waldstücke mit alten Buchen und Eichen ebenso wie Blicke über die See auf Inseln und kleine Städte sowie einsame Bauerngehöfte und geduckte Häuschen am Ostseestrand. Ein kürzlich in Teilen veröffentlichter Nachlass eines Sammlers weist ihn als fleißigen Zeichner aus.[129] Besonders eindrucksvoll sind seine Winterbilder. Sie überraschen durch vermeintlich untypische Farbigkeit. Winterbilder sind charakteristisch für die nordeuropäische Malerei des 19. Jahrhunderts, die die Naturphänomene neu entdeckte. Manche

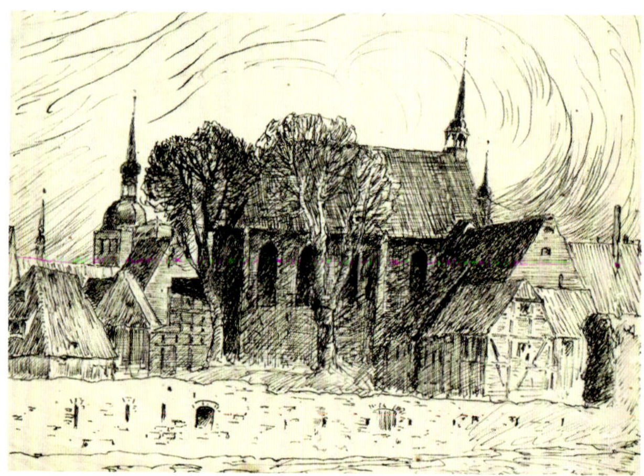

Stralsund, Rosengarten, Johanniskirche und Kloster, Bleistift, o. J.

Künstler nahmen beheizbare Malkarren mit hinaus, um ganzjährig plainair malen zu können. Das kam für Pflugradt nicht mehr infrage. Dafür fühlte er sich zu gebrechlich. Mit zunehmendem Alter ließ seine Sehkraft nach und er fürchtete zu erblinden. Der Stralsunder Autor Walter Radüge besuchte ihn zwei Jahre vor seinem Tod. „Ik kann je nich miehr seihn", klagte der Künstler.[130] In einem Brief vom Museumsdirektor Dr. Fritz Adler aus dem Jahr 1938 schlägt dieser eine Ausstellung im Stralsunder Museum vor. Es soll eine Retrospektive werden: „Dabei wäre natürlich wünschenswert, möglichst Arbeiten aus verschiedenen Jahrzehnten zu zeigen, so wie das bei der Geburtstagsausstellung von Frl. Büchsel der Fall war, da die Erfahrung gelehrt hat, dass das Stralsundische Publikum sehr gern auch weiter zurückliegende Arbeiten der heimischen Künstler sieht." Pflugradt jedoch lehnte mittels einer Postkarte zwei Tage später ab: „Da mein Befinden nicht gut ist, kann ich mich an dieser Ausstellung nicht beteiligen."[131]

In Zingst führte ihm die taubstumme Else Pankow die Wirtschaft, später übernahm diese Aufgabe Fräulein Matz, die er als Erbin einsetzte. Er starb am 16.12.1946 in Zingst und wurde dort beerdigt. Stilistisch bewegte sich Pflugradt zwischen Naturalismus und Impressionismus. Zarte duftige Farben in seinen Ölbildern lassen uns ahnen, wie das Wasser der Ostsee geglitzert haben mag oder der Winterwald mit den vielen Nuancen des Schnees.

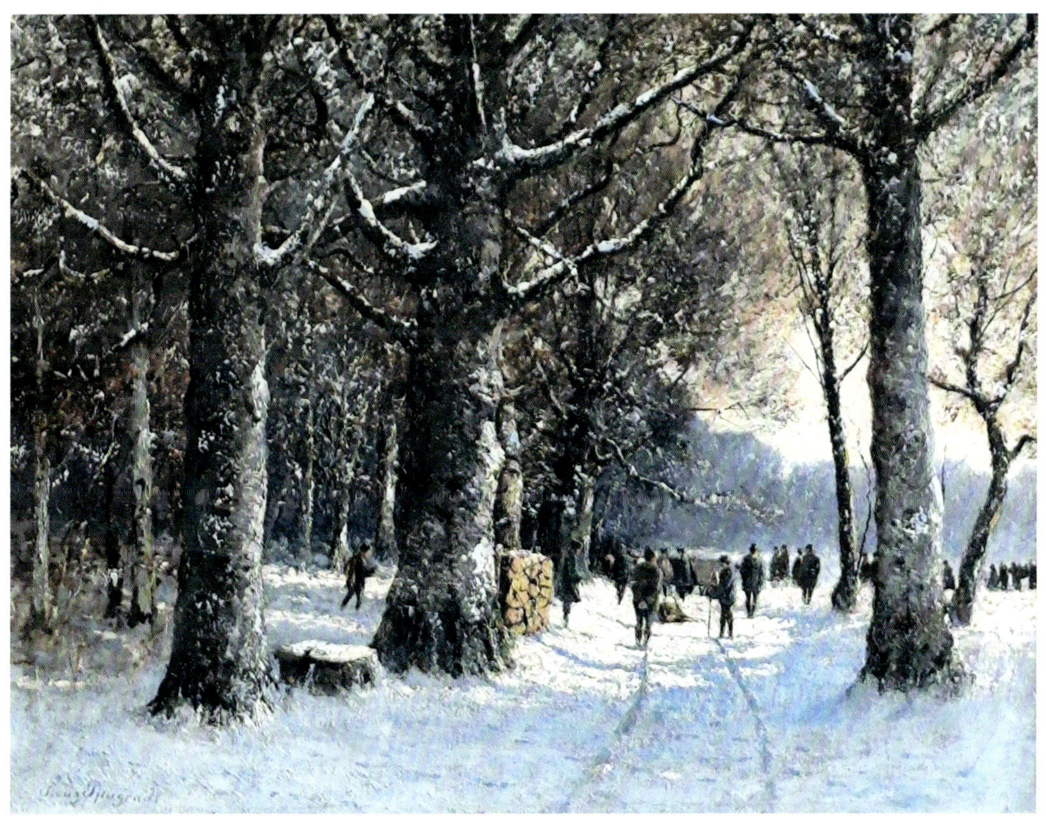

Wintersonne im Buchenwald, Öl/Lw., o. J.

Paul Hückstädt – Der Unvollendete

Genau wie Eduard Nieny und Simon Wagner musste ein weiteres, hoffnungsvolles Talent aus Stralsund schon früh sein Leben lassen: Paul Johann Ludwig August Hückstädt. Am 28.08.1872 wurde er als zweites Kind des Fleischermeisters August Karl Louis Hückstädt (1847–1911) und seiner Ehefrau Carla Hermine Karoline Hoffstedt (1851–1910) in Stralsund geboren. Sein Vater soll ein fleißiger und humorvoller Mann gewesen sein. Pauls Liebe zur Kunst wurde besonders unterstützt von Nachbarn seiner Eltern, dem Buchbinder Mützel und dessen Schwester. Den Wunsch, Kunstmaler zu werden, äußerte Paul schon als Schüler. So besuchte er ab dem Frühjahr 1891 die *Königliche Kunstschule* in Berlin und wechselte nach gründlicher Vorbereitung an die *Königliche Akademie der Künste.*

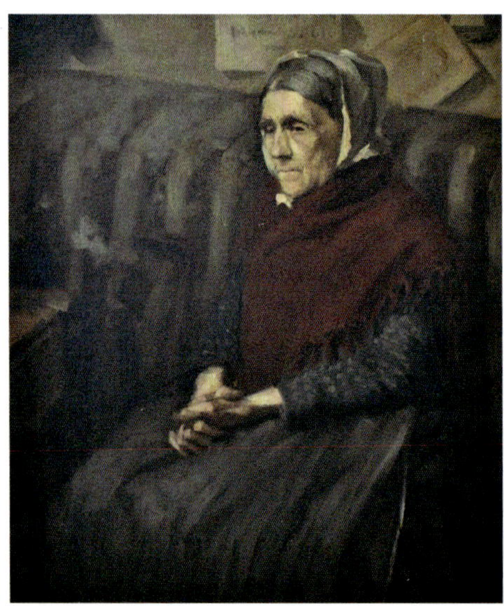

Alte Frau im Johannis-kloster, Öl/Lw., 1900

Hier wurde er Schüler von Eugen Bracht (1842–1921), Paul Thumann (1834–1908) und Paul Vorgang (1860–1927).[132] Sein Freund, der Ministerialrat a. D. Gustav Prütz, schrieb 1947 über ihn an die Museumsverwaltung in einem Brief: „Jahre des Lernens, Tastens, Bildens und Verwerfens, ja der Zweifel, begannen. Aber die jugendliche Begeisterung, zäher Fleiß und scharfe Selbstkritik halfen über alle inneren Hemmungen und alle äußeren Ablenkungen der Großstadt hinweg. Als er das Handwerkliche seiner Kunst beherrschen gelernt hatte, waren alle Zweifel gebannt, fühlte er sich zum Maler berufen. Und jedes Mal, wenn Paul auf Ferien kam, [...], musste er über das Leben und Treiben in dem Sündenbabel Berlin berichten. Seine anschaulichen [...] Schilderungen [...] gaben uns Provinzlern Einblicke in die uns unbekannten und fernliegenden Verhältnisse. Mehr noch verschafften sie uns Kenntnis von den Problemen in Kunst und Wissenschaft, die damals auf der Tagesordnung standen. Was ist in unserem kleinen Kreise über den Naturalismus in der Kunst [...] diskutiert worden. Zu unserem Kreise gehörten Pauls Busenfreund, der Buchhändler Berthold Hagemann, der ihm später nach Berlin folgte, dann die Gebrüder Wothke, der Kaufmann Albert Looks und ich."[133] Briefe von Hückstädt sind im Juni 1945, als Prütz aus seiner Berliner Wohnung ausquartiert wurde, verschollen. In seiner Heimatstadt war man auf das Talent des jungen Mannes aufmerksam geworden und die Aufträge häuften sich. Das Realgymnasium übertrug ihm die Aufgabe, ehemalige Rektoren zu porträtieren. Das Museum kaufte eine Stadtansicht „Stralsund von Altefähr aus gesehen" an. Das Ölgemälde befindet sich heute in der Ausstellung im *Museumshaus* in der Mönchstraße 38. 1901 erhielt Hückstädt ein Stipendium von der *Adolf Ginsberg-Stiftung*, die junge bildende Künstler unterstützte. Die Geschwister des gehörlosen Malers Adolf Ginsberg (1856–1883) hatten die Stiftung gegründet, nachdem ihr Bruder bei dem großen Erdbeben auf der Insel Ischia in Italien umgekommen war. Bei Hückstädt machten sich bald Beschwerden einer Lungenkrankheit bemerkbar, die sich nach dem Einatmen von Rauch nach einem Brand während einer Studienfahrt noch verschlimmerten. Zur Erholung kehrte er immer wieder an die Ostsee zurück. Für das „Bildnis eines alten Mannes im Johanniskloster" sollte er den Rompreis, ein Stipendium der *Königlichen Akademie der Künste*, erhalten. Kurz vor der Abreise von Berlin nach Italien ereilte ihn ein Blutsturz und er fuhr zurück nach Stralsund. Seine Mutter pflegte ihn einige Monate lang. Am 05.12.1905 starb Paul Hückstädt. Zwei Tage später erschien in der *Stralsundischen Zeitung* eine Meldung über den Tod des trotz seiner Jugend bekannten und beliebten Malers.[134] Auf einer Radtour durch Rügen im Jahre 1901 sollte er sich eine Erkältung zugezogen haben, die das spätere Leiden hervorrief. „Sein letztes Kunstwerk war das treffliche Portrait einer jungen Frau", hieß es in dem Beitrag.[135]

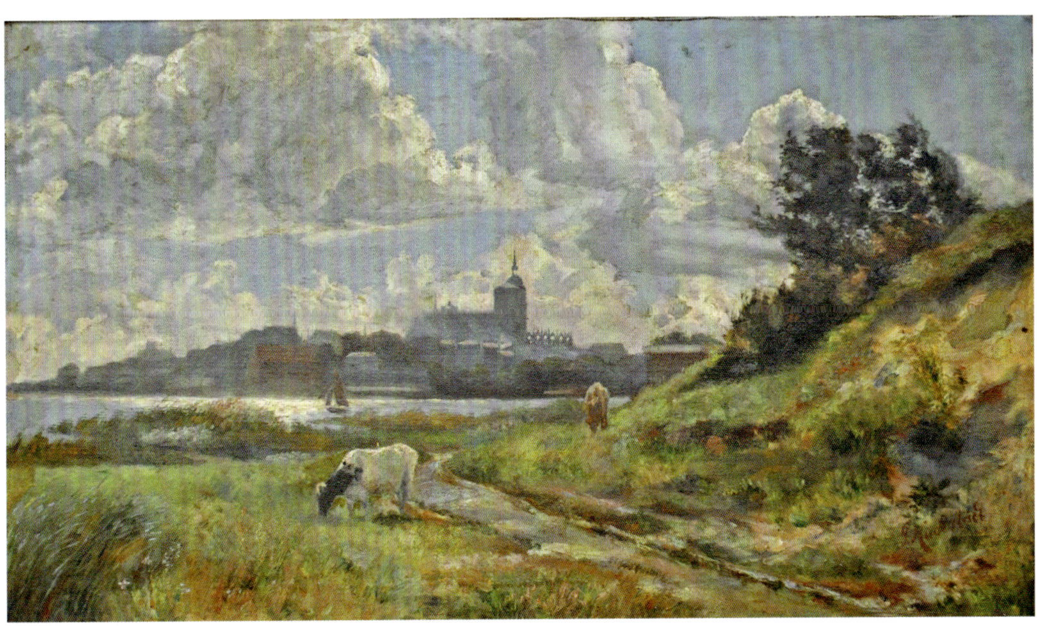

Stralsund vom Strande, Öl/Lw., 1900

Katharina Bamberg – Die Tatkräftige

Eine doppelte Karriere, nämlich eine medizinische und eine künstlerische, machte Katharina Gustave Sophie Bamberg. Sie wurde am 18.04.1873 in Stralsund geboren und war das dritte von sechs Kindern des Arztes Gottlieb Friedrich Bamberg (1840–1920), Leiter des Städtischen Krankenhauses und Geheimer Sanitätsrat, und seiner Ehefrau Clara Helene Sophia Müller (1849–1932). Dr. Bamberg war ein hochangesehener Mediziner. Im Jahre 1868 hatte er sich als praktischer Arzt, Wundarzt und Geburtshelfer in Stralsund niedergelassen. Der Gesundheitszustand der Bevölkerung in der Stadt war zu der Zeit katastrophal. Regelmäßig grassierten Epidemien wie Typhus, Pocken, Ruhr und Cholera. Die Gründe dafür waren unter anderem in den schlechten hygienischen Verhältnissen und der mangelhaften Qualität des Trinkwassers zu suchen, das aus den verunreinigten Stadtteichen kam. Die Situation verbesserte sich erst mit dem Bau eines Wasserwerks in Lüssow 1884.

Neben der allgemeinen ärztlichen Tätigkeit widmete sich Dr. Bamberg besonders der Augenheilkunde. Er führte größere Augenoperationen aus und gab vielen Menschen, die an Grauem Star erkrankt waren, das Sehvermögen zurück. Ärmere Patienten mit Augenkrankheiten behandelte er unentgeltlich. Im Jahre 1895 wurde er zum Sanitätsrat ernannt und 1897 vom Rat der Stadt zum ersten Stadtarzt und Leiter der Inneren Abteilung des städtischen Krankenhauses gewählt. Obwohl 1912 aus gesundheitlichen Gründen zurückgetreten, kehrte er 1914 während des Ersten Weltkriegs als 72-Jähriger für einige Monate als Chefarzt des hiesigen Reservelazaretts zurück.[136]

Ihr Elternhaus verwehrte Katharina Bamberg nicht, eine künstlerische Laufbahn einzuschlagen.

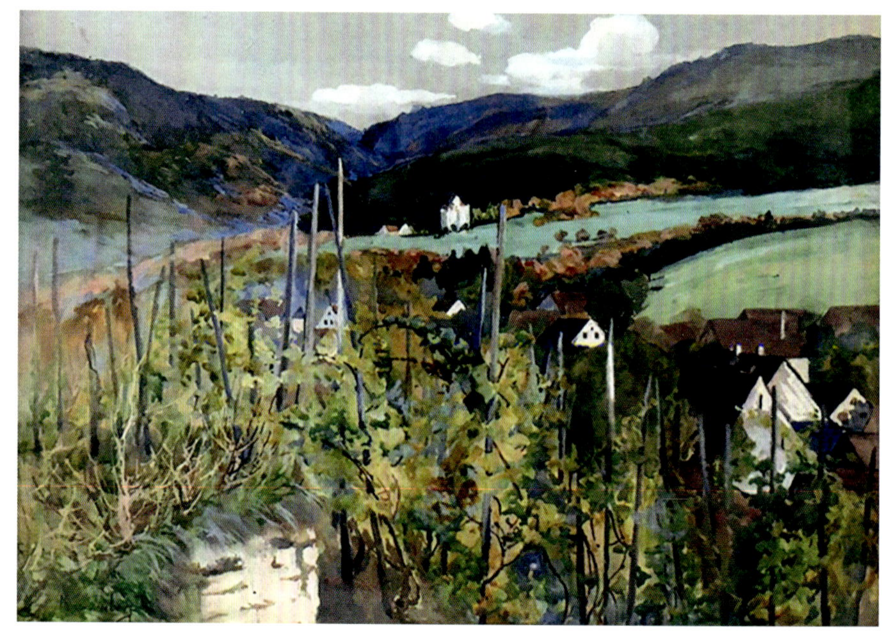

Südliche Landschaft, Aquarell/ Gouache, o. J.

Zunächst besuchte sie die *Höhere Töchterschule* der Anna Schwebes in Stralsund und ging danach auf eine Haushaltsschule im Harz (Harzburg). Von dort zurückgekehrt, nahm sie wieder Zeichenunterricht, mit dem sie bereits während der Schulzeit bei ihrem Lehrer Müller (der schon Elisabeth Büchsel unterrichtet hatte) begonnen hatte. Noch vor der Jahrhundertwende zog sie nach Berlin. 1901 bekam sie finanzielle Unterstützung aus ihrer Heimatstadt, und zwar von der weiter oben erwähnten *Hasperschen Stiftung*. Am 01.07.1901 befand das Kuratorium aus Ratsherren, Kaufleuten und Bürgermeister Max Israel über die Anträge von zwölf Stralsunderinnen. Fünf wurden positiv beschieden – darunter der von Katharina Bamberg.[137] Als Frau konnte sie sich jedoch nicht als Studentin an der Kunstakademie einschreiben. Das war erst nach der Novemberrevolution 1919 bzw. mit der Weimarer Reichsverfassung möglich. Selbst 1913 waren die Bedingungen für Frauen, an einer Kunstakademie studieren zu dürfen, nicht wesentlich besser, und die Frauenrechtlerin und Künstlerin Henni Lehmann schrieb enttäuscht: „Nirgend ist die Aufnahme an Bedingungen geknüpft, die nicht von Frauen unschwer erfüllt werden könnten, nirgend sind sie derart, daß auch in der so gern zitierten weiblichen Eigenart eine Hinderung gesehen werden könnte. Trotzdem haben bisher nur wenige Akademien den Frauen die Aufnahme gewährt."[138] Abgesehen davon spielte die Berliner Akademie der Künste hinsichtlich der Entwicklung der bildenden Kunst seit der Kaiserzeit eine konservative Rolle. Das künstlerische Schaffen war auf Belehrung, Volkserziehung und Unterhaltung ausgerichtet. Moderne Stilrichtungen wie Expressionismus und Impressionismus wurden abgelehnt. Jedoch war der Lehrplan viel umfassender, und für die einzelnen Sparten wie Aktmalen, Stillleben oder Anatomiekurse wurden viel mehr Stunden eingeplant. Frauen blieb also nur der Privatunterricht bei Akademieprofessoren oder der Besuch einer Damenakademie. Solche Damenakademien/ Malschulen gründete zum Beispiel der *Verein der Künstlerinnen und Kunstfreundinnen zu Berlin*. Pendants gab es in München, Stuttgart und anderen Städten. Der Berliner Verein unterhielt seit 1871 eine Mal- und Zeichenschule mit angeschlossenem Lehrerinnenseminar. Die Idee zur Gründung des Vereins hatten einige Malerinnen, die selbst gut vernetzt waren und außerdem von ihrer Kunst leben konnten. Sie wollten Frauen eine professionelle Ausbildung bieten und finanziell schwächere Mitglieder mit einer Darlehens- und Pensionskasse absichern. Für ihr Vorhaben gewannen sie einflussreiche Unterstützer, darunter Wilhelm Adolf Lette (1799–1868), der 1866 den *Verein zur Förderung höherer Bildung und Erwerbstätigkeit des weiblichen Geschlechts*, den heutigen *Lette-Verein*, ins Leben gerufen hatte, der vorbildlich für alle Berufsbildungsstätten für Frauen in Deutschland war, sowie Werner von Siemens (1816–1892).

Da Frauen in dieser Zeit nicht rechtsfähig waren, wurden diese Männer Ehrenmitglieder, damit der Verein überhaupt gegründet werden konnte. Durch Mitgliedsbeiträge, Kostüm- und Weihnachtsfeste, Verkäufe bei Ausstellungen, private Gelder und Spenden sowie zeitweise finanzielle Unterstützung sowohl vonseiten des Kulturministeriums als auch der Stadt Berlin akkumulierte sich bald so viel Kapital, dass der Verein gemeinsam mit dem *Victoria-Lyzeum* ein Gebäude in der Potsdamer Straße errichten lassen konnte. Junge Künstlerinnen profitierten von Reisestipendien, Ausstellungsmöglichkeiten und vom Netzwerk der Vereinsführung.[139] Dennoch, der Abschluss eines Studiums an der Malschule war nicht vergleichbar mit dem an der Akademie. Und so verwundert es nicht, dass mit der Aufnahme von Studentinnen an der *Akademie der Künste zu Berlin* ab 1919 die künstlerische Ausbildung an der Mal- und Zeichenschule an Bedeutung verlor.

Katharina Bamberg blieb also nur Privatunterricht, einen Abschluss wie die männlichen Kollegen an den Akademien und Universitäten bekam sie jedoch nicht. Unterricht nahm sie unter anderem bei dem renommierten Impressionisten Ludwig Dettmann (1865–1944) an der oben erwähnten Malschule des *Vereins der Künstlerinnen und Kunstfreundinnen zu Berlin*, dem Tier- und Landschaftsmaler Oskar Frenzel (1855–1915) und dem bekannten Porträtlithografen Otto Merseburger (1822–1898). Studienreisen führten sie nach Italien, Mittel- und Süddeutschland, Frankreich, Ostpreußen, Holstein und Bornholm. 1906 ließ sie sich unter dem Namen „Kati Bamberg" in ihrer Heimatstadt nieder. Sie gab Malunterricht und übernahm Kopieraufträge. In der *Stralsundischen Zeitung* vom 23.07.1912 wird das erste Mal über die Ausstellungstätigkeit von Katharina Bamberg berichtet. Mit einer großen Anzahl von Ölgemälden und farbigen Zeichnungen war sie an der Ausstellung des *Stralsunder Kunstvereins* im *Oberlichtsaal* und im *Löwenschen Saal* des Rathauses beteiligt. „[…] denn mit Genugtuung kann man feststellen, daß gerade aus Stralsund Gutes gekommen ist. Ja sogar sehr Gutes, mit das Beste, was wir überhaupt auf der Ausstellung finden", schrieb der begeisterte Reporter und geriet ins Schwärmen: „In ihren Ölgemälden zeigt sie uns, daß sie die Perspektive beherrscht, daß sie Licht und Schatten gut zu verteilen weiß, und daß sie durch wohltuende Farbtöne Weichheit in ihre Bilder zu legen versteht. Sie ist eine Stimmungsmalerin par excellence."[140]

Der Erste Weltkrieg unterbrach ihre erfolgreiche künstlerische Arbeit. Katharina Bamberg legte ihre Vollschwesternprüfung ab, stellte sich in den Dienst des *Deutschen Roten Kreuzes* und arbeitete in verschiedenen Lazaretten, unter anderem in Frankreich (Maubeuge und Valencienne).[141] Für ihre aufopferungsvolle Arbeit, die sie nach dem Krieg weitere drei Jahre fortführte, erhielt sie 1916 die Rote Kreuz-Medaille 3. Klasse vom preußischen König.

Mehrere Wochen im Jahr verbrachte Katharina Bamberg auf Hiddensee. Die Insel zog Kunstschaffende aller Sparten an, die die Sommermonate hier verbrachten und sich in einigen Fällen Häuser bauen ließen. Neben Katharina Bamberg kamen Gustav Schönleber (1851–1917), Walter Leistikow (1865–1908) und Felix Krause (1873 bis vor 1925). Dauerhaft ließen sich der Dichter Gerhart Hauptmann (1862–1946), der Maler Oskar Kruse-Lietzenburg, die Künstlerin und Autorin Henni Lehmann sowie Elisabeth Büchsel nieder. Die Kunsthistorikerin Ruth Negendanck ordnet Hiddensee in die Reihe der Künstlerkolonien ein, vergleichbar Worpswede und Ahrenshoop.[142]

Katharina Bamberg war Mitglied im *Hiddensoer Künstlerinnenbund*, der von 1919 bis 1933 existierte. Gegründet hatten ihn Henni Lehmann, Clara Arnheim (1865–1942) und Elisabeth Büchsel. So ist also zu vermuten, dass Katharina Bamberg ebenfalls bei Ausstellungen des Bundes in der *Blauen Scheune* vertreten war.

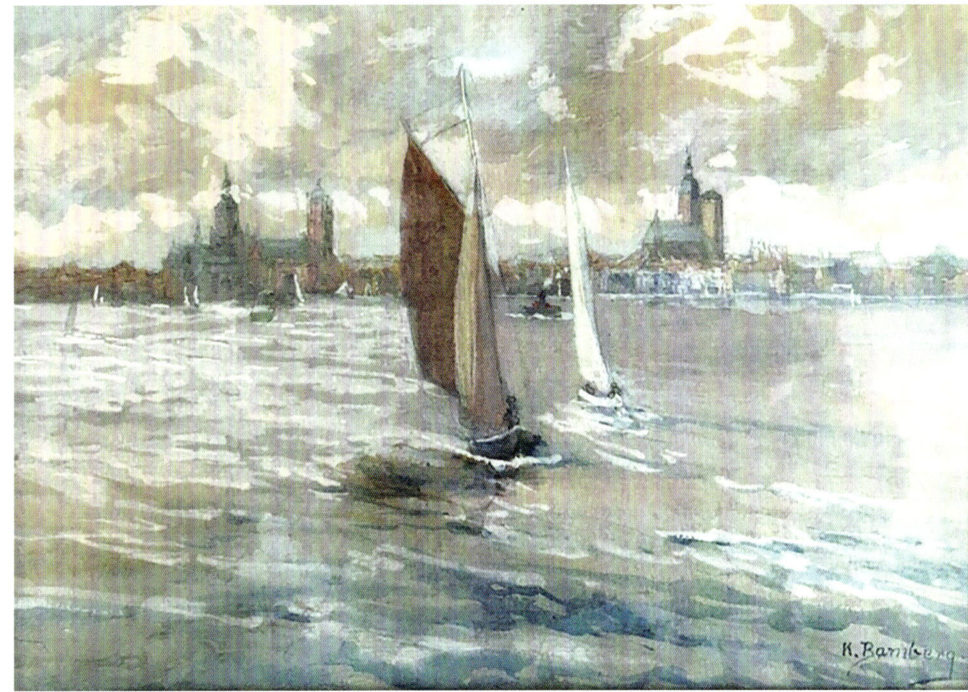

Boote vor Stralsund, Öl/Karton, o. J.

Katharina Bamberg war Mitglied in der *Vereinigung Stralsunder Künstler*, die von 1924 bis 1934 aktiv war. Die erste Ausstellung mit 200 Werken wurde in der *Stralsundischen Zeitung* besprochen. Der Autor „C. F. P." polemisierte über den Besitz von Gemälden und meinte: „Das Bild ist und bleibt der wahre Schmuck des Hauses und ihre Auswahl und Anbringung ist der beste Gradmesser für die Kulturhöhe seiner Bewohner. Zeige mir Deine Bilder und ich werde Dir sagen wer Du bist. Es brauchen durchaus keine großen Kanonen, Namen von internationalem Ruf zu sein. Gerade als Schmuck unserer Räume kommt das künstlerische

Bild von gutem Durchschnittswert in Betracht und der persönliche Geschmack des Käufers.“[143] Und so gab der Verfasser dann zu jedem Ausstellenden eine Einschätzung und Empfehlungen zum Kauf bestimmter Bilder. Über Bamberg urteilte er: „Katharina Bamberg hat gute zeichnerische und malerische Fähigkeiten. Leider glückt es ihr nicht immer, ihren ansprechenden Bildern den großen, den letzten Schwung zu geben. Am besten gefällt uns das Aquarell ‚Sanddorn auf Hiddensee'.“[144] Die Vereinigung stellte nun regelmäßig aus, manchmal in Kooperation mit dem Museum, das jedoch auch eigene Sonderausstellungen mit Stralsunder Künstlern organisierte, wie im März 1925. Die Redaktion der *Stralsunder Zeitung* schrieb dazu: „Man spürt trotz der grundverschiedenen Auffassungen in vielen Werken den Erdgeruch der Heimat. Wir sind der Meinung, daß unsere rührige Museumsleitung geradezu verpflichtet ist, ähnliche Ausstellungen in Zukunft regelmäßig zu wiederholen, damit die weitesten Schichten unserer Stadt und Umgegend Gelegenheit finden, mit heimischen Künstlern und ihren Werken persönlich Fühlung zu nehmen und zu erkennen, daß es durchaus nicht nötig ist, zu echtem Kunstgenuß in die Weite zu schweifen, sondern daß sehr viel Gutes auch in unmittelbarer Nähe liegt.“[145] Katharina Bamberg zeigte in dieser besprochenen Gemeinschaftsausstellung das Gemälde „Die Drift (Hiddensee)“, dessen Verbleib heute ungeklärt ist. Im November 1925 stellten drei Mitglieder (Katharina Bamberg, Elisabeth Büchsel und Hedwig Freese) der *Vereinigung Stralsunder Künstler* in den Räumen der Badenstraße 15 aus. Die Werke von Katharina Bamberg wurden in der *Stralsundischen Zeitung* als „prachtvolle Naturschilderungen“ gelobt. Sie zeigte Ansichten von Stralsund und Arbeiten, die auf Hiddensee entstanden waren. „Ein feines Farbengefühl, warme Liebe zur Heimat und begeisterte Freude an der weiten Gotteswelt spricht aus ihren Werken“[146], schwärmte der enthusiastische Berichterstatter. Zu Beginn der zweiwöchigen Schau war in der Presse zu lesen: „Der Eintrittspreis ist sehr niedrig gehalten, um jedem den Besuch zu ermöglichen.“ 50 Pfennige waren dafür zu bezahlen, die Familien- und Dauerkarte kostete eine Mark.[147]

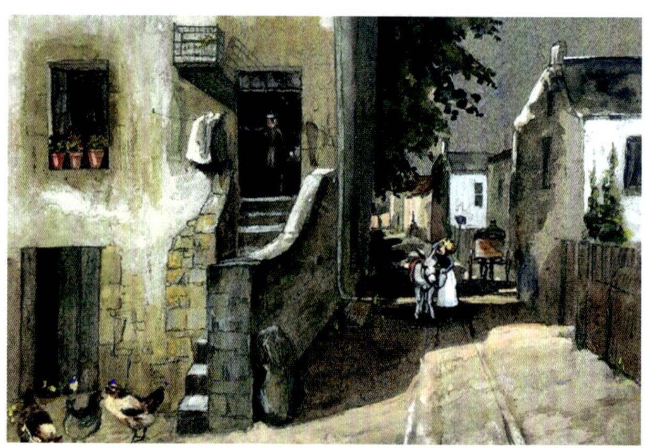

Stadt im Süden, Aquarell/Gouache/Bleistift, 1918

Untereinander pflegten die Stralsunder Künstlerinnen und Künstler regen Kontakt und stellten oft zusammen aus, ohne Konkurrenzdenken. So wandte sich Katharina Bamberg am 16.01.1931 an Mathilde Kliefert-Gießen und Erich Kliefert, ob sie an einer gemeinsamen Ausstellung mit ihr und Hedwig Freese im Foyer des Stralsunder Theaters interessiert wären. Sie hatte schon Kontakt zum Theater aufgenommen und ermahnte die Künstler, sich rasch zu entscheiden, „damit nicht Auswärtige für die Sache genommen werden“[148].

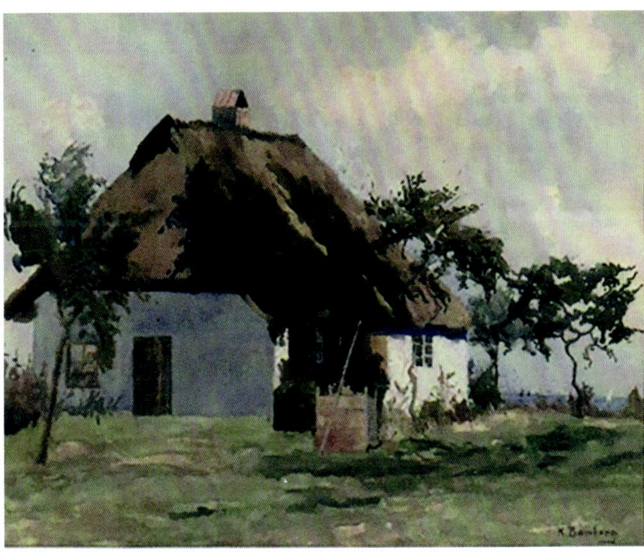

Die Blaue Scheune, Aquarell, o. J.

1940 zog die Malerin ins *Johanniskloster*, wo sie bis zu ihrem Tod in einer Wohnung auf dem sogenannten „Räucherboden“ lebte. Nach der Reformation war das Kloster Armenhaus geworden, jedoch baute man ehemalige Mönchszellen in Wohnungen für Bedürftige um. Der Räucherboden hatte seinen Namen durch den Rauchabzug der Kochstellen direkt in die Dachbalkenkonstruktion bekommen. Laut Aufnahmebrief Bambergs in die Klosterwohnung Nr. 13 musste sie sich dort für 1200 RM einkaufen. Zusätzlich waren monatlich 3 RM „Hebung“ (Miete) fällig. Das Halten von Haustieren war nicht gestattet, Besuch nur für wenige Tage erlaubt. Wollte man verreisen und wohnte vorübergehend nicht im Kloster, hatte man sich ab- und wieder anzumelden. Bei Auszug oder Tod der Mieterin verblieb das „Einkaufsgeld“ bei der Klosterverwaltung.[149]

Im Stralsunder Museum sind mehrere Gruppenausstellungen Bambergs mit jeweils einem oder zwei Kolleginnen oder Kollegen nachweisbar. Im Mai 1953 beispielsweise zeigte die Künstlerin ihre Arbeiten zusammen mit Hedwig Freese. Neben Bildern aus ihrem Atelier wurden Leihgaben aus der Stralsunder Bevölkerung ausgestellt. Es gab einen Kreis von Sammlerinnen und Sammlern Bambergscher Werke. Da das Museum durch die Auslagerung von Kunst im Zweiten Weltkrieg Bilder der Malerin verloren hatte, wurde explizit dazu aufgerufen, Leihgaben zur Verfügung zu stellen. Schon Ende 1943 hatten die beiden Malerinnen zusammen ausgestellt. Bamberg verkaufte damals 11 der 32 Werke.[150] Die Ausstellung war täglich von 11 bis 13 Uhr und sonntags zusätzlich von 15 bis 17 Uhr geöffnet. Der Eintritt kostete 50 Reichspfennige, Wehrmachtsangehörige, Studenten und Schüler bezahlten die Hälfte. 1943 wohnte die Malerin vorübergehend und aus Angst vor Bombenangriffen im *Gutshaus Hövet* bei Velgast.[151]

1963 veranstaltete das Stralsunder Museum erneut eine Kunstschau mit Arbeiten Bambergs, diesmal gemeinsam mit Erich Kliefert. Von der Vernissage ist ein Redemanuskript mit den Initialen S. B. überliefert. Darin heißt es: „So ungezwungen wie die Motive der Bilder, so natürlich ist auch ihre Gestaltung. Sie zeigt den dem Gegenstand in menschlicher und künstlerischer Hinsicht dienenden Sinn. Es fehlt jede nur auf dekorativen oder stilisierten Ausdruck gehende Ansicht, im Bildbau, in der Farbe oder in der Form. Nicht Effekt, sondern Wirkung des Gegenstandes ist das Ziel ihrer Bilder. Dem Betrachter geht manche noch nie bemerkte Schönheit des Lebens, der Reichtum der Landschaft auf. Glückliche Verbindung des alten realistischen Malstils und der impressionistischen Gestaltungsmittel des Lichts und der Farbe.“[152]

Bis zu ihrem 92. Lebensjahr stand die Künstlerin jeden Vormittag an der Staffelei.[153] „Man muss nicht immer ein großartiges Atelier haben, um Bilder zu malen. Es genügt auch eine Ecke des Wohnzimmers“[154], schrieb der Reporter der Zeitung *Der Demokrat*, der die Künstlerin im

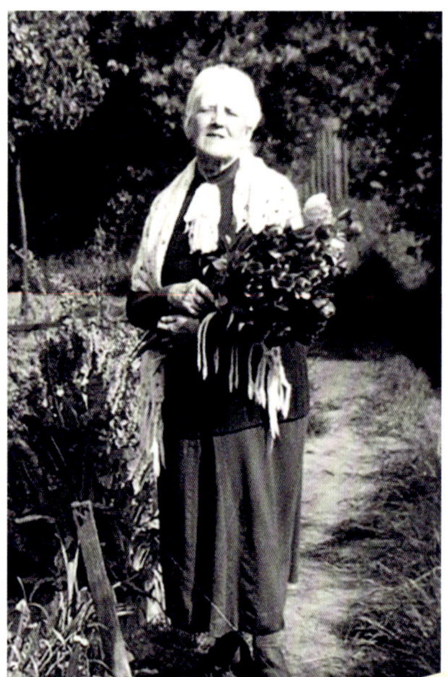

Katharina Bamberg, Fotografie, o. J.

Dezember 1964 besuchte. Sie erzählte ihm, dass sie viele Sommer auf Hiddensee verbracht hatte. Ihre Motive waren die Ostsee, die Fischerdörfer und die Heide. Sogar mit 92 Jahren nahm sie noch Aufträge für Bilder an und arbeitete gewissenhaft daran. Ihr Alter sah man ihr nicht an, was sie auf die vielen Spaziergänge, die sie durch ihre Heimatstadt unternahm, zurückführte. Im *Café Mehlert* am Alten Markt hatte sie einen Stammplatz und vertrieb jeden, der dort saß, wenn sie erschien.

Bamberg war eine Urgroßnichte von Ernst Moritz Arndt, dessen Bruder Carl Katharinas Urgroßvater war und dessen Tochter Rosalie wiederum ihre Oma. Etliche Werke Bambergs befinden sich in Privatbesitz, viele gelten als verschollen. „Leider hat man mir den größten Teil meiner Arbeiten auf dem Gute Hövet genommen. Man hatte mir geraten, sie aus der Stadt zu entfernen“[155], schrieb sie 1953. Dass nicht nur das Museum Kunstgegenstände ausgelagert hatte, sondern auch eine Stralsunder Künstlerin, war bisher nicht bekannt. Ihre verschollenen Werke teilten das Schicksal der Fayencen, Barockmöbel, des Meißner Porzellans, der Mönchguter Trachten

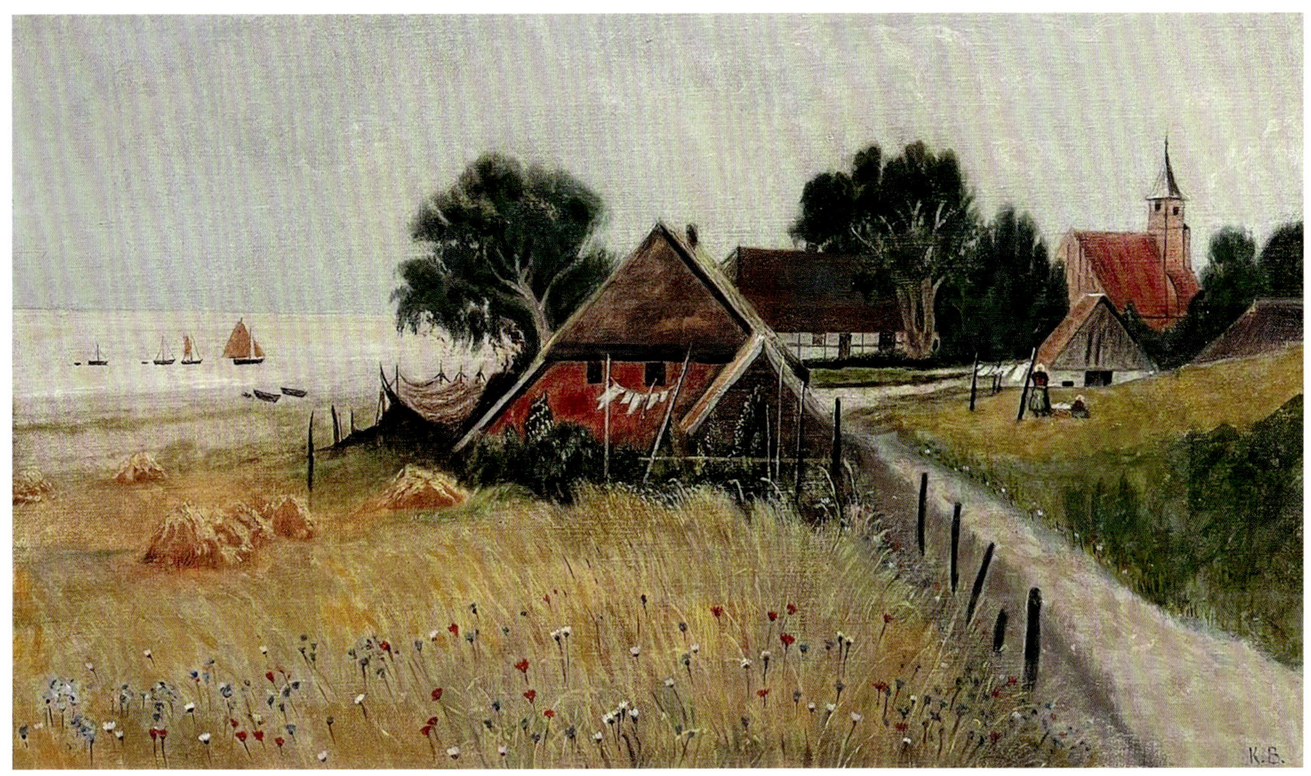

Blick auf Schaprode, Öl/Lw., um 1920

und vieler anderer Objekte aus dem *STRALSUND MUSEUM*, die in den Wirren nach dem Zweiten Weltkrieg und nach der Flucht der Gutsbesitzer gestohlen oder zerstört wurden.

Katharina Bambergs Lehrer Ludwig Dettmann hat mit seiner Auffassung des Lichten und Hellen landschaftlicher Impressionen die Entwicklung der Malerin wohl am meisten geprägt. Motive boten sich ihr in der heimatlichen Natur auf Rügen, Hiddensee und in der Umgebung ihrer Heimatstadt. Sie war, genau wie Elisabeth Büchsel, fasziniert vom sogenannten „Großen Inselblick“, und zwar vom Dornbusch (Hochland) in Richtung Osten zum Bodden auf die beiden Sandhaken (Neuer und Alter Bessin) und die Orte Kloster und Vitte. Dieser Landschaftsausschnitt zählt bis heute zu den beliebtesten und meistgesuchten Bildmotiven. Ruth Negendanck schrieb dazu treffend: „Ihren strahlenden Aquarellen, getaucht in lockeres Gelb, lichtes zartes Grün und überwölbt von einem duftigen, wolkigen, hohen Himmel konnten wenige Käufer widerstehen.“[156]

Katharina Bamberg starb am 06.10.1966 in Stralsund.

fand eine Ausstellung mit Porträts im Saal des Vereinsheims in der Mönchstraße 16 statt. „Der Zeit entsprechend komme ich betreffs der Preise meiner Oel- und Pastellgemälde den werten Auftraggebern weitgehendst entgegen“[163], ließ sie ihre Kundschaft wissen.

Des Weiteren erhielt Hedwig Freese vom Rat der Stadt und der Kirche Restaurierungsaufträge. In einem Beitrag der *Stralsunder Zeitung* vom 10.04.1943 wird ihr Schaffen anlässlich ihres 70. Geburtstags gewürdigt und auf die Restaurierungsarbeit eingegangen. „Hierbei erwies sich die Altfarbentechnik, die die Künstlerin sich besonders zu eigen gemacht hat, als besonders wertvoll, Schäden zu beseitigen, ohne daß die Ursprünglichkeit des Gemäldes beeinträchtigt wäre.“[164]

Hedwig Freese wurde nicht wie ihre Kolleginnen Büchsel und Bamberg in den nach dem Zweiten Weltkrieg gegründeten *Verband Bildender Künstler Deutschlands* aufgenommen. 1950 hatte die *Sektion der Bildenden Kunst im Kulturbund zur demokratischen Erneuerung Deutschlands* mit der Registrierung der Künstlerinnen und Künstler begonnen und dabei Kunstschaffende in den Bereichen der Malerei, Bildhauerei, Fotografie und dem Kunsthandwerk gezählt.[165] Eine Kommission entschied anhand der eingereichten Arbeiten über Aufnahme oder Ablehnung. Am 15.01.1951 erhielt Hedwig Freese die Nachricht vom Landesvorstand Mecklenburg:

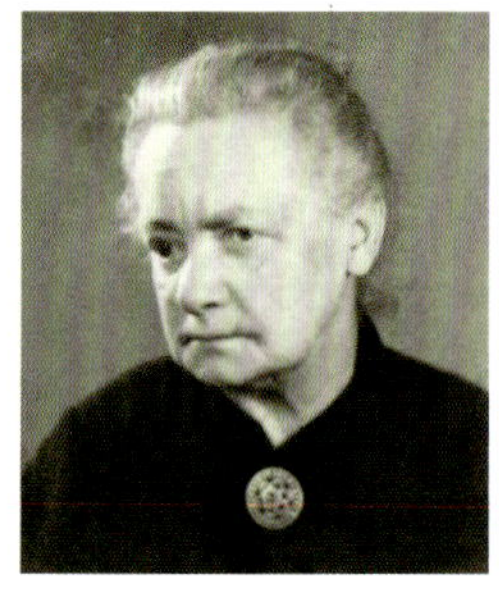
Hedwig Freese, Fotografie, o. J.

„In der Zeit vom 19.11.1950 bis 02.01.1951 erfolgte die Begutachtung der Arbeiten mecklenburgischer Künstler durch die Landesgutachterkommission entsprechend den Richtlinien des Verbandes. Weil ein hoher Maßstab für die Begutachtung anzulegen war, konnten nur solche Kollegen aufgenommen werden, die überzeugende künstlerische Qualitäten aufweisen. Dabei wurde in keiner Weise bürokratisch, sondern kollegial verfahren. Bei der Beurteilung der von Ihnen eingereichten, in der Beurteilung schriftlich festgelegten Arbeiten, kam die Gutachterkommission zu folgendem Ergebnis: Gesamtleistung zu unkünstlerisch. Leider kann aufgrund dieser Beurteilung eine Aufnahme in den VBK nicht erfolgen. [...] Wir empfehlen Ihnen, sich der örtlichen Arbeitsgemeinschaft Bildender Kunst im Kulturbund zur demokratischen Erneuerung Deutschlands anzuschließen. Dieser hat die Aufgabe, das Laienschaffen weitestgehend zu fördern. Darüber hinaus gibt es noch eine ganze Reihe von Arbeitsmöglichkeiten, die mit künstlerischer Tätigkeit eng verbunden sind. Der Verband wird bestrebt sein, Sie gegebenenfalls bei diesen Bemühungen zu unterstützen.“[166] Dieses Schreiben muss die Künstlerin hart getroffen haben. Fünf Jahre vor ihrem Tod wurde sie zur Laienkünstlerin herabgestuft. Die

Mitgliedschaft im Verband war existenziell, denn „es mußte auch die wirtschaftliche Betreuung – Beschaffung von Arbeitsraum und Material, Vermittlung von Ankäufen u.s.w. von der Sektion übernommen werden [...]. Diese Maßnahmen waren notwendig, um die Kunstschaffenden durch einen Zusammenschluß an die kulturellen Aufgaben heranzuführen und eine feste Grundlage für die Arbeit auf dem Gebiet der Bildenden Kunst zu ermöglichen", hieß es später in einem Ausstellungskatalog.[167] So erhielt Elisabeth Büchsel zum Beispiel im Herbst desselben Jahres wie andere Kolleginnen und Kollegen auch einen Gutschein für zehn Zentner Briketts zur Beheizung ihres Ateliers.[168] Auf welche Weise Hedwig Freese sich dann durchgeschlagen hat, ist nicht bekannt. Mindestens einen Schüler hatte sie Anfang der 1950er Jahre, Bertram von Schmiterlöw (1925–2021). Sie soll einen Bernhardiner besessen haben, ein gutmütiges Tier. Sobald die Tür geöffnet wurde, so berichtete von Schmiterlöw, legte der Hund ihm die Pfoten auf die Schulter.

Von 1904 datiert ihr Gemälde „Spinnstube im Johanniskloster". Die Spinnstube wurde bis 1900 von den Frauen genutzt, die im *Johanniskloster* wohnten, und ist ein häufiges Motiv Stralsunder Kunstschaffender gewesen. Freeses Bild ist auf der Rückseite mit einem Zettel versehen, der Aufschluss über den Besitzer gibt. Es gehörte dem Sohn des Stralsunder Bürgermeisters Israel, Jürgen Detlef Stenzler. Max Israel, der von 1898 bis zu seinem Tod 1906 sein Amt ausübte, sah sich und seine Familie wegen des jüdisch klingenden Nachnamens persönlichen Angriffen ausgesetzt. Er ließ kurzerhand den Namen für seine Frau und die Kinder in „Stenzler" ändern. So hatte seine Großmutter geheißen. Der undatierte Text, verfasst von Israels Sohn, offenbart noch eine Anekdote, die hier zitiert werden soll: „Als mein Vater Bürgermeister von Stralsund war und wir in dem Pastoratshause auf dem Johanniskloster wohnten, habe ich die alten Frauen in der Spinnstube ständig besucht und zu Weihnachten beschert. Vorn rechts Frau Heiden, die an einem Sylvesterabend 1 Flasche Eiercognak von ihren Verwandten erhielt, sie austrank und am nächsten Morgen nicht mehr aufwachte." Ihre letzten Lebensjahre verbrachte Hedwig Freese im *Heilgeistkloster*. Sie starb am 06.06.1956.

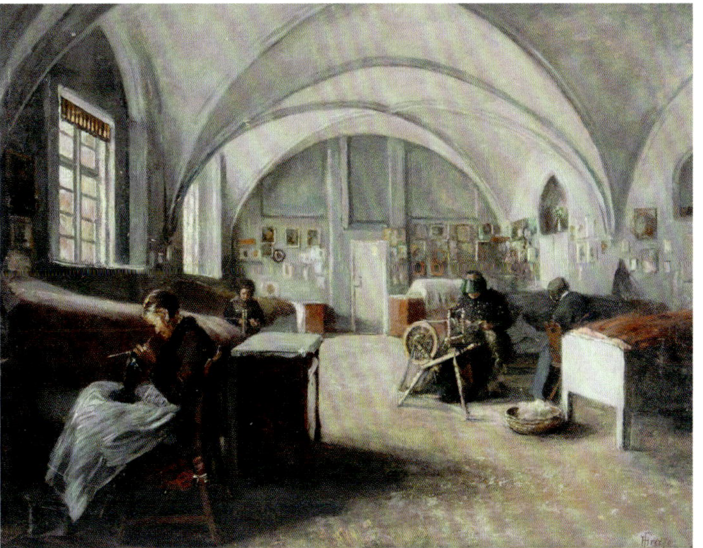

Spinnstube im Johanniskloster, Öl/Lw., 1904

Karl Bock – Der Spätimpressionist

Das Leben von Friedrich Karl Bock war bisher wenig erforscht. Er verbrachte die zweite Lebenshälfte in Stralsund. Der Maler wurde am 12.11.1873 in Braunschweig als Sohn von Oberamtsrichter Friedrich Ludwig Rudolf Bock (1819–1896) und seiner aus Cleveland, Ohio in den USA stammenden Ehefrau Elisabeth Cone Bolton (1841–1914) geboren. Auch Elisabeths Vater Thomas Bolton (1808–1871) war Richter. Vielleicht hatte sie ihren Mann durch eine Geschäftsbeziehung des Vaters kennengelernt. Die Vorfahren Elisabeths lassen sich mütterlicherseits über die Familie Cone bis zu einem Siedler namens Daniel Cone im 17. Jahrhundert in Connecticut zurückverfolgen. Karl Bock hatte einen Bruder, Elfried Bock (1875–1933). Der promovierte Kunsthistoriker war von 1930 bis 1932 Direktor des Kupferstichkabinetts der Berliner Museen. Karl Bocks Vater starb 1896, als Karl erst 22 Jahre alt war. Allerdings war Friedrich Bock bereits 54, als er selbst Vater wurde. Karls Mutter starb nur zwei Monate nach der Hochzeit ihres Sohnes. Zur Malerei kam er spät, studierte zunächst Maschinenbau und dann, von 1898 bis 1903, an der *Königlichen Kunstakademie Düsseldorf*.

Nach eigenen Aussagen ermutigte ein Braunschweiger „Künstler-Original", der „alte Peters", ihn bei einem gemeinsamen Streifzug durch die Braunschweiger Umgebung, die Malerei zum Beruf zu machen. In Düsseldorf zeichnete Bock bei Röber, Spatz, Gebhardt und Jansen, ehe er Meisterschüler Eugen Dückers (1841–1916) wurde, der in der Tradition der Schule von Barbizon stand. Dücker war einer der führenden Landschaftsmaler Deutschlands seiner Zeit. Auf dessen Anregung unternahm Bock Studienreisen an die Ostsee und kam nach dem Ersten Weltkrieg nach Lauterbach auf Rügen. Am 28.03.1914 hatte Karl Bock in Braunschweig Margarethe Elise Helene Donde geheiratet. Das Paar bekam zwei Söhne, Peter (1915–1941) und Eberhard (1917–1944), und lebte seit 1926 in Stralsund. Der Maler war gern mit seinem Segelboot in vorpommerschen Gewässern unterwegs, um zu zeichnen.[169] Im Jahre 1931 hatte Bock sich so etabliert, dass er sich einen Hausbau leisten konnte. Sogar die *Stralsundische Zeitung* berichtete über das Richtfest und dass der Kunstmaler und Radierer Karl Bock sich ein Haus in der Sarnowstraße baue, dessen Mittelpunkt ein vier Meter hohes Atelier mit einer breiten Fensterfront sei. Nach dem Richtspruch des

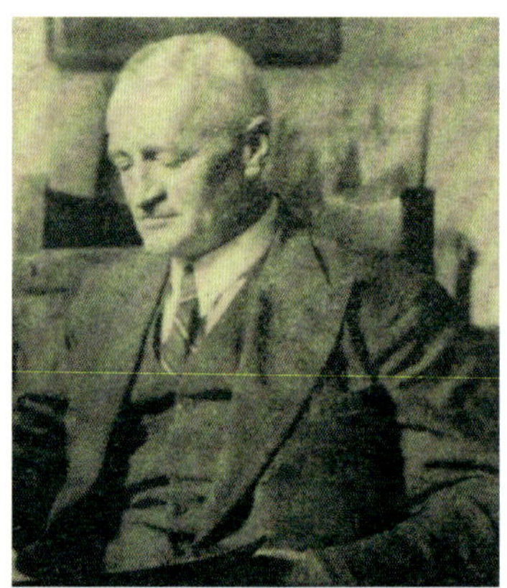

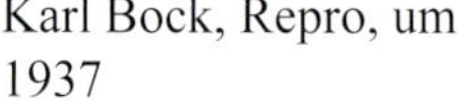
Karl Bock, Repro, um 1937

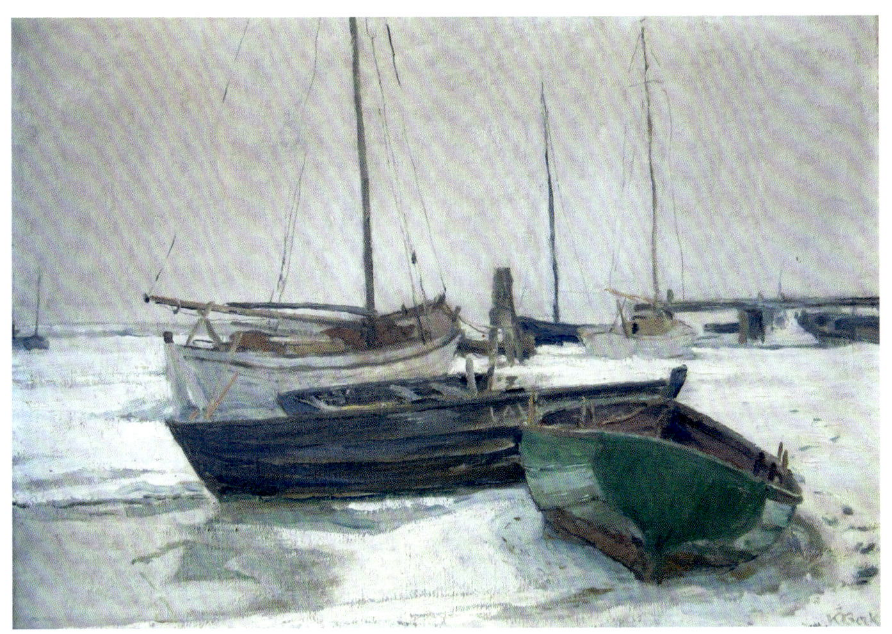

Winterlicher Hafen in Lauterbach, Öl/Lw.,1924

Stadt kaufte neun Bilder für 3580 RM von Bocks Witwe. Sieben der Ölgemälde und Ölskizzen waren dafür vorgesehen, die Ratsstuben zu schmücken, und das Museum wurde gebeten, den Zustand der Werke auf die Hängung zu prüfen. Es sollte darauf geachtet werden, dass die Gemälde in den Diensträumen des Rathauses gute klimatische Bedingungen hätten. Zwei Bilder sollten im Museum verbleiben. Der Oberbürgermeister wünschte, dass die Ölbilder gefirnisst werden sollten. Obwohl der Direktor des Museums, Dr. Fritz Adler, dagegen war, wurde er beauftragt, alles Nötige zu veranlassen. Die Aufgabe, einen transparenten Überzug zum Schutz der Gemälde aufzutragen, übernahm Elisabeth Büchsel.[173]

Zimmermanns habe es Harmonikaspiel und Stralsunder Ur-Bock gegeben.[170] Der Maler hatte sich einen Namen in seiner neuen Heimat gemacht. Hier hatte er nachweislich einen Schüler, den 1918 geborenen Stralsunder Werner Burmann, den späteren Absolventen der *Kunstgewerbeschule Stettin.*[171]

Das damalige *Stralsundische Museum* widmete Bock in seinem Todesjahr eine Ausstellung. 114 Bilder, Skizzen, Aquarelle und Zeichnungen wurden vom 15.12.1940 bis zum 12.01.1941 täglich von 11 bis 13 Uhr gezeigt. Der Eintritt kostete, mitten im Krieg, 50 Pfennige, für Angehörige der Wehrmacht, Schüler und Studenten die Hälfte.[172] Der Rat der

Winterlandschaft, Öl/Malpappe, 1907

Karl Bock malte seine Wahlheimat Stralsund ebenso wie Rügen und die Insel Vilm. „Sein Duktus ist zupackend, der Farbauftrag pastos, doch gibt es auch feintonig abgestimmte Kompositionen“[174], schätzte Prof. em. Klaus Haese ein. Bock schuf seine durch leuchtendes Tageslicht zu charakterisierenden Werke mit heller Farbpalette unter dem Einfluss des Impressionismus. Er starb am 07.03.1940 nach langer Krankheit in Stralsund. Zu dem Zeitpunkt waren beide Söhne im Kriegseinsatz. In der Todesanzeige wird Peter Bock als Oberleutnant in einem Infanterie-Regiment und Eberhard Bock als Leutnant in einer Jagdstaffel benannt, beide „im Westen“.[175] In einem Nachruf wird Karl Bock unter anderem als „Kamerad der Marine-SA“ gewürdigt.[176] Nachdem die nationalsozialistische SA („Sturmabteilung“) in der früheren Weimarer Republik ein paramilitärischer Wehrverband war, entwickelte sie sich seit 1925/26 zu einer gegen Juden und politische Gegner gerichteten gewalttätigen Organisation. Nach 1934 wurde sie zu einer Massenorganisation mit hilfspolizeilichen Aufgaben.[177] An der Küste gab es die Abteilung Marine-SA. Man hielt sich fit mit Segeln und Wassersport. Die SA hatte den ländlichen Raum und die bürgerliche Welt erobert, Reit-, Schützen- und Segelvereine, und zählte mehrere Millionen Mitglieder, darunter auch viele Künstler. Sie leistete gründliche vormilitärische Arbeit. Über konkrete Aktivitäten Karl Bocks in der Organisation konnte nichts ermittelt werden, jedoch war er Teil davon. Dass seine Söhne im Krieg umkamen, erlebte er nicht mehr.

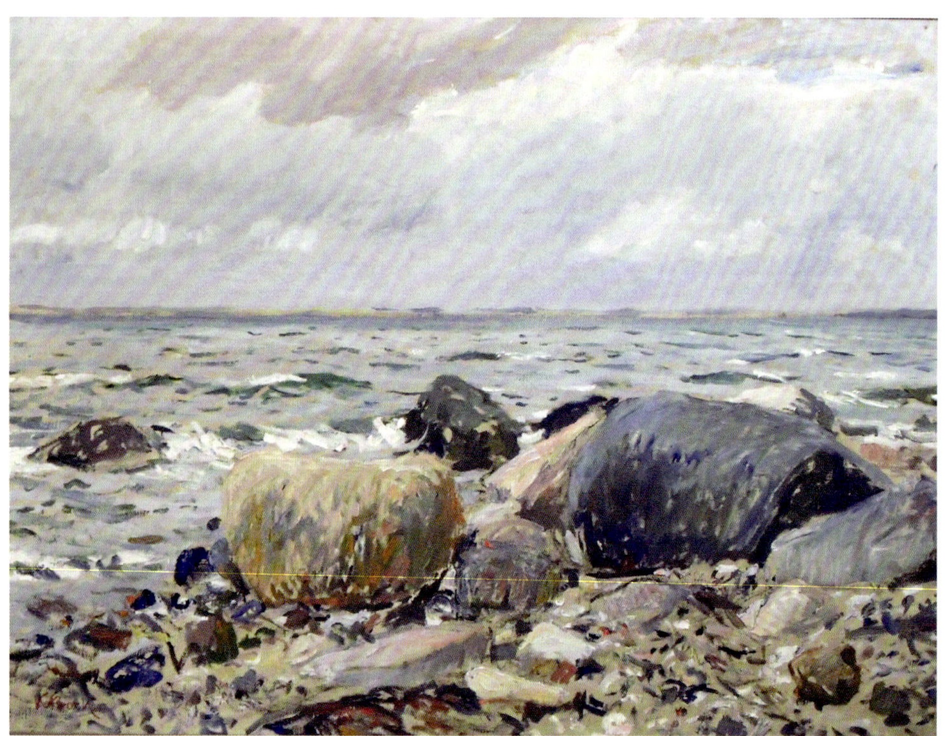

Blick von Rügen auf den Greifswalder Bodden, Öl/Lw.

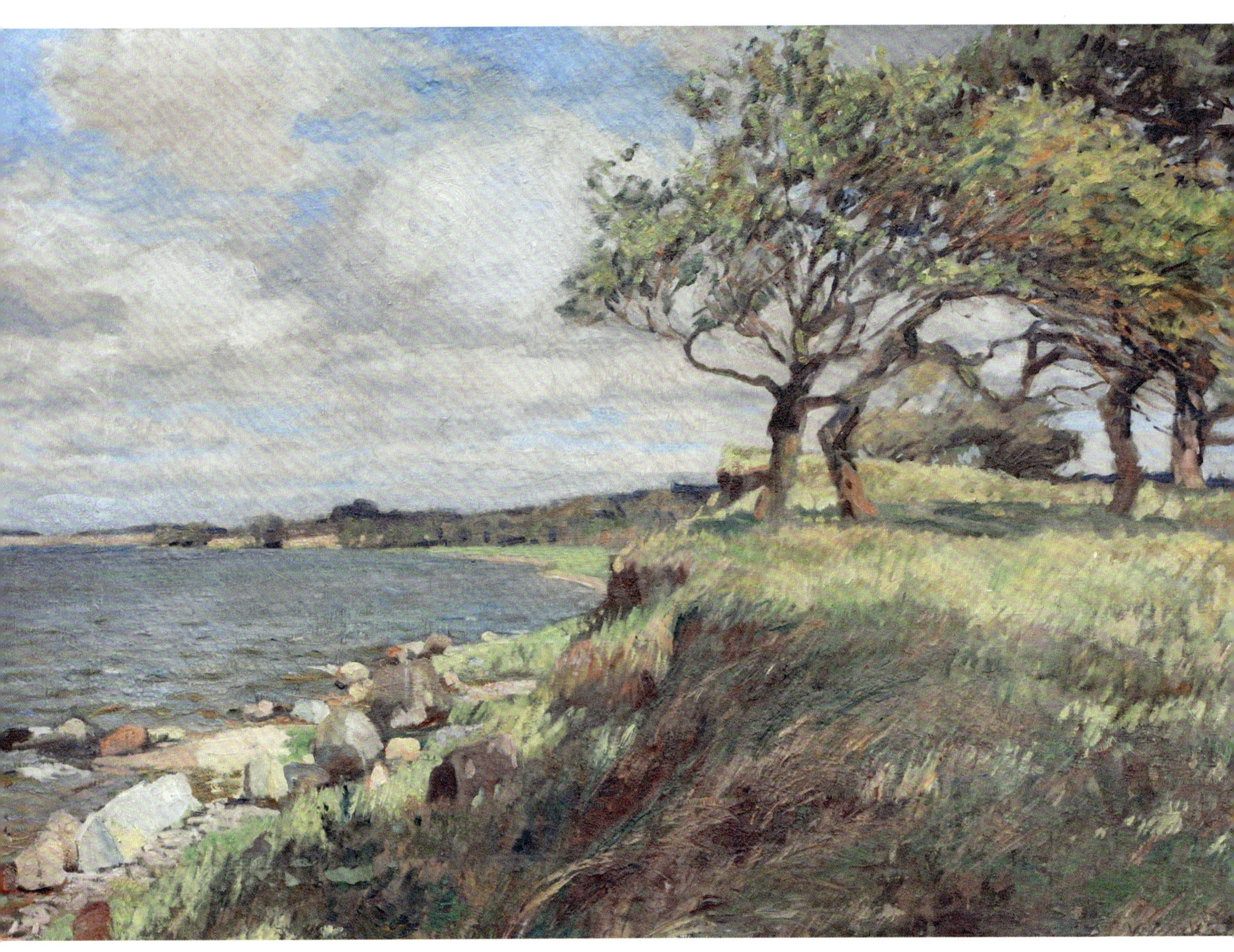

Uferlandschaft mit Eichen auf der Insel Vilm, Öl/Malpappe, 1932

Heinrich Heuser – Der Weltläufige

Das Leben und Wirken Heinrich Heusers war zumindest in Stralsund lange in Vergessenheit geraten, bis sich vor einigen Jahren der Greifswalder Ingenieur und Ahnenforscher Norbert Gschweng dem Künstler und seiner Geschichte widmete. Es stellte sich heraus, dass Heuser mit seinem Werk, genau wie beispielsweise Grell, Brücke und Brüggemann, weit über die Grenzen Stralsunds hinaus Bedeutung erlangt hatte.

Heinrich Gustav Ludwig Heuser wurde am 12.10.1887 als sechstes Kind seiner Eltern in Stralsund geboren. Sein Vater, der Konsul Karl Ludwig Friedrich Heuser (1849–1919), war seit 1883 viele Jahre lang Direktor der Vereinigten Stralsunder Spielkartenfabriken. Seine Mutter, Victoria Rosalie Olga Cohn (1853–1921), entstammte einer jüdischen Familie und war zu jener Zeit unter dem Pseudonym „Olga Hiller" als Schriftstellerin tätig. Außerdem führte sie den Nachnamen „Oborn" nach dem Namenszusatz ihres Vaters, den sie anlässlich ihrer evangelischen Taufe 1867 annahm.

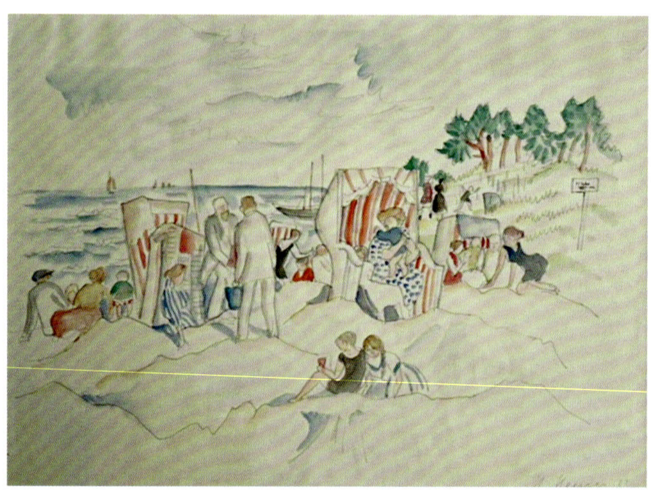

Am Strande, Aquarell, 1924

Als 12-Jähriger begann Heinrich Heuser mit der naturgetreuen Abbildung von Tieren und Menschen seiner Umgebung. 1906, nach bestandener Reifeprüfung am *Gymnasium Stralsund*, entstanden erste Zeichnungen mit Motiven von Stralsund und der Insel Rügen, welche als Postkarten bei seinem Vater in der *Stralsunder Spielkartenfabrik* gedruckt wurden.

1907 schrieb er sich an der *Akademie der Bildenden Künste München* ein und beendete 1910 die akademische Ausbildung als Meisterschüler bei Fritz Mackensen (1866–1953) in Weimar. 1911 trat er der *Berliner Secession* bei, verbrachte von 1912 bis 1913 einen längeren Studienaufenthalt in Paris und kam hierbei in Kontakt mit der Kunst der Fauves, deren Ausdrucksmittel er sich zu eigen machte.[178] Der Fauvismus war die erste Bewegung der Klassischen Moderne. Typisch für viele Werke sind leuchtende Farben. Bereits 1911 und 1912 stellte er in seiner Heimatstadt aus und sorgte anlässlich der Ausstellung des *Stralsunder Kunstvereins* im *Oberlichtsaal* des Rathauses für Aufsehen mit seinen Bildern. „Die Zeichnung ist ihm nichts, die Farbenwirkung alles. Und diese vermag er tatsächlich auch zu erzielen. Von nah gesehen ein Wirrwarr von Tönen, aus der Ferne geschaut recht gut wirkende Stimmungen."[179]

Von 1914 bis 1918 absolvierte Heuser seinen Kriegsdienst als Oberleutnant der Reserve und Kompanieführer im Landwehr-Infanterie-Regiment „König Wilhelm II." Nr. 2 (Landwehr-Bataillon Stralsund), geriet in Kiew in Kriegsgefangenschaft und kehrte 1919 nach Deutschland zurück.

Bereits 1917 wurden seine Werke beim Berliner Galeristen und Kunsthändler Paul Cassirer gehandelt und lobend erwähnt. Die *Vossische Zeitung* beschreibt Heusers Stil folgendermaßen: „Bei Cassirer lernt man jetzt einen jungen Maler, der seit Kriegsbeginn im Felde steht und in seinen Mußestunden immer noch fleißig ist, in vorteilhafter Weise kennen, Heinrich Heuser. Er ist natürlich ganz modern, expressionistisch. Er gibt verstärkte Abkürzungen der Natur, nicht ohne eigenwillige Temperamentseinschläge. Manchmal ringt er noch mit der Formaussprache; manchmal faßt er in erzählerischer Weise nach Art der naiven alten Meister, verschiedene Motive etwas willkürlich zusammen; manchmal gelingt es ihm, zumal bei Landschaftlichem, lebendige Farbenwerte zu geschlossenem Eindrucke zu vereinigen. Ich denke da namentlich an eine Uferstraße am Bodensee. Alles in Allem ein Werdender, dem man Gedeihen wünscht."[180]

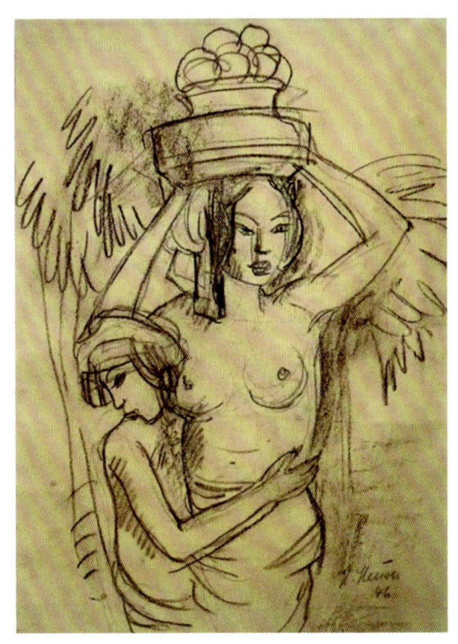
Mädchen aus Bali, Kohle/ Bleistift, 1946

Während eines kurzen Aufenthalts in Darmstadt wurde er 1919 Gründungsmitglied der *Darmstädter Secession*. 1920–1925 unternahm Heuser Studienreisen nach Italien, Frankreich und in die Schweiz und fuhr 1926 zusammen mit Robert Genin (1884–1941) nach Java, Sumatra und Bali, um im Einklang mit der Natur zu leben. Das neue Medium des Stummfilms faszinierte den jungen Maler. Heuser war als Kostümbildner und Bühnenarchitekt 1922/23 an den Filmen „Der steinerne Reiter" und „Der verlorene Schuh" beteiligt, die als neuartig und einprägsam in die Filmgeschichte eingingen. Es blieb jedoch bei diesem kurzen Ausflug in die Filmproduktion.

1926 arbeitete Heuser als Lehrer an der Malschule des *Vereins der Künstlerinnen zu Berlin*. Drei Jahre später unternahm er eine erste Malreise nach Argentinien und konnte seine Werke in Buenos Aires ausstellen. 1937 wurden während der Aktion Entartete Kunst durch die Nationalsozialisten

Werke Heusers beschlagnahmt bzw. vernichtet. Seinen Lebensunterhalt verdiente er sich mit dem Porträtieren von Freunden und Bekannten – wozu auch die Porträts der Familie des Dichters Hans Fallada (1893–1947) gehörten – sowie mit Landschaftsdarstellungen. Heuser galt nach den „Nürnberger Rassegesetzen" als Halbjude bzw. Mischling ersten Grades. Spätestens 1941 musste er damit rechnen, denunziert und deportiert zu werden, denn radikale Kräfte der nationalsozialistischen Führung drängten darauf, auch diese Gruppe in die Vernichtungslager zu bringen. Umso perfider erscheint der Einsatz des fast 50-Jährigen als Spatensoldat zum Ende des Zweiten Weltkrieges in der *Organisation Todt.* Wie er diese Zeit überstand, ist nicht überliefert.[181]

Nach 1945 trat Heuser der *Münchner Secession* bei. Bereits bei der ersten Ausstellung der „Kammer der Kunstschaffenden" von Juli bis August 1945 in der Berliner Schlüterstraße 45 war Heuser neben Dr. Adolf Behne, Heinrich Ehmsen, Heinz Schwabe und Alexander Gonda Mitglied der Jury und stellte selbst drei Aquarelle aus. Unter den insgesamt 52 ausstellenden Künstlern befanden sich namhafte wie Max Beckmann (1884–1950), Erich Heckel (1883–1970), Karl Hofer (1878–1955), Max Kaus (1891–1977), Ernst Ludwig Kirchner (1880–1938), Ernst Wilhelm Nay (1902–1968), Max Pechstein (1881–1955), Karl Schmidt-Rottluff (1884–1976) und Gerhard Marcks (1889–1981).

1951 wurde Heuser Vorsitzender der neu gegründeten Künstlervereinigung *Der Ring* in Berlin. Bis zu seinem Tode war er auf allen *Großen Berliner Kunstausstellungen* präsent (eine umfangreiche Werkauswahl wurde anlässlich seines 70. Geburtstages 1967 gezeigt) und gestaltete 1955 auf einer erneuten Reise nach Argentinien eine größere Ausstellung in der *Galerie Peuser* in Buenos Aires.

Heinrich Heuser verstarb am 14.09.1967 in Berlin und wurde auf dem *Friedhof Neu-Aumund* begraben. Hier wohnte seine Nichte Ingrid, geb. Pogge, die einzige noch lebende Verwandte in Deutschland.[182]

Einer seiner engsten Freunde aus der Nachkriegszeit, der Schriftsteller, Journalist und Maler Hans Scholz (1911–1988), würdigte die Vielseitigkeit Heusers in seiner Trauerrede: „Es waren aber auch Vernunft und Bescheidenheit, die ihn in die oder jene der modischen Richtungen nachzuhasten, verhinderten. Er blieb er, und das ist ebenso selten wie in höchstem Maß schätzenswert, und er malte, wie er eben malte. Leicht, von irdischer Schwere stets ein wenig abgehoben, wie er selber war und wandelte, pastellfarben, auch wenn er Ölfarben verwandte,

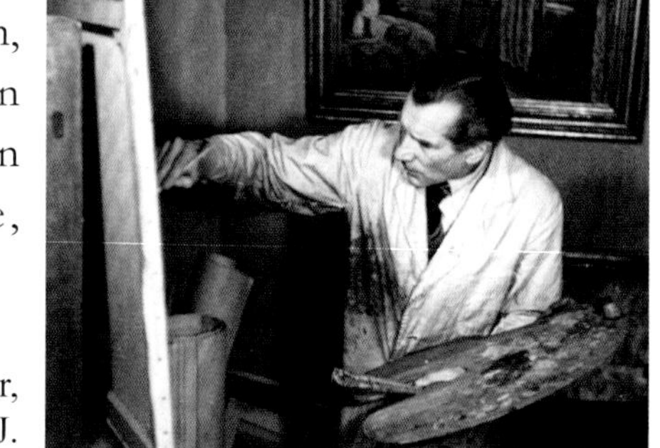

Heinrich Heuser, Fotografie, o. J.

lasierend und sparsam im übrigen, fast trocken und keineswegs üppig in einer Weise, die man populären Sinnes hätte epikureisch nennen können, nicht pastos also und nicht fett gespachtelt, eher karg, zurückhaltend und von heiterer Strenge. Licht und ohne große Kontraste, die Bildtiefe nur andeutend, ohne Finsternisse; sie waren ihm nicht fremd, nur zog er es nahezu ohne Ausnahme vor, über sie zu schweigen.“[183]

Auf Heusers Verhältnis zu den Frauen ging Scholz in dieser Rede kurz und zutreffend ein: „Er vereinigte den Künstler und den Kavalier beispielhaft […] den homme femmes spielte er sicher und gern. Mag dieses Haus der Trauer derlei auch sonst niemals hören. Wir alle wissen noch, wie er dann listig augenzwinkernd einen imaginären Dandyschnurrbart zu zwirbeln wußte, und konnte sich dabei doch immer auch über sich selbst lustig machen. Die Schönen schmückten sein Atelier nicht nur in effigiis (lat. für Bildnis oder Phantasiebild), sondern in lieblicher Präsenz und groß an Zahl. Und blieben ihm treu durch Jahre, Jahrzehnte sogar und bis in den Tod.“[184]

Heinrich Heuser heiratete 1921 die Usedomerin Bertha Elisabeth Irma Gravenstein (geb. 1896). Die kinderlose Ehe wurde 1925 wieder geschieden. Zwei Jahre später gab er in Karlsruhe Eleonora Narcisa Kilian (1897–1983) das Jawort. Seit 1933 lebten die Eheleute getrennt. Die gemeinsame Tochter Maria Narcisa Hirsch (1928–2024) war erfolgreich als Künstlerin in Argentinien tätig.

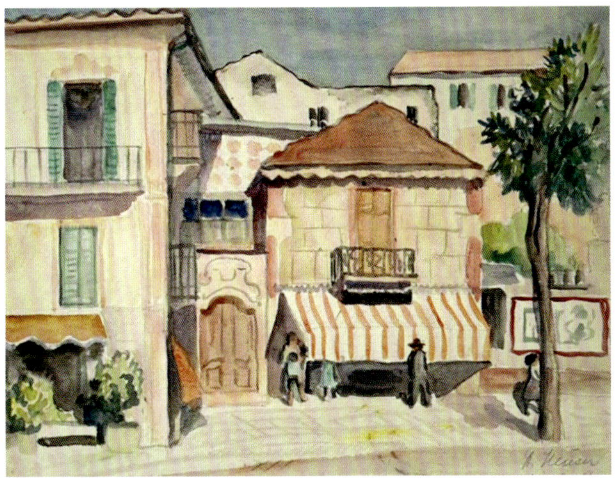

Südländische Straßenszene, Aquarell, 1934

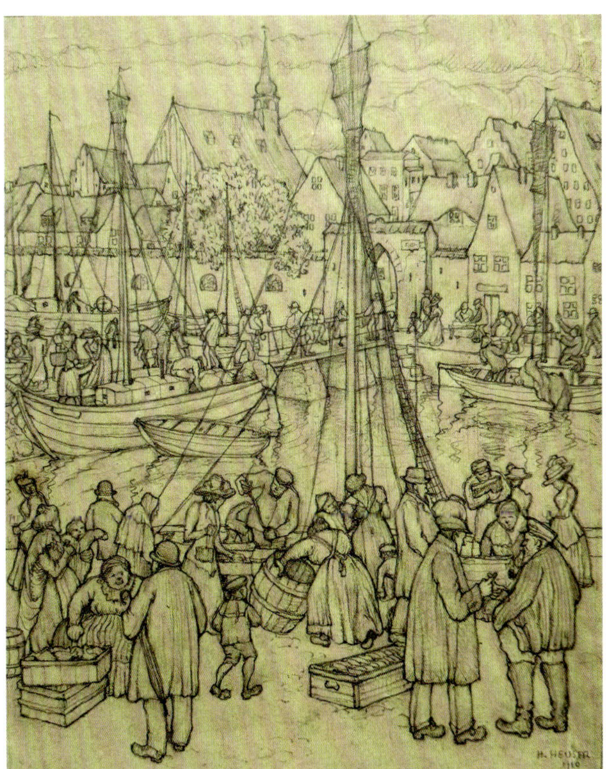

Fischmarkt in Stralsund, Bleistift, 1910

Erich Kliefert – Der Beliebte

Der Name Erich Kliefert ist untrennbar mit dem Stralsunder Bahnhof verbunden.
1935 führte der Künstler im Auftrag des Rates der Stadt die Wandmalereien in der großen Vorhalle aus. Der Auftrag ging zurück auf eine Initiative der Stadt, den Tourismus mit verstärkter Werbung anzukurbeln. Da die meisten Urlauber mit der Bahn ankamen, lag es nahe, sie mit einem Bild von Stralsund und Umgebung zu begrüßen. Es war durchaus nicht selbstverständlich, die Aufgabe einem Berliner Künstler zu übertragen. Allerdings lebte Kliefert zu diesem Zeitpunkt schon zehn Jahre in der Hansestadt und war ein bekannter und beliebter Kunstlehrer am Lyzeum.

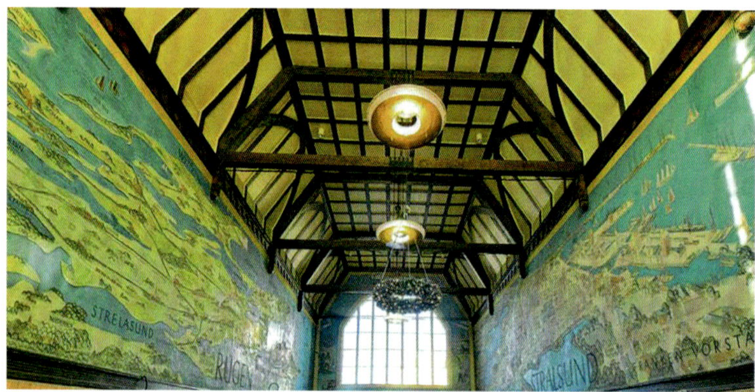

Blick in die Stralsunder Bahnhofshalle, o. J.

Mit viel Elan ging er an die Vorzeichnungen und Entwürfe des Wandbilds. Er wollte sowohl die großen Seitenwände als auch die Stirnseiten der Halle einbeziehen. Zum Thema machte er die Altstadt, die Vorstädte, den Strelasund und schloss Hiddensee und den Darß mit ein, um den Gästen ein vollständigeres Bild von ihrem Urlaubsziel und den Möglichkeiten der Erholung zu geben. Bei der Farbwahl griff der Künstler auf das Blau der Ostsee, das Ziegelrot des Backsteins und auf das Gelb, Grün und Ocker der pommerschen Landschaft zurück. Symbolfiguren wie Neptun und Fischer wurden in die Komposition mit eingebaut. Ob vom Künstler gewollt oder ungewollt, die Betrachterinnen und Betrachter sind einem Phänomen ausgesetzt, das daher kommt, dass von unten nach oben geblickt wird, die Malerei indes in der Vogelperspektive dargestellt worden ist, das Bild also von oben nach unten gesehen wird. Nicht nur deshalb sucht das Stralsunder Wandgemälde, zumal in einem Bahnhofsgebäude, seinesgleichen.
Wer aber war der allseits beliebte und heute noch bekannte Maler?
Erich Hugo Fritz Kliefert wurde am 20.06.1893 in Berlin geboren. Er hatte einen älteren Bruder, Carl, und eine jüngere Schwester, Käthe. Sein Vater Hugo Carl Kliefert (1861–1909) war Töpfermeister und führte eine Firma in Kreuzberg, die hauptsächlich Öfen setzte. Nach seinem Tod musste Erich die Realschule verlassen. Seine Mutter Dorothee Wilhelmine Emma Muhs (1865–1955) konnte

sich den Erwerb der Hochschulreife ihres Sohnes nicht leisten. Aufgrund seiner künstlerischen Begabung trat er als Volontär in die europaweit bekannte *Kunstanstalt für Glasmalerei, Verglasung und Glasmosaik* von Gottfried Heinersdorff (1883–1941) in Berlin ein. Sein früh erwachtes Interesse an der Malerei führte dazu, dass er sich ab 1910 an der *Unterrichtsanstalt des Kunstgewerbemuseums Berlin* einschrieb (Kunstgewerbeschule), um angewandte und freie Kunst zu studieren. Der Erste Weltkrieg unterbrach seine Ausbildung. Im Dezember 1914 wurde Erich Kliefert eingezogen und kam zunächst an die Ostfront. Im Frühjahr 1915 versetzte man ihn nach Frankreich und beförderte ihn zum Leiter der Kartenstelle. Er hatte dafür zu sorgen, dass der Frontverlauf stets aktuell dargestellt wurde. Über seine Erlebnisse im Krieg hat Erich Kliefert später nicht viel gesprochen. Seinem Briefwechsel aus dieser Zeit ist zu entnehmen, dass sich sowohl bei ihm als auch bei seinen Freunden die anfängliche Euphorie über den Krieg ins Gegenteil verkehrt hatte. Erst im April 1919 wurde Erich Kliefert endgültig aus der Armee entlassen und stand vor der Frage, wie es mit seiner Ausbildung weitergehen sollte. Nachdem er zunächst sein Studium an der *Unterrichtsanstalt des Kunstgewerbemuseums* wieder aufgenommen hatte, entschloss er sich, Kunsterzieher zu werden, und trat in die *Staatliche Kunstschule Berlin* ein. Im Juli 1921 legte er das Staatsexamen als Zeichenlehrer für mittlere und höhere Schulen ab. Im Winter darauf verschlug ihn das Referendariat nach Stralsund.[185]

Kliefert und die alte Hansestadt – das war wohl Liebe auf den ersten Blick. Den Rest seines langen Lebens sollte er hier verbringen. In Stralsund lernte er seine spätere Frau kennen. Mathilde Gießen (1887–1978) arbeitete als Kunstlehrerin am städtischen Lyzeum. Sie war sehr begabt, beendete trotzdem nach der Hochzeit ihre Tätigkeit am Lyzeum.

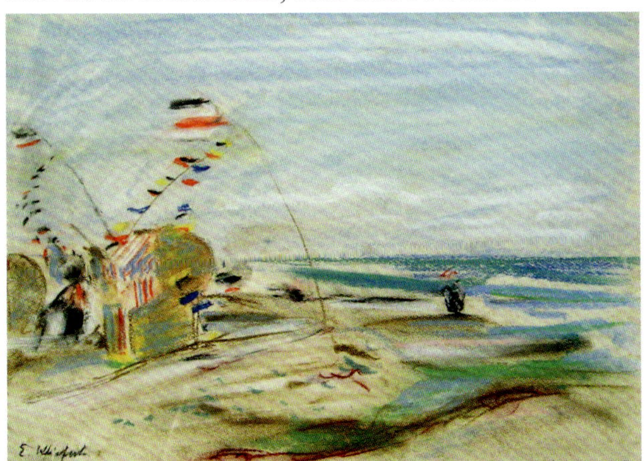

Westwind-Strandkörbe bei Neuendorf, Pastell, o. J.

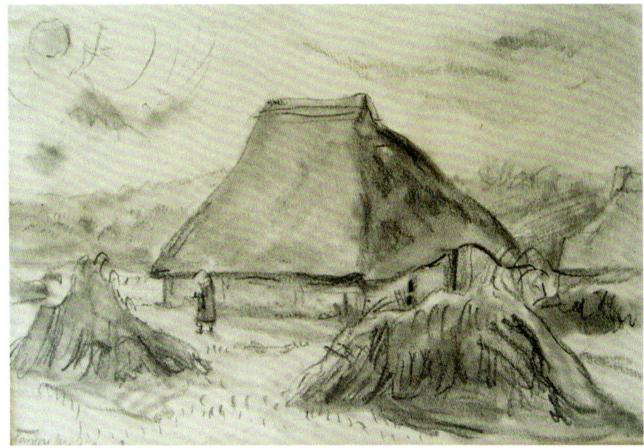

Fischerkaten bei Binz auf Rügen, Bleistift, 1934

Das Paar bekam zwei Kinder: Brigitte (1924–2001) und Martin (1928–2016).[186]

Erich Kliefert war ein Familienmensch, von dem noch heute mit großer Hochachtung von seinen Nachkommen gesprochen wird. Von Anfang an begleitete er das Aufwachsen seiner Kinder zeichnerisch, so wie andere Väter das anhand von Fotografien taten.

Kliefert hatte nie größere Studienreisen unternehmen können. 1929 entschloss er sich daher, zusammen mit seinen Studienfreunden Josua Leander Gampp (1889–1969) und Herbert Tucholski (1896–1984) nach Italien zu fahren. Hier, unter der südlichen Sonne und in ganz anderem Licht, genoss er es, neue Anregungen für seine eigene Malerei zu bekommen. Und er wusste, dass er dieses besondere Licht, nach dem er gesucht hatte, auf Hiddensee finden würde. Später schuf er sich ein Refugium auf dieser Insel. Nach Stralsund zurückgekehrt, hatte sein Schaffen neue Impulse erhalten. Offensichtlich unter dem Einfluss der mit ihm befreundeten Malerin Elisabeth Büchsel beschäftigte Kliefert sich mit der Frage nach der Wahrhaftigkeit seiner Malerei. Wohin sollte sein Weg führen? Was war wichtiger im Schaffensprozess: die Realität abzubilden oder das, was er empfand?[187] Eindrucksvoll können wir im weiteren Verlauf seines Schaffens anhand vieler Bilder sehen, wohin seine Entwicklung ging. Er musste sich den Einflüssen etlicher Malstile stellen und setzte sich unter anderem mit der Neuen Sachlichkeit näher auseinander. Wichtig wurden ihm neben der Beschäftigung mit der Frage des Lichts und formalen Problemen wie der kompositionsbeherrschenden Farbkontraste die Erzeugung von Stimmungen und das Erzählen von Geschichten.

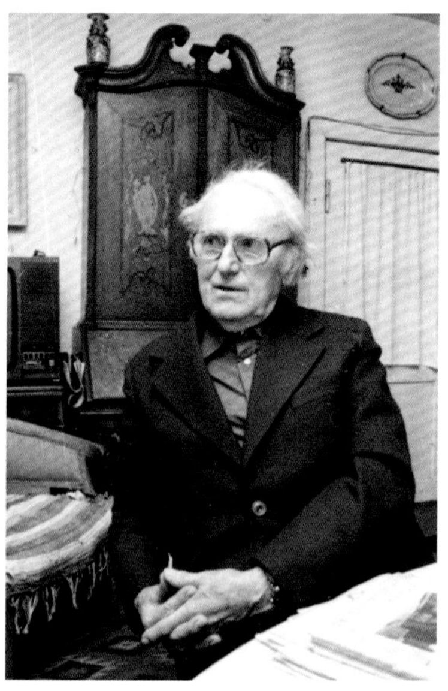
Erich Kliefert, Fotografie, o. J.

Die 1930er Jahre waren für den Künstler geprägt vom Gedeihen seiner Familie, von seiner Arbeit als Lehrer am Lyzeum und von seinem Schaffen als Maler. Er bekam Aufträge vom Rat der Stadt, Werbebroschüren zu erstellen und die Bahnhofsvorhalle auszumalen. In jeder freien Minute fuhr er mit dem Fahrrad hinaus und hielt die Schönheiten seiner Heimatstadt fest. Für uns ist er ein Dokumentar Stralsunds, seine Bilder sind eine wichtige archivarische Quelle. Für seine Schülerinnen war er ein charismatischer, strenger Lehrer, der ihnen das Sehen beibrachte. „Da, guck mal da!“, lautete sein Leitspruch, um seine Mitmenschen auf Besonderheiten in der Natur aufmerksam zu machen.

Mitte der 1930er Jahre gibt es einen Bruch in

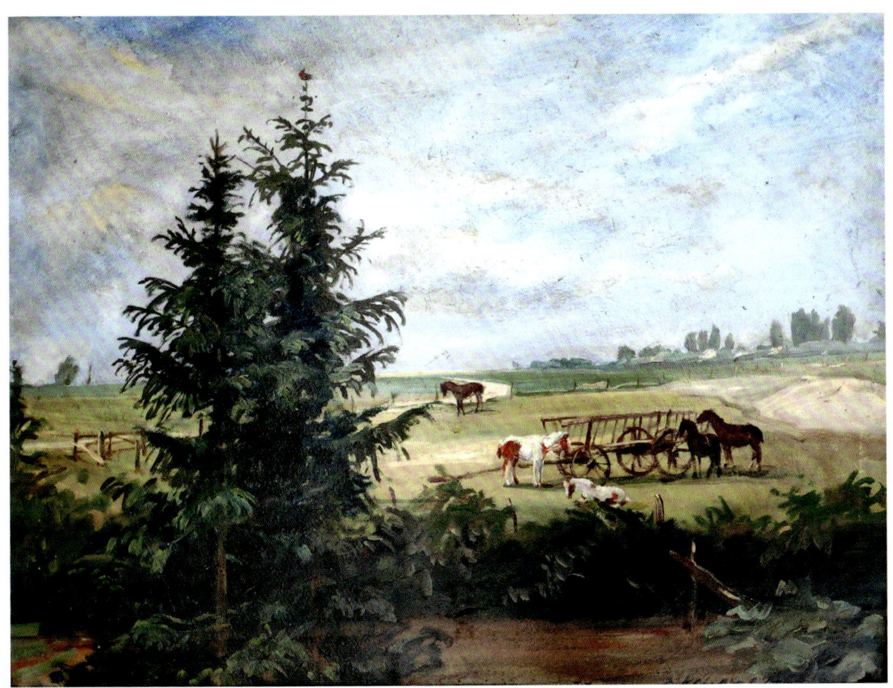

Blick vom Garten des Künstlers auf Pferdekoppel, Öl/Pappe, 1954

der Biografie Klieferts. Als der Aufnahmestopp von Mitgliedern in die NSDAP 1936 aufgehoben wurde, trat er in die Partei ein. Gemusst hätte er das sicher nicht. Möglicherweise fühlte er sich als Lehrer an einer Höheren Töchterschule dazu genötigt oder dachte, dass das von ihm erwartet würde. Darüber können wir nur spekulieren. Bis 1936 war die Stadtverwaltung Stralsund mit ihrem Bürgermeister Carl Heydemann relativ liberal. Dann wurde Werner Stoll (1902–1987) Bürgermeister, ein strammer Nazi. In der Folge nahm der Mitgliederstrom in die NSDAP besonders unter Lehrern und Beamten stetig zu. Vermutlich stellte sich ein gewisser moralischer Zwang ein, ebenso wie die Angst, entlassen zu werden. Schwerer wiegt die nicht nachvollziehbare Tatsache, dass Kliefert sich von 1936 bis 1938 als Blockwart auf Adolf Hitler vereidigen ließ. Ein Blockwart war für 40 bis 60 Haushalte zuständig, trug bei dienstlichen Anlässen Parteiuniform, musste seine arische Abstammung bis 1800 nachweisen und sich vorbildlich verhalten. Er sammelte für das Winterhilfswerk, trug zur Judenverfolgung bei und setzte die Verdunklungsordnung durch. Äußerungen von Erich Kliefert über diese Zeit sind nicht bekannt.

Nach dem Krieg wurde ihm das Engagement für die NSDAP sogar zum Verhängnis. Er durfte zunächst nicht mehr als Lehrer arbeiten. Erst 1951, nach Fürsprache eines Verfolgten des Naziregimes, wurde er rehabilitiert. Im Februar 1945 war er als über 50-Jähriger tatsächlich eingezogen worden und für elf Wochen in russische Gefangenschaft geraten.[188] Entkräftet und voller Sorge um die Zukunft kehrte er nach Stralsund zurück.

Bildnisse Klieferts zeugen davon, dass der Maler, genau wie Elisabeth Büchsel, Menschen nur porträtierte, wenn er eine Verbindung spürte, die Chemie stimmte. Er wollte die Betrachtenden in den Bann ziehen, ihnen Geschichten vermitteln. Wir sind eingeladen, sie weiterzuspinnen.

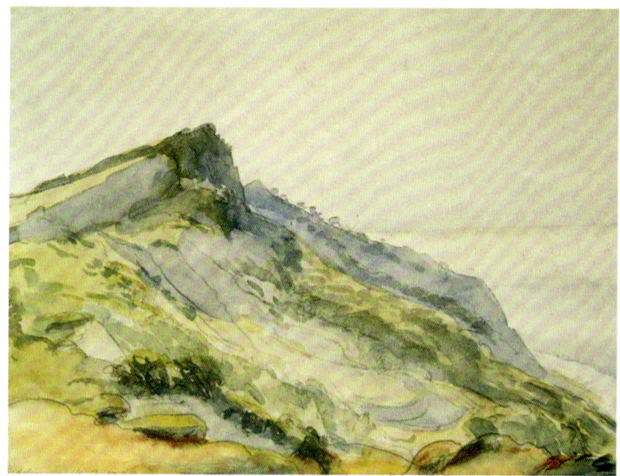

Hiddenseelandschaft, Aquarell, 1939

Da dem Kunstlehrer der Wiedereintritt in den Schuldienst nach dem Zweiten Weltkrieg zunächst verwehrt blieb, arbeitete er vorerst in einer Stralsunder Spielzeugmanufaktur. Dann besann er sich auf seine Fähigkeiten als Wandbildner und Glasmaler und stellte sich in den Dienst der Kirchen, um zu restaurieren. Er ersetzte und bemalte Glasfenster und restaurierte Decken- und Wandmalereien in Neukloster bei Wismar (Chorfenster), Boldewitz auf Rügen (Hackertsche Tapeten), Kenz, Rerik und Rethwisch (Kirchenfenster), in Teterow (Decken- und Wandmalereien *Burg Schlitz*) und auf der *Wartburg* (Glasmalereien).[189] Wandmalereien entstanden 1949 in der Stralsunder *Lambert-Steinwich-Schule*, 1952 in der *Goetheschule* sowie Wand- und Deckenmalereien im *Hotel Baltic*.[190]

1982 stand Kliefert wieder auf der Rüstung, um sein Bahnhofsgemälde zu restaurieren. Dabei entfernte er die weißen, ihm nunmehr zu kitschig erscheinenden Spruchbänder mit den Ortsbezeichnungen.

Das letzte bekannte Ölgemälde schuf er 1980, es ist ein Hiddensee-Blick nach Bessin. Die allerletzten Skizzen sind 1991/92, sogar noch 1993 hauptsächlich in Berlin entstanden. Dorthin war der fast 100-Jährige zu seiner Tochter gezogen. Wenn das Wetter und seine körperliche Verfassung es zuließen, ging es hinaus an den Weißen See oder durch die Straßen der Stadt, in der er geboren wurde.

Am 30.01.1994 starb der Maler während eines Besuches in Stralsund. Am 07.10.1989 war er ins Ehrenbuch der Stadt Stralsund eingetragen

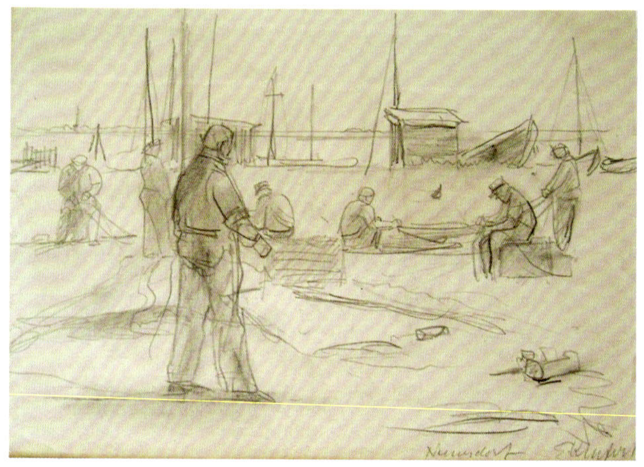

Fischer in Neuendorf beim Netzeflicken, Bleistift, o. J.

worden und zu seinem 100. Geburtstag verlieh die Hansestadt ihm die Ehrenbürgerschaft.

Kliefert durchlebte die Kaiserzeit, die Weimarer Republik, die Naziherrschaft, die DDR-Zeit und die BRD. Er war Mitglied der *Reichskammer der bildenden Künste*, wurde jedoch auf Antrag am 12.05.1936 rückwirkend zum 01.01.1934 von der Mitgliedschaft „wegen geringfügiger oder gelegentlicher Beschäftigung als Kunstmaler“[191] befreit. Später gehörte Kliefert dem *Verband Bildender Künstler der DDR* an und in seinem 100. Lebensjahr trat er dem *Künstlerbund Mecklenburg-Vorpommern* bei.

Mit Erich Kliefert bleibt die Erinnerung an einen Mann, der fünf Gesellschaftsordnungen bewusst erlebt und zwei Weltkriege durchlitten hat, an einen charismatischen Lehrer und einen streitbaren Menschen. Zu jeder Zeit hat er mit seinen Werken begeistert, fand er Freundinnen und Freunde seiner Kunst, auch heute noch. Und nicht zuletzt bleibt das einmalige Wandbild im Bahnhof von Stralsund, das die Reisenden bei ihrer Ankunft begrüßt.

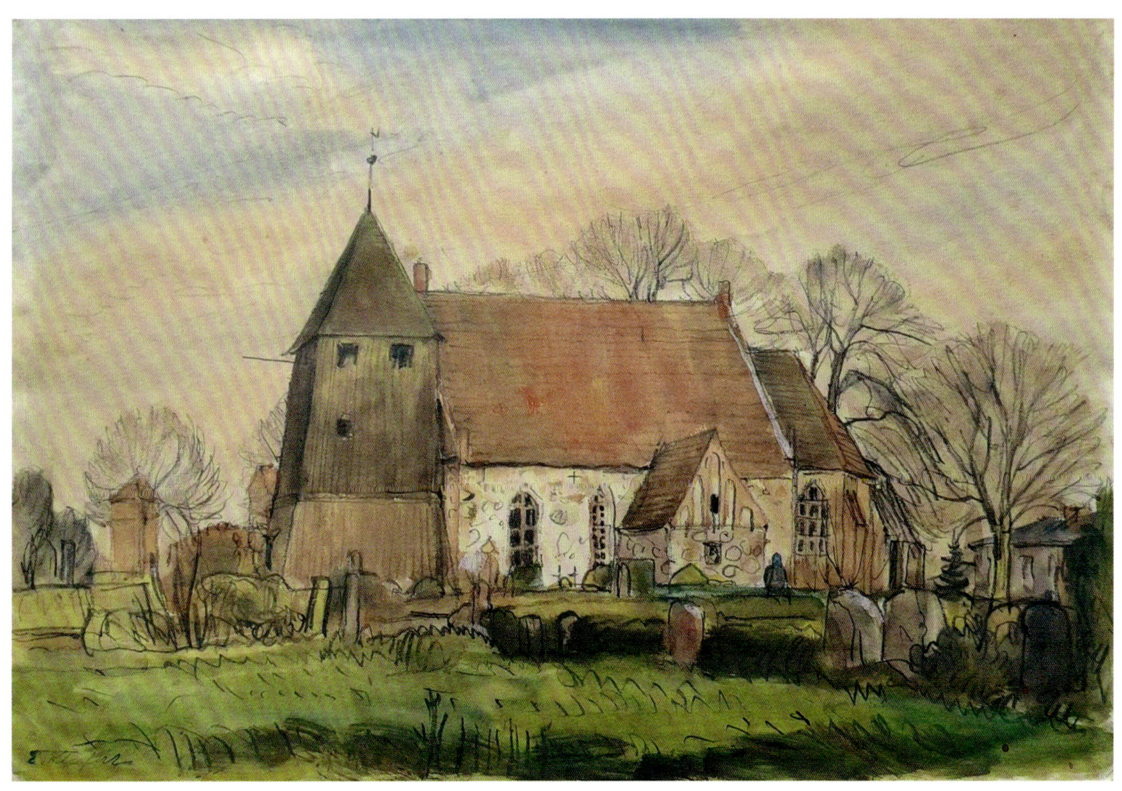

Elmenhorst, Mischtechnik, o. J.

Mathilde Kliefert-Gießen – Die Zurückgezogene

Der Ehefrau Erich Klieferts wurde großes künstlerisches Talent bescheinigt. Ihr Wirken als Malerin hatte verheißungsvoll begonnen. Mathilde Christine Gießen kam am 14.07.1887 in Pries bei Friedrichsort (Kiel) zur Welt. Ihr Vater, Hermann Franz August Gießen (1860–1940), in Bochum als Sohn eines Maurermeisters geboren, war nach seinem Ingenieurstudium zur Kaiserlichen Marine gegangen und wurde technischer Leiter der Torpedowerkstätten in Friedrichsort. Er hatte Erfindungen in der Konstruktion von U-Booten und in der Luftfahrt vorzuweisen und war mit Graf Zeppelin befreundet gewesen. August Gießen war weltgewandt und international unterwegs. Seine schüchterne und wenig gebildete Gattin Henriette Nicoline Amalie Prüß (1863–1934) kam als eines von 24 Geschwistern aus einer Bauernfamilie und führte ausschließlich den Haushalt. So war es wahrscheinlich dem Vater zu verdanken, dass Mathilde ihrem Wunsch, Malerin zu werden, nachgehen konnte und vom Elternhaus unterstützt wurde. Seit 1893 besuchte Mathilde die *Kaiserliche Marine-Garnison-Schule* in ihrem Heimatort und danach, ab 1897, die höhere Mädchenschule in Kiel. 1903 trat sie in die Kieler *Malschule Stoltenberg & Burmester* und 1906 in die *Königliche Kunstakademie Düsseldorf* bei Adolf Schönnenbeck (1869–1965) ein, der für seine Genrebilder, hauptsächlich Darstellungen der Menschen bei der Arbeit, bekannt war. Studienreisen führten Mathilde Gießen 1907 nach Paris, Amsterdam, Haarlem, Den Haag, Antwerpen und Brüssel. 1908 legte sie das Examen als Zeichenlehrerin für höhere Schulen ab und unternahm weitere Studienreisen nach Kopenhagen und Berlin, ehe sie Assistentin an der Malschule von Georg Burmester in Kiel wurde.

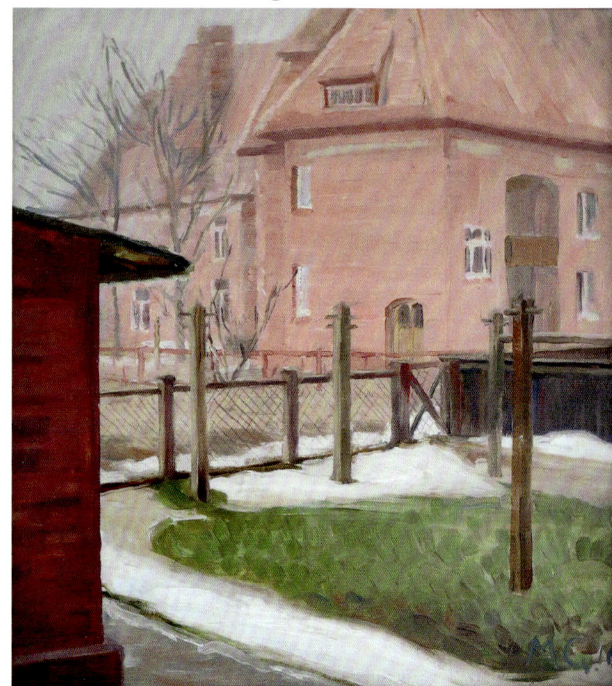

Der Wäscheplatz, Öl/Lw., 1910

Sie kehrte also zurück zu ihrem ehemaligen Lehrer. Bei ihm war sie zuständig für den reibungslosen Ablauf des Unterrichts. Sie betreute die Kunstschüler und Aktmodelle. Gewiss durfte auch sie im Zeichensaal dabei sein und kam hier intensiv mit dem Aktzeichnen in Berührung. Burmester lehrte seine Schüler, den unbekleideten Körper zu malen und vorerst das Wesen des Menschen außer Acht zu lassen. Solcherart Unterweisung wird Mathilde Gießen dankbar angenommen haben. Sobald das Wetter es zuließ, ging es hinaus in die Natur, um Landschaft zu malen. 1909 arbeitete sie als Zeichenlehrerin an ihrer ehemaligen Grundschule und an einer höheren Schule in Friedrichsort. 1910 trat sie eine Stelle als Lehrerin an der Malschule des *Künstlerinnen-Vereins München* an. Zuvor hatte sie das Examen als Turnlehrerin abgelegt. In München, als Assistentin an der der Historienmalerei verpflichteten Malschule, war für Mathilde wie für alle anderen die Zeichnung das oberste Gebot, Farben waren vorerst tabu.[192] Idealerweise wird sie die strenge Ausbildung, die sie als Lehrerin ihren Schützlingen angedeihen lassen musste, für sich selbst als zusätzliche Weiterbildung angesehen haben. Ein Jahr später ging sie als freischaffende Künstlerin und Zeichenlehrerin (Beamtin) an das Lyzeum nach Stralsund. Mit ihrer Ausbildung und ersten Anstellungen war es also Schlag auf Schlag gegangen, und das war in bürgerlichen Kreisen zu Beginn des 20. Jahrhunderts für eine Frau immer noch die Ausnahme. Wahrscheinlich hatten ihre Eltern der Ausbildung zugestimmt, weil die Tochter Kunstlehrerin wurde und nicht von der eigenen Malerei leben wollte. Die Zeiten änderten sich allmählich. Vor dem 19. Jahrhundert war es nur wenigen Frauen gelungen, als Künstlerin zu existieren. Meist kamen die Begabten unter ihnen aus Künstlerfamilien und waren von den Vätern in deren Werkstätten ausgebildet worden, wo sie meist anonym blieben. Im 19. Jahrhundert und bis ins 20. Jahrhundert hinein blieb den allermeisten der Zugang zu Akademien verwehrt. Um sich überhaupt weiter mit Malerei beschäftigen zu können, schlugen sie oft den Umweg über die Lehrerinnenausbildung ein oder besuchten private Malklassen.

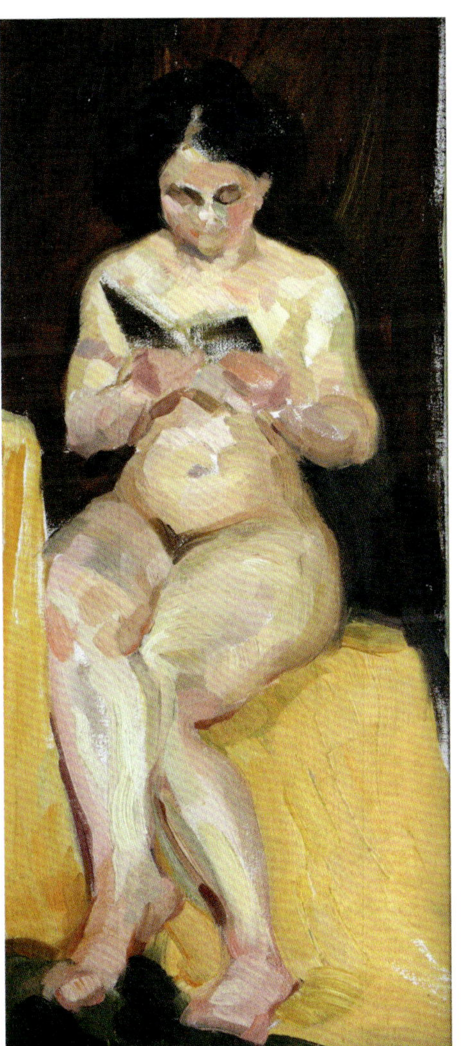

Lesender Frauenakt, Öl/Lw., o. J.

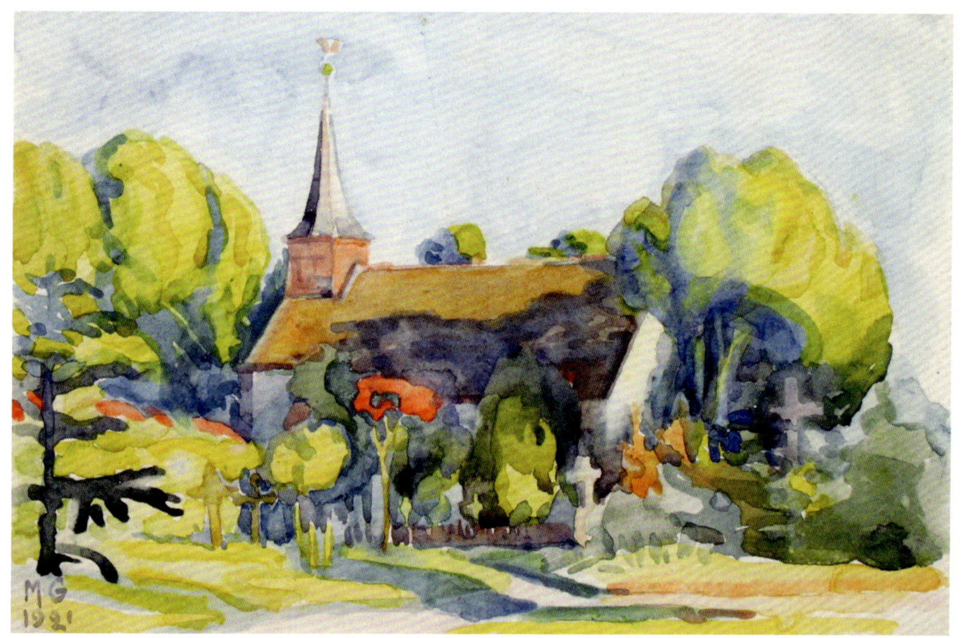

Dorfkirche bei Stralsund, Aquarell, 1921

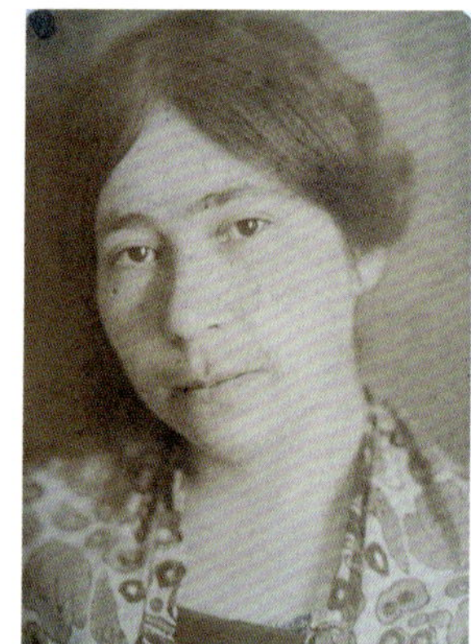

Mathilde Kliefert-Gießen, Fotografie, o. J.

Die Tore der von Männern dominierten Akademien blieben verschlossen, weil man den jungen Frauen, die als „Malweiber" tituliert wurden, nicht zutraute, sich ernsthaft mit Malerei zu beschäftigen, sondern nur darauf zu warten, geheiratet zu werden. Mathilde Gießen jedenfalls folgte zunächst konsequent ihrer Leidenschaft und arbeitete in ihrer Freizeit unermüdlich. Sie schuf überwiegend Porträts und Landschaftsbilder, in denen sie expressionistische Einflüsse verarbeitete. Vielleicht hatte sie die leise Hoffnung, irgendwann von der Malerei leben zu können. Doch es sollte anders kommen. In Stralsund lernte sie den Kunsterzieher Erich Kliefert kennen und heiratete ihn im Oktober 1923. Der Weg, den sie so zielstrebig gegangen war, endete in der Hansestadt. Als verheiratete Frau durfte sie zu damaliger Zeit nicht weiter unterrichten. Der seit 1880 geltende, 1919 abgeschaffte und 1923 wieder eingeführte „Lehrerinnenzölibat" („Fräulein-Paragraph") im Deutschen Reich bzw. in der Weimarer Republik regelte, dass Lehrerinnen im Falle einer Heirat ihre Stelle und ihren Beamtenstatus verloren. Unter anderem sollten so Frauen als eventuelle Konkurrentinnen um Stellen im Schuldienst ausgeschaltet werden. Mathilde Kliefert-Gießen hatte jedoch bereitwillig ihren Arbeitsplatz ihrem zu der Zeit arbeitslosen Ehemann überlassen. Eine Aktennotiz aus dem Schulamt belegt Folgendes: „Zum 1. April hat ein Stellentausch stattgefunden, sodass Frau Kliefert ausgeschieden ist und ihr Mann die planmäßige Stelle im Lyzeum inne hat".[193] Der Berliner

Kunsthistoriker Wieland Barthelmess formulierte in seinem Buch über Mathilde Gießen treffend, was nun auf die Malerin zukam: „Die Malerei, bislang Mathilde Gießens Lebenselement, das sie brauchte wie die Luft zum Atmen, war alsbald so gut wie vergessen. Beiseite geräumt und weggelegt, nur gelegentlich einmal wieder hervorgeholt – wie die alten Fotografien, die sie noch aus ihrer Studienzeit besaß. [...] Freiwillig, ja von ganzem Herzen, ließ sie sich auf die für sie neue Rolle als Frau und Mutter ein.“[194] Ein knappes Jahr nach der Hochzeit wurde die Tochter Brigitte geboren, die später als Brigitte Köhler-Kliefert (1924–2001) als Malerin tätig war. Auch der Sohn Martin Kliefert (1928–2016) schlug eine künstlerische Laufbahn ein und wurde Opernsänger. Ihr eigenes Talent opferte die Mutter ihrer Familie. Nur ab und zu konnte sich die Öffentlichkeit über eine Ausstellungsbeteiligung freuen. 1924 nahm die Malerin an der ersten Schau der *Vereinigung Stralsunder Künstler* teil. Der Rezensent in der *Stralsunder Zeitung* beklagte, dass sie nur wenig zeige, dies aber ausgezeichnet sei.[195] Sie starb am 15.01.1978 in Stralsund. In ihren letzten Lebenstagen äußerte sie selbstlos gegenüber ihrem Mann: „Ich will ja gerne sterben, damit du zu deiner Arbeit kommst.“[196] Was sie über die Jahre geschaffen hatte – unter anderem viele Porträts von Familienangehörigen –, wurde kaum anerkannt, blieb im Verborgenen. Nur wenige Ausstellungen fanden zu ihren Lebzeiten statt. Im Stralsunder Museum zeigte sie 1960 in einer Gemeinschaftsausstellung und 1977 zusammen mit Elisabeth Büchsel einige Bilder. Das Verdienst des Kunsthistorikers Wieland Barthelmess ist es, das vorhandene Werk umfassend analysiert zu haben und eine Wanderausstellung zu organisieren, die 2000–2001 sowohl im *Kulturhistorischen Museum Stralsund* als auch in der *Schleswig-Holsteinischen Landesbibliothek Kiel* sowie in der damaligen *Galerie am Gendarmenmarkt* in Berlin gezeigt wurde.

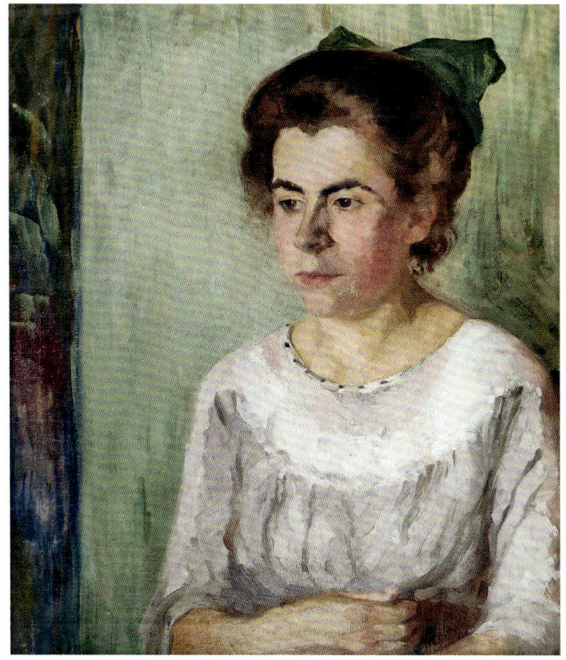

Porträt Luise (Gießen), Öl/Lw., vor 1910

Edith Dettmann – Die Unerschrockene

Es gab und gibt in Stralsund einige „Urgesteine", die durch ihre Erscheinung das Stadtbild prägten, von denen gesprochen wurde. Bis weit in das 20. Jahrhundert hinein gehörte Edith Dettmann dazu. Edith Albertine Auguste Dettmann kam am 04.08.1898 in Stralsund als Tochter des Goldschmieds Paul Dettmann (1869–1946) und seiner Ehefrau Catharina Sperling (1876–1944) zur Welt. Sie hatte drei Geschwister. Edith Dettmann ging nach dem Lyzeum zur Ausbildung an die *Unterrichtsanstalt des Kunstgewerbemuseums* (Kunstgewerbeschule) nach Berlin. Ab 1920 nahm sie ein Studium der Malerei an der *Kunstakademie Düsseldorf* auf und wurde 1923 als erste Frau Meisterschülerin bei Prof. Adolf Münzer (1870–1953), dem Freilichtmaler und Märchenillustrator, sowie bei Carl Ederer (1875–1951). Seit 1925 hatte sie ein eigenes Atelier. Von 1924 bis 1926 war sie auf der *Großen Kunstausstellung* in Düsseldorf mit mindestens zwei Werken vertreten.[197] Sie erlebte den Expressionismus, den Konstruktivismus und wandte sich der Neuen Sachlichkeit mit der typischen nüchternen Gegenständlichkeit als Reaktion auf Expressionismus und abstrakte Formauflösung zu. Dettmanns Werke aus dieser Zeit sind geprägt von dunkler Farbigkeit und exakter Zeichnung. In den 1920er Jahren wurde sie durch ihre Ausstellungsbeteiligungen in der *Kunsthalle Düsseldorf*, in Köln und Berlin sowie durch Kinderbuchillustrationen sehr schnell erfolgreich und bekannt. Im Verlag *Jos. Scholz-Mainz* erschien – wohl durch die Vermittlung von Münzer – 1928 das Künstler-Bilderbuch mit Illustrationen zu den Grimmschen Märchen „Schneewittchen und die sieben Zwerge" und „Rotkäppchen und der Wolf". 1927 zeigte sie auf der *Juryfreien Kunstschau* im Landes-Ausstellungsgebäude am Lehrter Bahnhof in Berlin unter anderem das heute verschollene Gemälde „Obstgarten", das im Anschluss an die Ausstellung durch den Reichsminister für Wissenschaft, Erziehung und Volksbildung in Berlin angekauft wurde. 1938 gehörte es zu den Werken der „Entarteten Kunst", die aus der Öffentlichkeit entfernt wurden.[198]

1932 war Edith Dettmann in die KPD eingetreten und nahm an marxistischen Lesezirkeln teil.

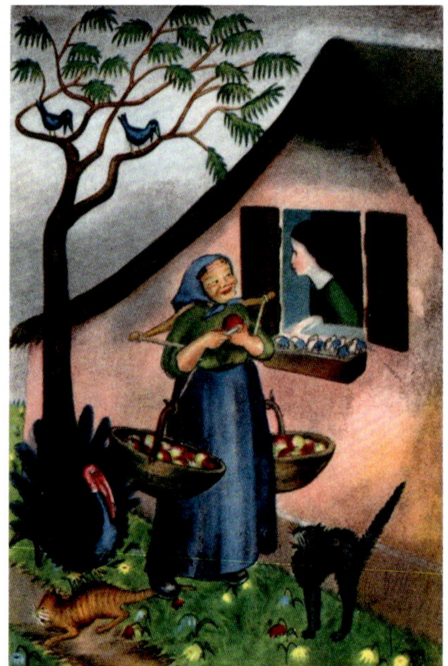

Sneewittchen, Rotkäppchen, Illustration, 1928

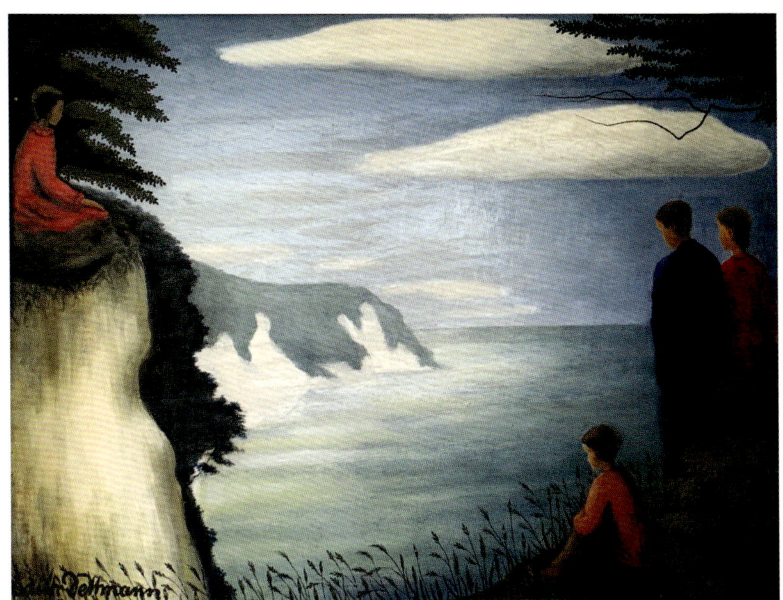

In Betrachtung der Kreidefelsen auf Rügen, Öl/Sperrholz, 1971

So jedenfalls lauteten die offiziellen Angaben in ihrem Lebenslauf während der DDR-Zeit. Seltsamerweise gab sie in einem Fragebogen des *Kulturbunds*, der 1945 die Kunstschaffenden registrierte, an, dass sie weder vor noch nach 1933 einer Partei angehört hatte und erst seit Kriegsende Mitglied der KPD war.[199] 1934, während einer Kollektivausstellung in der *Kunsthalle Düsseldorf*, reiste sie überstürzt nach Stralsund ab. Es hatte einen folgenschweren Streit mit einem nationalsozialistischen Kunstkritiker sowie eine Hausdurchsuchung gegeben. Außerdem ließ sich die Pflege der an Parkinson erkrankten Mutter nicht mehr länger aufschieben. In dem Streit ging es darum, dass der Kritiker ihre Arbeiten als Zukunft der nationalsozialistischen Kunst sah, was Edith Dettmann vehement ablehnte. Offensichtlich wurde ihr Werk in dieser Zeit unterschiedlich bewertet. 1928 hatte die *Kunsthalle Mannheim* das Gemälde „Die Straße von Gerresheim“ angekauft. 1937 wurde es im Zuge der Ausstellungen zur „Entarteten Kunst“ beschlagnahmt und gilt seither als verschollen.[200] Andererseits stellte sie anscheinend weiter aus. In einem Brief an den Maler Erich Kliefert vom 07.05.1939 berichtete sie, dass sie drei Bilder nach München schicken wolle, und bat ihn um ein Urteil.[201] Es handelte sich um Motive von Stralsund und der Insel Rügen, die sie mit dem Fahrrad erkundet hatte. 1936 organisierte die Kreisleitung der NSDAP Greifswald eine Ausstellung mit ihren Arbeiten, die jedoch abgebrochen wurde. In einem undatierten Brief an ihre Bekannte aus Studienzeiten Elsa Beyrau ca. 1947/48 sowie 1968 an den Direktor des *Kulturhistorischen Museums Stralsund*, Hans Freitag (1926–2020), schrieb sie, dass sie in ihrer Heimatstadt während der Zeit des Nationalsozialismus sehr zurückgezogen lebte, beschäftigt mit der Pflege der Eltern und zeitweise der Schwester.[202] Die beiden Briefe sind wichtige Zeitdokumente in vielerlei Hinsicht. So schilderte Dettmann der Studienkollegin, wie sie den 30.04.1945 in Stralsund in der Tribseer Straße erlebte. Schon am Nachmittag seien Schüsse von Greifswald her zu hören gewesen, und wer konnte,

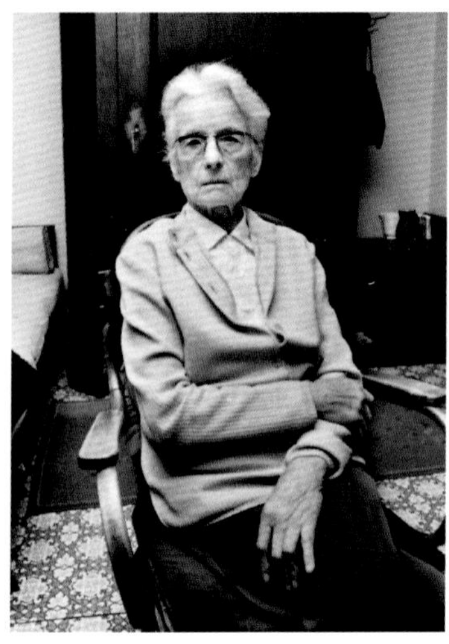

Edith Dettmann, Fotografie, 1980

sei in die Wälder geflohen. Dettmann hätte ihre Bilder, Geschirr und Nahrungsmittel in den Keller gebracht, wo sie sich mit ihrem Vater und der kranken Schwester eingerichtet hätte. Ab und zu sei man hinauf in die Wohnung gegangen, um sich im Bett aufzuwärmen oder Tee zu kochen. Als am Morgen alles ruhig blieb, ging man wieder nach oben. Vom Balkon aus habe Dettmann eine Rot-Kreuz-Schwester vorbeiradeln sehen, die ihr zurief, dass die Stadt in der Hand der Russen sei.

Edith Dettmann war eine überzeugte Kommunistin und hat die Befreiung vom Nationalsozialismus durch die Rote Armee herbeigesehnt. Sie hängte sofort ein weißes Bettlaken aus dem Fenster. In dem Brief berichtete sie unter anderem über die Drangsalierungen, die sie in der NS-Zeit erfuhr. Etwas kryptisch bezeichnete sie ihren Professor Adolf Münzer als „niedrigen und speichelleckenden Hund", dass er sich gemein benommen und sie immer mit einem Bein im KZ gestanden habe. In Stralsund sei sie dem Zellenleiter (in der Nazi-Hierarchie dem Blockwart übergeordnet) ausgeliefert gewesen, wenn ihre „Nazi-Mieter" sie bei ihm angeschwärzt hätten, und er habe sie dann stundenlang gefoltert. Näher belegt sind diese Behauptungen nicht. Edith Dettmann kam aus einer wohlhabenden Familie und zumindest bis kurz nach dem Zweiten Weltkrieg konnte sie noch davon profitieren. Für den Haushalt hatte sie eine Angestellte und zum Teil auch für die Pflege ihrer Mutter. Außerdem war sie nach dem Tod ihres Vaters 1946 Besitzerin des Hauses in der Tribseer Straße 54. Die sieben Wohnungen hatte sie vermietet und kam nach eigenen Aussagen besser zurecht als ihr Vater, weil sie „energischer" war. Das Hausmeisterehepaar lebte zumindest seit dem Tod des Vaters zusammen mit ihr und ihrer Schwester in der Sechs-Zimmer-Wohnung, in der sich ihr Atelier befand.[203]

Der nicht genau datierte Brief von 1968 an den damaligen Museumsdirektor Hans Freitag ist nicht minder aufschlussreich. Darin geht die Künstlerin wieder auf die Zeit um 1934 ein, als sie überstürzt Düsseldorf verließ. Sie berichtet davon, dass die Ausstellung in der *Kunsthalle Düsseldorf* sogar wegen des großen Interesses verlängert worden und sie ohne ihre Bilder abgereist sei. Sie muss damals sehr erfolgreich gewesen sein und benennt Dortmund, Mannheim, Solingen, Wiesbaden, Berlin und Stettin als Standorte ihrer Werke, sowohl in Privatbesitz als auch von Museen angekauft. Grundsätzlich geht es in dem Schreiben um die Vorbereitung ihrer Jubiläumsausstellung im

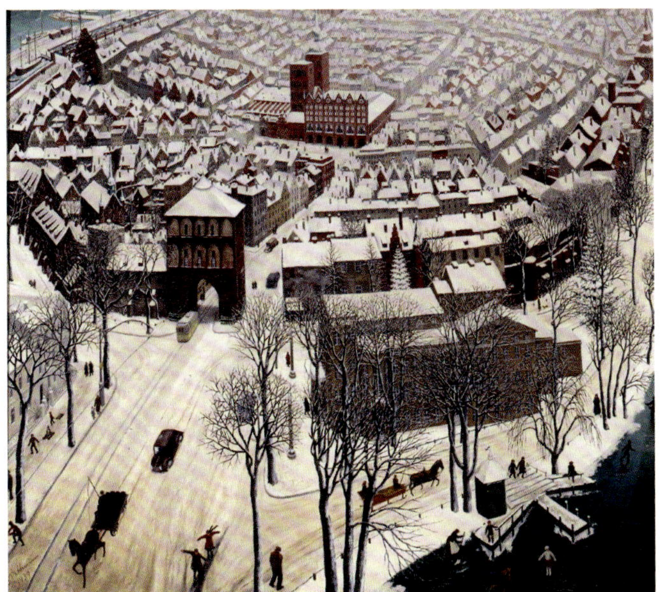

Blick auf Stralsund im Winter, Öl/Sperrholz, 1939

Kulturhistorischen Museum Stralsund anlässlich ihres 70. Geburtstages. Ihr war zu Ohren gekommen, dass es eine Diskussion vor ihren Bildern geben sollte. Das lehnte sie kategorisch ab und beklagte, dass die meisten Menschen in Stralsund ihre Kunst nicht verstünden. Ein „Zerpflücken" ihrer Bilder hielt sie für barbarisch und schob hinterher, dass sie ihren Standpunkt der „Partei" gegenüber vertreten könne. Sie schrieb davon, dass sie zwischen 1944 und 1965 nichts Brauchbares im Sinne der kulturpolitischen Vorgaben der SED geschaffen und sich darum jetzt im Alter entschlossen habe, zu ihrer individuellen Kunst zurückzukehren. Walter Ulbricht habe den Kunstschaffenden vorgeworfen, dass die Kunst hinter dem Fortschritt in Wissenschaft und Technik hinterherhinke. Dettmann befürchtete, dass das Individuelle in der Kunst der Gemeinschaftsarbeit zum Opfer fallen würde. Sie malte sich aus, dass nur noch Kollektive, wie in anderen Berufszweigen, bestehend aus Architekten und Malern, Gemeinschaftsbilder zum Beispiel am Bau schaffen würden und die individuelle Kunst in die Freizeit verlagert werden würde. Das würde zumindest die wirtschaftliche Frage für die Künstler lösen, schob sie fast süffisant hinterher. Die individuelle Berufsarbeit der Künstler würde verschwinden, wie so mancher Berufszweig verschwunden war. Außerdem war sie davon überzeugt, dass der eigentliche Höhepunkt der sozialistischen Kunst erst beginnen würde, wenn die jetzige Gesellschaftsordnung ihren Zenit längst erreicht habe. Das stellte sie an Aussagen Hegels fest. („Die Eule der Minerva beginnt erst bei Dämmerung ihren Flug.")[204] Die Malerin machte sich viele Gedanken um aktuelle gesellschaftliche Probleme und vertrat hartnäckig ihren Standpunkt, ohne ein Blatt vor den Mund zu nehmen. Nach ihrer Schaffenspause wurde ihr Stil weicher, die Farben leuchtender und sie beschäftigte sich mit den Themen Mensch und Natur.

1973 hatte sie noch einmal eine große Ausstellung in der *Rostocker Kunsthalle.* Vier Jahre später hörte sie auf zu malen. Sie war der Meinung, künstlerisch alles gesagt zu haben. Edith Dettmann starb am 06.09.1987 im Pflegeheim *Käthe Kern.* Ihre drei jüngeren Geschwister waren zu dem Zeitpunkt bereits tot.

Tom Beyer – Der Energische

Eine schillernde und im Stralsunder Stadtbild sehr präsente Künstlerpersönlichkeit war Anton Franz (sich „Tom“ nennend) Beyer. Er wurde am 17.05.1907 in Münster/Westfalen in einem katholischen Elternhaus geboren. Sein Vater war der Schlosser Kaspar Anton Beyer (1880 bis vor 1947), seine Mutter Wilhelmine Elisabeth Friederike Maria Hegemann (1884–1967). 1909 wurde Beyers Bruder Heinrich Kaspar geboren, der 1946 in französischer Kriegsgefangenschaft ums Leben kam.

Nach der Schulausbildung ging Tom Beyer 1924 zunächst an die *Schule für Kunst und Handwerk,* die spätere *Werkschule Münster*, und anschließend an die traditionsreiche *Kunstgewerbeschule Düsseldorf.* Als Werkstudent war er während dieser Zeit nach eigenen Angaben in verschiedenen Berufen tätig. Schon 1926 jedoch verließ er seine Ausbildungsstätte. Der Arbeitersohn suchte die künstlerische Auseinandersetzung mit der Wirklichkeit, die er seiner Meinung nach nicht auf Akademien studieren konnte. Es zog ihn in die Ferne und so lernte er auf Reisen durch Europa 15 Länder kennen, unter anderem Spanien, Frankreich, die Schweiz, Ungarn, Jugoslawien, Italien, Dänemark und Finnland. 1927 folgte ein längerer Studienaufenthalt bei Professor Ernst Norlind (1877–1952) in Schweden. Norlind hatte anscheinend Verbindungen nach Stralsund: Ende 1929 wurden auf Anregung des hiesigen Verkehrsvereins Hängevorrichtungen im Foyer des Stadttheaters angebracht, um Gemälde ausstellen zu können. „Bilder sehen dich an“, so lautete das Motto. Norlinds Werke waren die ersten, Gemälde von Elisabeth Büchsel,

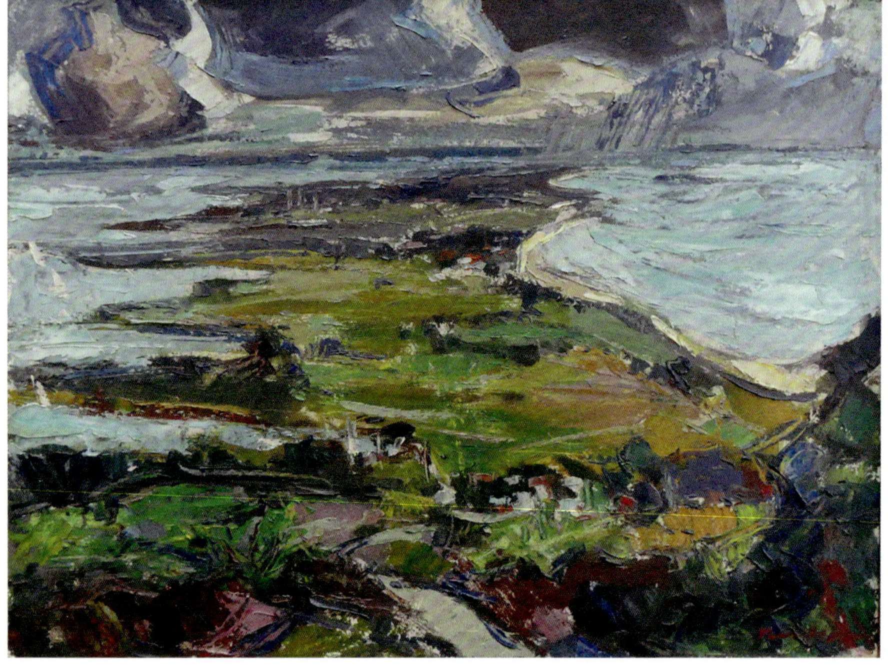

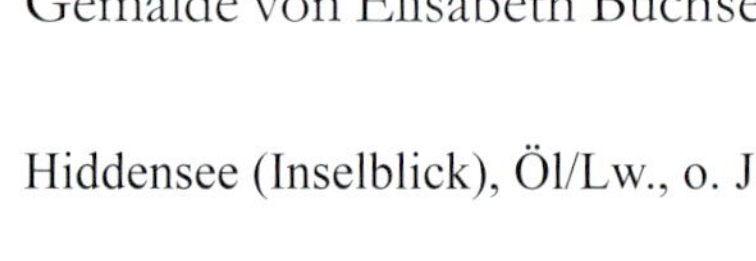

Hiddensee (Inselblick), Öl/Lw., o. J.

Franz Pflugradt, Karl Bock und Bernhard Feistel folgten 1930. Die Bilder wurden jedoch etwas höher als üblich gehängt, um zu verhindern, dass sie durch das Theaterpublikum allzu sehr verdeckt würden.[205]

Tom Beyer kehrte unterdessen aus Schweden zurück und ging 1931 nach Berlin. Hier mietete er ein eigenes Atelier und studierte bei Martin Bloch (1883–1954) und Anton Kerschbaumer (1885–1931). Im selben Jahr trat er in die Kommunistische Partei ein. Bis 1935 konnte er in der Hauptstadt bleiben, dann zog er sich – nach eigenen Angaben in offiziellen Lebensläufen nach 1945 – aus politischen Gründen nach Göhren auf Rügen zurück. Dort wohnte er zunächst im *Haus Elgeti*. Beweise für das angebliche, von Beyer später so kommunizierte Ausstellungsverbot durch die Nationalsozialisten gibt es nicht. Im Gegenteil – er war seit dem 01.01.1934 Mitglied der *Reichskammer der bildenden Künste (Reichskulturkammer)*. Seine Mitgliedschaft in der KPD war dort nicht bekannt, anderenfalls wäre er ausgeschlossen worden, was in dem Fall Berufsverbot bedeutet hätte. Es bestand Zwangsmitgliedschaft aller künstlerisch Tätigen in der *Reichskulturkammer*, um die Kontrolle im Sinne der nationalsozialistischen Ideologie zu gewährleisten. Voraussetzung waren die deutsche Staatsbürgerschaft und der „Ariernachweis". Nur Mitglieder konnten freischaffend arbeiten und bekamen Aufträge und Ausstellungen. Zu dem Zeitpunkt war es lebensgefährlich, sich als Kommunist zu bekennen. Wer überleben wollte, musste sich anpassen oder emigrieren. Nicht wenige Künstlerinnen und Künstler gingen in die innere Emigration, indem sie sich um unverfängliche Motive bemühten. Wurde ihre Kunst als „entartet" und nicht dem „Volksgeschmack" entsprechend denunziert, mussten sie fliehen.

Aus einem Briefwechsel mit der *Reichskulturkammer* von 1936 bis 1943 sowie einem eigenhändig geschriebenen Lebenslauf Beyers geht hervor, dass er bei Theodor Klaas (?) und später in Düsseldorf ausgebildet wurde. Den Beginn seiner selbstständigen Tätigkeit als Kunstmaler gab er mit 1926 an. Seine Übersiedlung nach Göhren war am 03.04.1936 erfolgt. Das teilte er der Landesleitung der *Reichskammer der bildenden Künste* in Stettin mit. Die offizielle Ummeldung von Berlin nach Pommern zog sich jedoch über ein Jahr hin, weil in Berlin keine Personalakte Beyers vorlag. In einem Fragebogen zur Erstellung einer neuen Akte gab Beyer an, von 1934 bis 1937 Leistungen des Wohlfahrtsamtes in Berlin Wilmersdorf bezogen zu

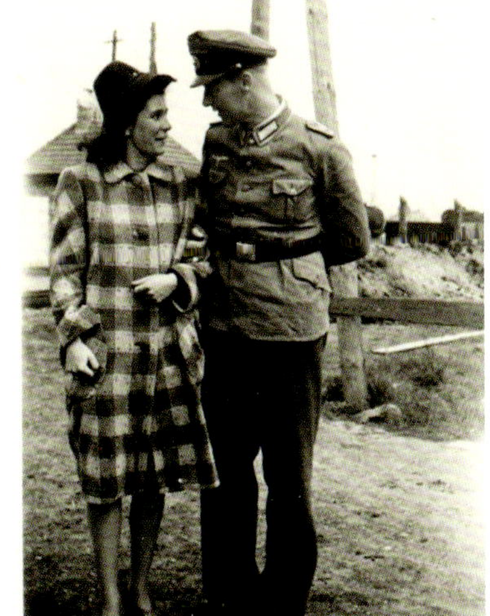

Rosemarie Stein und Tom Beyer, Fotografie, um 1942

haben und dass er 1936 kein steuerpflichtiges Einkommen gehabt habe. Für den Februar 1939 beantragte Beyer sogar Wirtschaftsbeihilfe vom Kreisausschuss des Kreises Rügen. 1942 wechselte er offiziell noch einmal seinen Wohnsitz von Göhren zurück in die Großgörschenstraße 9 nach Berlin und zeigte das der Kammer an. Am 17.09.1943 war er wieder in Göhren, im Haus Lange(r), gemeldet.[206] Schon 1938 war er in die Wehrmacht eingezogen worden, obwohl sein Jahrgang erst im Oktober 1939 an die Reihe kam. Laut Kartei der Wehrmacht nahm er an Reserveübungen teil. Stationiert war er während des Zweiten Weltkriegs als Flugmelder in Dänemark, zumeist in Kopenhagen, wo er sich – laut offiziellem Lebenslauf und Überlieferungen in der Familie – am konspirativen Untergrundgeschehen des Widerstandes der dänischen Bevölkerung gegen die deutsche Besatzungsmacht beteiligte und Kontakt zu dänischen Kommunisten hatte.[207] 1944 besaß er den Dienstgrad eines Obermaats (Unteroffizier).[208]

Während des Zweiten Weltkriegs war ein unehelicher Sohn Beyers zur Welt gekommen, den er mit der Dänin Asta Larsen gezeugt hatte. Beide hatten sich in dem dänischen Küstenort Gilleleje kennengelernt. Willi Larsen wurde 1941 in Kopenhagen geboren. Kaum 18-jährig wollte seine Mutter ihn zur Adoption freigeben und brachte den Säugling unmittelbar nach der Geburt in ein Waisenhaus. Die dänische Familie, so berichtete 2023 Willi Larsens Enkelin der Autorin, war damit nicht einverstanden. So wuchs Willi bei seiner Großmutter in North Zealand auf. Circa 1942/43 besuchte Tom Beyer seinen Sohn. Erst als der acht Jahre alt war, nahm seine Mutter ihn mit nach Kopenhagen. Sie blieb unverheiratet und sprach zeitlebens nicht über den Kindsvater. Willi Larsen starb 2021, hatte aber noch seinen Halbbruder Peter Beyer (1951–2008) kennenlernen dürfen. Er hatte sich selbst auf die Suche nach seiner deutschen Familie gemacht. In seiner Heimat galt er als „Tyskerunge“, Kind eines deutschen Besatzers, nach offiziellen Schätzungen eines von ca. 6000. Der dänische Staat hatte zwar mit den Nationalsozialisten kollaboriert, jedoch war die Stimmung spätestens 1943 gekippt und es hatte sich Widerstand gegen die Besatzer geregt. Während des Krieges und nach der Befreiung Dänemarks sowie dem Abzug der deutschen

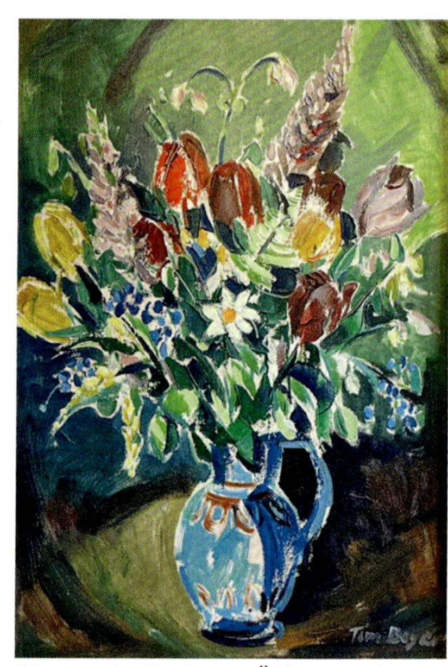

Blumen in der Vase, Öl/Lw., o. J.

Soldaten waren die Frauen, die Liebesverhältnisse mit Wehrmachtssoldaten unterhalten hatten, moralisch verurteilt oder gar interniert worden.[209]

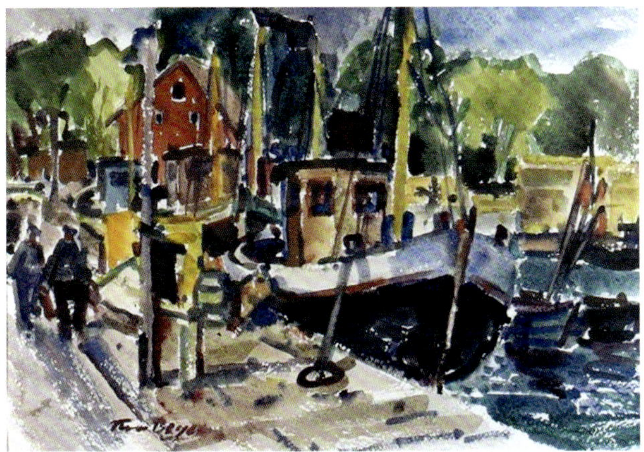

Hafenansicht auf Rügen, Aquarell, o. J.

So nimmt es nicht wunder, dass Asta Larsen ihren Sohn weggeben wollte. Eine Chance auf ein Familienleben hatte es nicht gegeben.

Im Mai 1942 kam ein weiterer unehelicher Sohn Tom Beyers, Thomas Michael Stein, zur Welt. Dessen Mutter war die Swinemünderin Rosemarie Ruth Eva Stein (1919–1999), die er ebenfalls in Dänemark kennengelernt hatte und die seit September 1940 als Flugmeldehelferin in der Flughafenkoordination Kopenhagen arbeitete. Sie musste der Schwangerschaft wegen ihre Arbeitsstelle verlassen, wurde von Stiefmutter und Vater, einem Hotelbesitzer in Swinemünde, verstoßen und kam bei Verwandten in Bielefeld unter. Dort brachte sie ihren Sohn zur Welt. Die Vaterschaft erkannte Beyer im August desselben Jahres an. Michael Stein wurde Professor für Englisch an der *Johannes Gutenberg-Universität* in Mainz und starb 2012. Seine Witwe, Johanna Stein, berichtete der Autorin 2023 von einer Begegnung in Essen (Nordrhein-Westfalen) zwischen ihrem Mann und seinem Vater ca. 1975 bei dessen Freund. Am nächsten Tag wollte Tom Beyer sich – wie er stolz verriet – mit keinem Geringeren als Berthold Beitz (1913–2013) treffen. Die Universität sowie die Stadt Greifswald erfuhren jahrzehntelang Förderung durch die *Alfried Krupp von Bohlen Halbach-Stiftung*, der der Pommer Beitz seit 1967 vorstand. Da Tom Beyer Professor h. c. der *Universität Greifswald* war und Beitz sich für die kulturelle Verständigung zwischen der DDR und der BRD einsetzte, werden die beiden sich auf diese Weise kennengelernt haben. Für das SED-Mitglied bzw. den Parteifunktionär Tom Beyer war es nach dem Krieg nicht leicht, Kontakt zu seinem Sohn zu halten, der in der BRD lebte. Später wäre das vielleicht möglich gewesen, zumal er öfter nach Westdeutschland reiste und dort sogar ausstellte, so zum Beispiel von Juli bis September 1961 im *Paula-Becker-Modersohn-Haus Bremen.* Aber es kam nur zu der einen Begegnung, als Beyer fast 70 und sein Sohn bereits lange erwachsen war. Auch dieses Kind wurde in offiziellen Biografien nicht erwähnt. Die Option, dass Rosemarie Stein nach Gründung der DDR hierherzog, bestand zwar, jedoch wollte sie das nicht. Umgekehrt kam es für Tom Beyer offensichtlich nicht infrage, in den „Westen“ zu gehen. Ein Brief vom 21.12.1979 von Tom an Michael hat sich erhalten. In der für ihn typisch ausschweifenden Schrift wünschte er seinem Sohn für das neue Jahr Glück, Gesundheit und Erfolg und „uns allen ein wenig Freude an diesem einmaligen Leben […] Ich benötige so viel Zeit um Bilder zu malen daß ich keine Zeit zum Schreiben finde. Viele Menschen sind böse darüber hoffentlich gehört ihr nicht dazu.“[210]

Zurück zum weiteren Werdegang des Künstlers seit dem Ende des Zweiten Weltkriegs. Zunächst leistete Tom Beyer Parteiarbeit für die KPD bzw. SED, bevor er sich wieder der Malerei zuwandte. 1945 ließ er sich von seiner Frau, Charlotte Maria Erna Horn (geb. 1904), scheiden, die er 1934 in Berlin geheiratet und von der er die meiste Zeit getrennt gelebt hatte. 1947 entstanden die ersten Ölgemälde, die das Leben der Menschen an der Ostseeküste zeigen. Der Westfale hatte Niederdeutsch gelernt, das erleichterte ihm den Zugang zu seinen Nachbarn, den Fischern, deren Welt er seine Motive entnahm. Beyer übte weiterhin vielfältige kulturpolitische Funktionen aus. 1949 wurde er Leiter der damaligen *Landeskunstschule* in Putbus und 1950 Landesvorsitzender des *Verbandes Bildender Künstler in Mecklenburg-Vorpommern*, nach der Verwaltungsreform 1952 Vorsitzender des *Bezirksvorstandes Rostock* des Verbandes, Mitglied der Zentralen Leitung und Mitglied des Sekretariats des *Verbandes Bildender Künstler der DDR*.

1952 war Tom Beyer nach Stralsund gezogen und hatte Liselotte Margarethe Emma Henriette Pelzner, geb. Harms (1919–2005) geheiratet. Der gemeinsame Sohn Peter wurde Keramiker.[211] Beyer schuf etliche Porträts von seinem Sohn, darunter auch sogenannte Kniestücke. In der Familie wurde folgende Geschichte überliefert: Ein Ölbild stand unfertig auf der Staffelei. Peters Mutter sah es und fragte ihren Mann: „Warum hast du Peter ohne Füße gemalt?!“ Kurz darauf ereignete sich der Verkehrsunfall, in dessen Folge Peter Beyer beide Füße verlor.

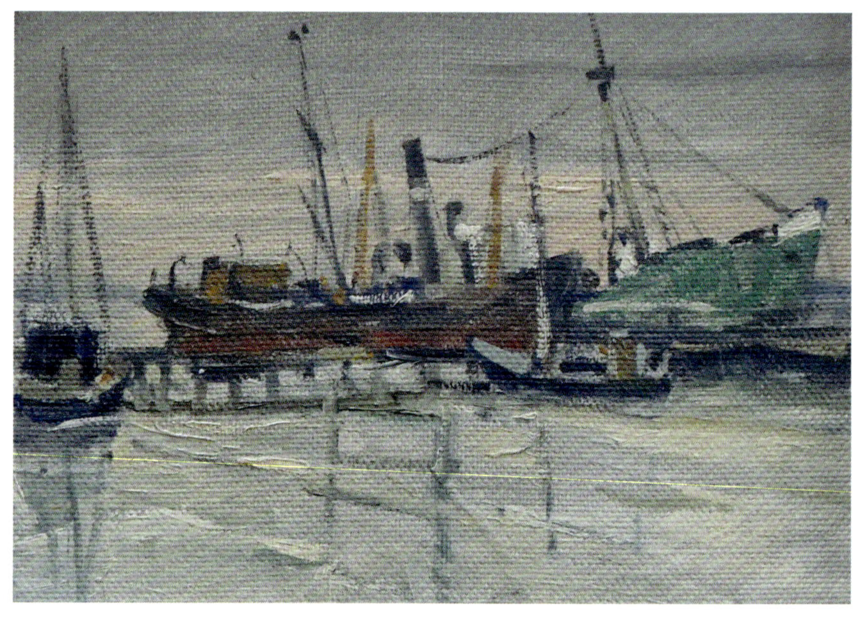

Schiffe (Stralsund?), Öl/Hartfaser, o. J.

Die 1945 geborene Stieftochter Beyers, Britta Pelzner, die ebenfalls Künstlerin ist, war mit dem Schriftsteller Horst Bastian (1939–1986) verheiratet. Bastian plauderte über seinen Schwiegervater: „Mönch ist er niemals gewesen. Von Essen und Trinken hält er sehr viel, also von den drei schönsten Dingen, die diese Welt zu bieten hat. Als viertes folgt schon das Kino. [...] Warum er vom Film so besessen ist? Weil er abguckt, was sonst. Man muß seine Bilder betrachten: Sie ‚laufen' zwar nicht wie die Bilder im Kino, aber sie sind dynamisch, bewegt. [...] Tom Beyer bekennt sich zu Farben! Verschwendet sie, haut sie vor unsere Augen: unbescheidener als die Natur."[212] Während des Jahres 1952 leitete Beyer ein Kollektiv, das den Aufbau Berlins an der Weberwiese künstlerisch und dokumentarisch festhalten sollte. Bastian schrieb: „Kein Weg zur Meisterschaft eines Malers. Aber er sagt: Bei so etwas frißt man Zuversicht."[213] Und noch etwas anderes brachte der erfolgreiche Schriftsteller in seinem letzten Buch „Barfuß ins Vaterland" zur Sprache: Die Stralsunder Stadtgesellschaft der Nachkriegsjahre hatte ein Problem damit, dass der Kommunist Tom Beyer, der „Rote Maler", eine „Private", die Besitzerin der chemischen Reinigung und Färberei Pelzner, eine Witwe mit Tochter gar, geheiratet hatte. Es wurde viel darüber getratscht. Beyer lachte das weg. „Verrückt und begabt und auf Leben versessen."[214] Auf der *Volkswerft Stralsund* wurde Tom Beyer Leiter eines

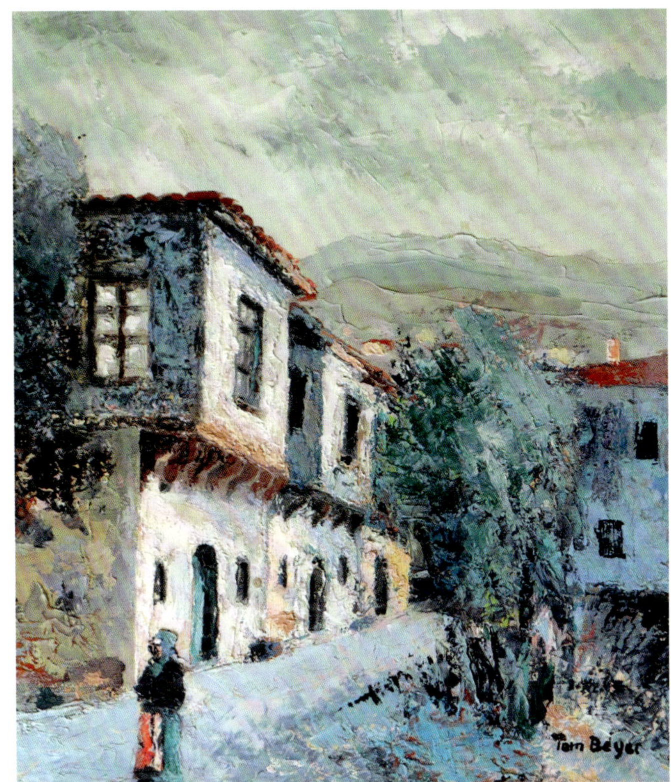

Südländische Dorfansicht, Öl/Acryl/Papier, o. J.

Malzirkels. Er gilt als Lehrer und Förderer vieler Stralsunder Kunstschaffender wie beispielsweise Eckhard Buchholz (geb. 1941), Wolfgang Arndt (geb. 1931) und Hermann Lindner (1934–2000). Bei der Ablehnung der Aufnahme von Manfred Kastner als Kandidat in den *Verband Bildender Künstler der DDR* 1975 spielte er allerdings eine unrühmliche Rolle. Auf diese Ereignisse wird in dem Beitrag über Kastner näher eingegangen. Tom Beyer stellte sich gern Diskussionen über seine Werke und über Kunst im Allgemeinen.

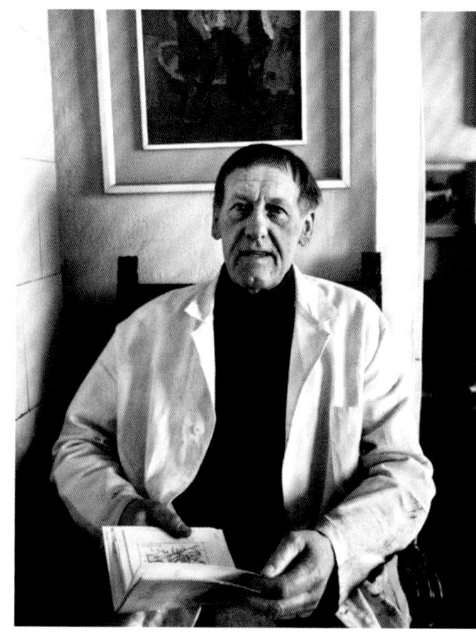

Tom Beyer, Fotografie, 1977

Dabei formulierte er klar, mit Ausdruckskraft und Leidenschaft. Groß gewachsen, mit einer Baskenmütze auf dem Kopf, fiel er im Stadtbild auf und war vielen Stralsunderinnen und Stralsundern ein Begriff. Gemeinsam mit Hermann Lindner schuf er ein großes Wandbild im *Löwenschen Saal* des Stralsunder Rathauses, das 1996 abgenommen wurde und sich heute im *Kunstarchiv Beeskow* befindet. Das Werk des SED-Mitglieds und Professors h. c., der staatliche Auszeichnungen wie 1977 den *Vaterländischen Verdienstorden in Silber* erhalten hatte, musste weichen. Tom Beyer schöpfte die Motive für seine Bilder aus seiner neuen Heimat: der Ostseeküste, dem Bodden, der Tätigkeit der Fischer, denen er gerne zuschaute. Den Sommer verbrachte er meist im *Drachenhaus* in Göhren, das 1901 von dem Schriftsteller Max Dreyer (1862–1946) erbaut worden und bis zu seinem Tod dessen Domizil gewesen war. Auch der Hafen und die Werft in Stralsund faszinierten den Maler Beyer. Sein Freund, der Bildhauer Joachim Jastram (1928–2011), war begeistert von der rauschhaften Farbigkeit der Bilder: „Die Rohrdachkatenbilder und besonders seine Hafenbilder in der Abendstimmung zeigen uns, wie Beyer das Licht in seinen Farben leuchten lässt und wie bei so kraftvollem Malerzugriff Poesie und Stimmung von Motiv und Landschaft bewahrt ist.“[215] Ähnlich hatte es die Stralsunder Museumsmitarbeiterin Ilse Bork (1924–1994) in einem Manuskript einer Rede anlässlich einer Sonderausstellung 1977 bereits ausgedrückt: „Das Typische unserer heimischen Landschaft, temperamentvoll in oft expressiv und dennoch verhalten leuchtender Farbigkeit gestaltet, läßt den Seewind spüren, den Geruch des Wassers atmen, das Leben an der Küste vom Getriebe im Hafen bis in den stillen Dorfwinkel lebendig werden, so, daß es den Fremden anzieht und dem Beheimateten das Vertraute noch liebenswerter erscheinen läßt.“[216] Sich selbst bezeichnete Beyer als Landschafter, der erst impressionistisch und dann realistisch malte. Er schuf Ölbilder, Aquarelle und probierte grafische Techniken aus. 1957 richtete das damalige *Stralsundische Museum für Ostmecklenburg* dem Künstler eine Ausstellung anlässlich seines 50. Geburtstags aus, die von 5430

Gästen besucht wurde. „Erlebtes Albanien", das war der Titel der Ausstellung mit 60 Arbeiten, die während einer Studienreise auf Einladung der albanischen Regierung im Jahr zuvor entstanden waren. Die Rede für die Vernissage hatte der Barther Maler und Kunsterzieher Franz Höhne (1892–1980) geschrieben. Er würdigte Beyer, der sich unter anderem im Auftrag der Regierung ständig bemüht habe, Verbindung mit den in Westdeutschland lebenden fortschrittlichen Künstlern aufzunehmen.[217] Am 09.09.1981 starb Tom Beyer in Stralsund.

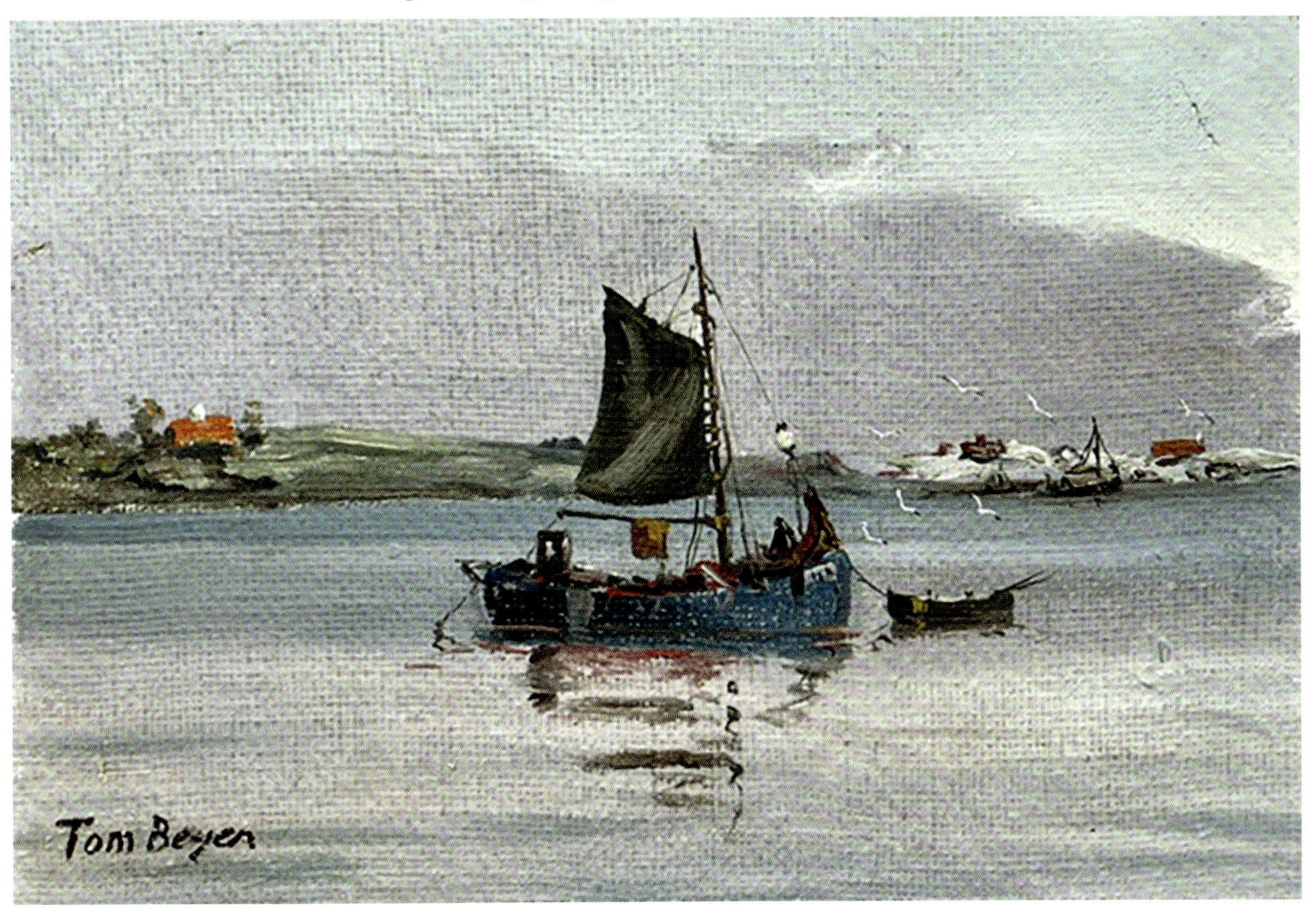

Boot, Öl/Lw., o. J.

Heinrich Lietz – Der Realist

Heinrich Wilhelm Max Lietz' Vorfahren waren Schmiedemeister in Stralsund. Hier wurde er am 06.10.1909 geboren. Seine Mutter Marie Dorothea Sophie Ewert (1882–1965) stammte aus einer Bauernfamilie in Redebas bei Barth. Sein Urgroßvater Johann Lietz hatte 1861 das Bürgerrecht erhalten und betrieb eine Schmiede am Knieperdamm. Sohn Gustav zeugte mit seiner Frau Henriette innerhalb von acht Jahren sechs Jungen. Einer davon, Wilhelm Ernst Otto Karl Lietz (1884–1953), war der Vater von Heinrich Lietz. Heinrich hatte eine Schwester, Else Lietz (1912–1998). Sie heiratete 1953 mit knapp 40 Jahren den 70-jährigen Bruder ihres Vaters, Otto Lietz (1882–1963), der zwei Monate zuvor Witwer geworden war.

Heinrich Lietz' Vater legte Wert auf Bildung, zumindest des Sohnes. 1928 legte der das Abitur an der Oberrealschule seines Heimatortes ab. Danach studierte er Philosophie in Greifswald und Berlin. Jedoch zog es den jungen Mann zur Kunst. Er studierte Malerei und Grafik an der *Kunstgewerbeschule Berlin-Charlottenburg* und an der *Staatlichen Kunstschule zu Berlin* sowie an der *Preußischen Akademie der Künste.* Seine Lehrer waren Max Kaus (1891–1977), Bernhard Hasler (1884–1945), Heinrich Reifferscheid (1872–1945) und Willi Jaeckel (1888–1944). Er legte das erste und zweite Staatsexamen für das Lehramt der Kunsterziehung an höheren Lehranstalten 1932 und 1934 in Berlin ab. Bis 1939 war Lietz als Studienassessor (Anwärter auf das höhere Lehramt) in Berlin an der *Hermann-Lietz-Schule* (Internatsschule) und in Potsdam an einer höheren Schule tätig. Gleich zu Kriegsbeginn wurde er eingezogen. 1943 wurde er zum Studienrat für Kunsterziehung ernannt. Als Soldat der Wehrmacht verschlug es ihn nach Norwegen, Frankreich, Italien, Russland und Kurland (Lettland). 1945 geriet er in sowjetische Gefangenschaft. Er musste in Fabriken bei Leningrad und am Weißmeerkanal in Karelien arbeiten. Ende 1946 wurde er krank aus der Kriegsgefangenschaft entlassen. 1947 ließ er sich als freischaffender Maler in Stralsund nieder und wurde Mitglied im *Verband Bildender Künstler*.[218] Durch die großzügige Unterstützung der Landesregierung gelang ihm die Einrichtung eines Ateliers am Knieperdamm. Diese Unterstützung hatte jedoch ihren Preis. Lietz nahm Regierungsaufträge an, war zum Beispiel Mitglied des *Mecklenburger Künstlerkollektivs*, das die Aufgabe hatte, den Neuaufbau der Hauptstadt der DDR darzustellen. Außerdem leitete er Laienzirkel an der Volkshochschule und im *Kulturbund* und führte Besucher gerne durch sein Atelier. Es entstanden Landschafts- und Blumenbilder, Stillleben, Stadtansichten und Porträts, die sich heute in größeren Museen wie dem *STRALSUND*

MUSEUM und dem *Staatlichen Museum Schwerin* befinden. 1954 war der Maler an der Ausstellung „Bildende Künstler des Bezirkes Rostock zeigen ihre Werke" beteiligt. Die Exposition fand vom 28. August bis zum 25. September im *Rostocker Kunst- und Heimatmuseum*, dem späteren *Kulturhistorischen Museum*, und vom 2. bis zum 23. Oktober im Stralsunder Museum statt. Heinrich Lietz war Mitglied der Hängekommission, zusammen mit Thuro Balzer (1882–1967), Arnold Klünder (1909–1976) und anderen. Im Vorwort des Katalogs schrieb Günther Mendte, Leiter der Abteilung Kultur beim *Rat des Bezirkes Rostock*: „In den Arbeiten unserer Maler, Graphiker und Bildhauer spiegelt sich das Neue, der Aufbau an der Ostseeküste deutlich wider. In einer Vielzahl von Motiven ist unsere schöne deutsche Heimat vertreten. Die Werke zeugen davon, daß sich unsere Künstler mit den Problemen des Formalismus-Realismus auseinandergesetzt haben, und daß sie stets bemüht sind, realistisch zu schaffen."[219] Im Katalogtext über Lietz ging die Autorin Eva Hofmann darauf ein, dass Lietz Mitglied des Künstlerkollektivs war, das die Aufgabe hatte, den Neuaufbau Berlins darzustellen. „Das Entstehen der Stalinallee und der Kanalbau in der Berliner Umgebung regten den Künstler besonders zu seinem Schaffen an. Sein großes Ölbild, das den Aufbau des ersten Hochhauses der Stalinallee zum Thema hat, vermittelt eine eindrucksvolle

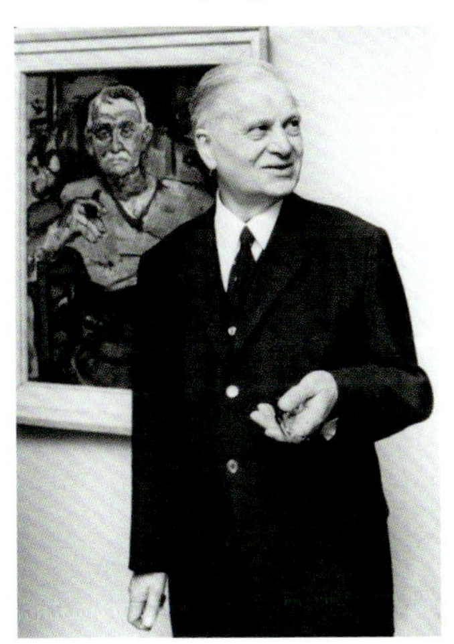

Heinrich Lietz, Fotografie, 1980

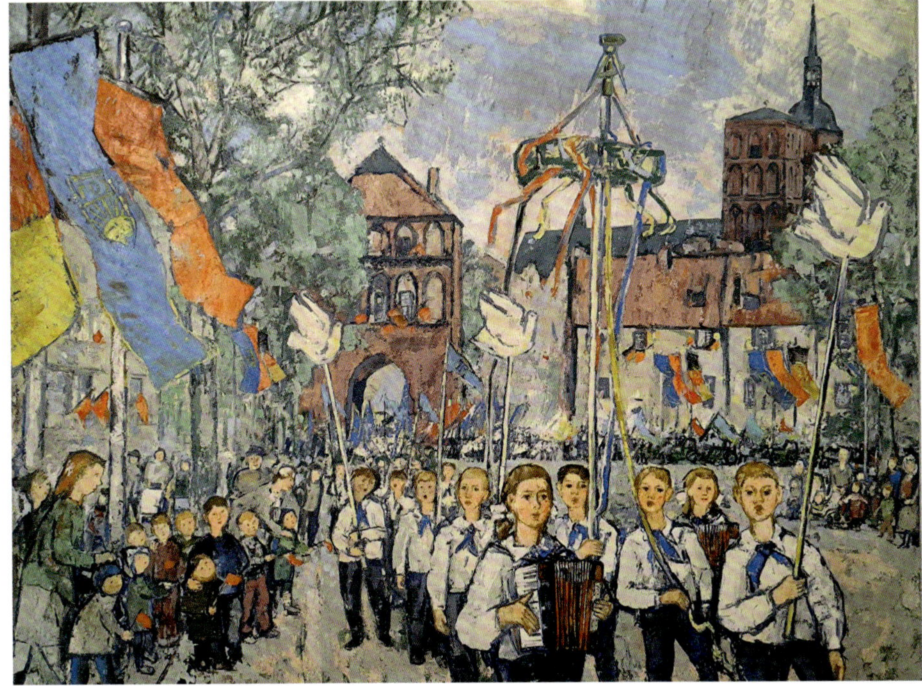

Mai-Demonstration vor dem Kniepertor, Öl/Lw., o. J.

Schilderung des neuen Arbeitsethos unserer Werktätigen. Heinrich Lietz hat es ausgezeichnet verstanden, den in Bleistiftskizzen eingefangenen Eindruck des Riesenobjektes in seinem lebensvollen, in delikaten Farben gehaltenen Werk wiederzugeben."[220] Gemeint ist wohl das Bild „Erstes Betonhochhaus der DDR im Bau am Straußberger Platz", das im Katalog abgebildet ist. Die fruchtbarsten Jahre des Künstlers liegen in den späten Fünfzigern, frühen Sechzigern. Sein Malstil, stets von der Zeichnung ausgehend den Farbrausch bändigend, prägte sich aus. In diese Zeit, 1958 – immerhin zählte der Künstler schon fast 50 Jahre –, fällt seine erste Personalausstellung im Stralsunder Museum, der einige folgen sollten. Der Berliner Kunstwissenschaftler Werner Sumowski (1931–2015) schrieb im Katalog, der anlässlich der Ausstellung herauskam: „Lietz verbindet skizzenhafte Genauigkeit des Impressionismus mit malerischer Bildarchitektur Cézannes. Manchmal kommt eine expressive Note hinzu."[221] Im selben Jahr erschien ein Beitrag über den Maler in der Zeitschrift *Bildende Kunst*. „Methodisch geht Lietz stets von der Zeichnung aus. Man muß das betonen, weil er damit verhütet, daß seine Neigung, bei der Anlage eines Bildes von der Farbe auszugehen, dazu führen könnte, die Struktur der dargestellten Gegenstände zu zerstören."[222] In einer Lietz-Ausstellung würden gerade die Farbwerte und die Malweise seiner Bilder die Betrachter ansprechen und fesseln, hieß es weiter. Seine künstlerische Meisterschaft sei mit der Volkstümlichkeit seiner Vortragsweise gepaart, die den Bildinhalt ablesbar und verständlich mache. Die Gefahr, zu stark ins Expressive zu verfallen, zu dem die Verwendung starker Farbkontraste verleiten könne, sei dadurch gebannt und Farbe und Form würden in stimmungsvollen Kompositionen gebunden.[223]

Später wurde Heinrich Lietz bescheinigt, dass er als einer der ersten Stralsunder Künstler die Verbindung der Kunst mit dem neuen politisch-gesellschaftlichen Leben nach dem Krieg suche und darstelle.[224] Diese Einschätzung beschrieb jedoch

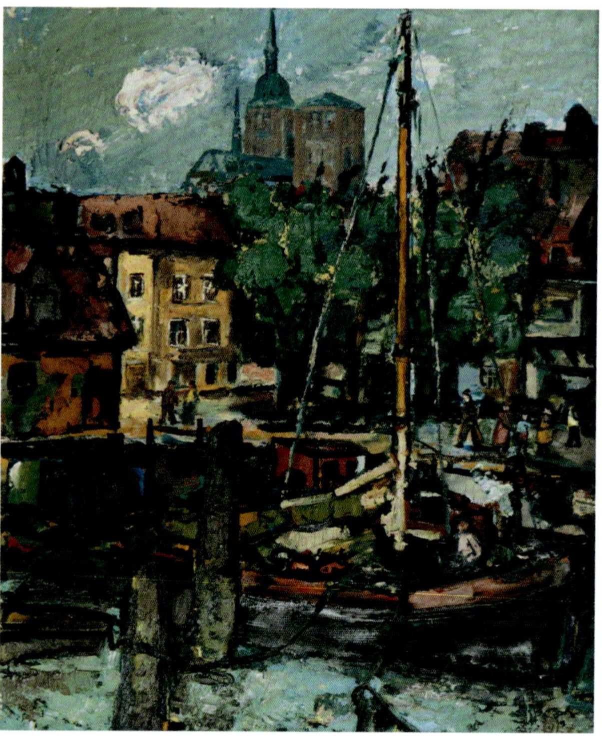

An der Fährbrücke mit Blick auf die Nikolaikirche in Stralsund, Öl/Lw., o. J.

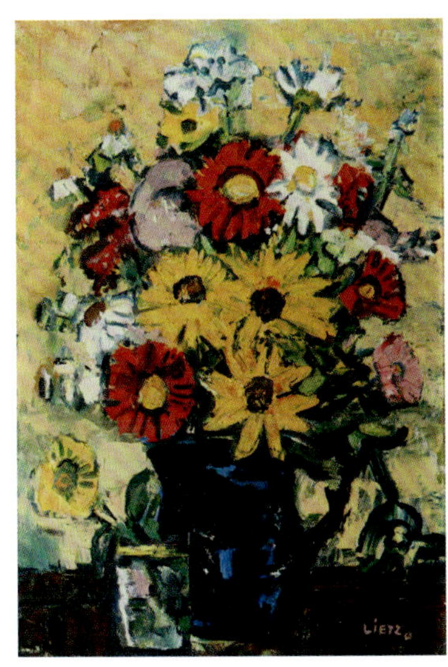

o. T., Öl/Hartfaser, o. J.

die Resignation des Heinrich Lietz. Etwa zwischen 1957 und 1961 schuf er sehr viele (Blumen-) Stillleben, Landschaften und Porträts in einem unverwechselbaren Stil, dem er in den darauffolgenden Jahrzehnten offenbar künstlerisch nichts mehr hinzufügen wollte.

Individuelle Themen, wie der Maler sie vielleicht pflegen wollte, fanden kaum gesellschaftliche Anerkennung, bestimmten nicht das Bild der großen Kunstausstellungen und brachten so gut wie keine gesellschaftlichen Aufträge. Also passte er sich an, malte jene fröhlichen Menschen, Pioniere im Ferienlager und Maidemonstrationen. Auch in diese Sujets legte er große Sorgfalt und bemühte sich, im engen Raum des vorgegebenen Sozialistischen Realismus zu schaffen. Er griff gesellschaftliche Themen auf und setzte sie volkstümlich um. Und natürlich wurde er dafür gelobt. Als sich zu Beginn der 1970er Jahre in der Malerei und Grafik der DDR neue Freiräume erschlossen, war seine Kraft erschöpft. In seinen letzten Lebensjahren schlug er sich mit einfachen Landschaftsbildern für Urlauber durch. Das haben ihm manche, die die Bilder aus seinen Anfängen schätzten, übel genommen. Er lebte einsam, umgeben nur von seinen vielen Hunden, um die er sich zum Schluss nicht mehr verantwortungsvoll kümmern konnte. Wöchentlich erschien er beim Fleischer, um für die Tiere einzukaufen. Dort brach er eines Tages zusammen und wurde ins Krankenhaus gebracht, wo er am 24.07.1988 starb. Der Maler Bertram von Schmiterlöw, einst sein Schüler, besuchte ihn während des Krankenhausaufenthaltes oft. Da Lietz keine Nachkommen hatte, ging sein bildnerischer Nachlass an seine Verwandten, der schriftliche an die *Sächsische Landesbibliothek Dresden.*

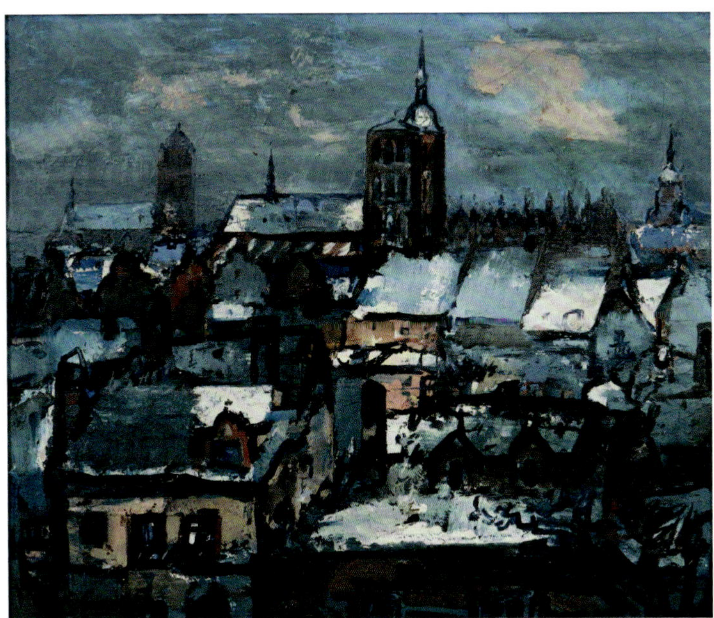

Blick auf die Nikolaikirche im Winter, Öl/Lw., o. J.

Heinz Lüsch – Der Bescheidene

„Gebt mir 3 (besser 4) Jahre Zeit!“[225], schrieb Heinz Lüsch, der sich nie für gut genug hielt, um ausstellen zu können, 1943 an die damalige Assistentin im Stralsunder Museum, Käthe Rieck. Da blieben ihm keine vier Monate mehr zu leben. Was so verheißungsvoll begonnen hatte, endete auf einem italienischen Schlachtfeld im Zweiten Weltkrieg.

Heinz Lüsch wurde am 17.02.1911 im hinterpommerschen Wandhagen (Kreis Schlawe) geboren. Er war der Sohn des Molkereidirektors Wilhelm Louis Karl Heinrich Lüsch (1878–1961) und dessen Frau Martha Caroline Elisabeth Kindt (1880–1960). Er hatte einen älteren Bruder, Dr. Emil Lüsch (1909–1944). Sein Vater wurde nach Demmin versetzt, dort verbrachte Heinz seine Kindheit. 1930 legte er das Abitur ab und studierte von 1931 bis 1935 an der *Staatlichen Kunstschule zu Berlin*. Längere Studienaufenthalte führten ihn nach Italien. Nach seiner Zeit als Studienreferendar bestand er im September 1939 die Assessorprüfung. Nur wenige Monate arbeitete er als Lehrer in Gollnow und Stralsund, wo seine Eltern inzwischen wohnten. Schon im April 1940 musste er in den Krieg. Nach seiner Verwundung im September in Russland 1942 wurde er ein Jahr später nach Sizilien versetzt.[226] Dort fiel er am 02.08.1943 in der Region Troina. Die Nachricht erreichte seine Eltern erst im März 1945. Tragisch, dass sein Bruder 1944 in Braunschweig als Oberfeldwebel einer Fliegerstaffel bei einem Flugzeugabsturz ums Leben kam.

Heinz Lüsch war gern Lehrer geworden. Er malte und zeichnete nur in seiner Freizeit. Dass es so bleiben sollte, versicherte er jedenfalls 1937 anlässlich der Ausstellung „Rügen in der Landschaftsmalerei der Gegenwart“ im Stralsunder Museum. Dr. Fritz Adler, der damalige Direktor, war auf sein Talent aufmerksam geworden und lud ihn 1942 zur Ausstellung „Maler aus Ost- und Mittelpommern sowie Stralsund“ ein. Die Wiener Kunsthalle präsentierte in der Exposition „Norddeutsche Maler“ einige seiner Bilder. Er hatte sich stets schwergetan, seine Arbeiten öffentlich zu zeigen. Unzufrieden mit seiner Leistung sei er gewesen, kann man in einer Rede

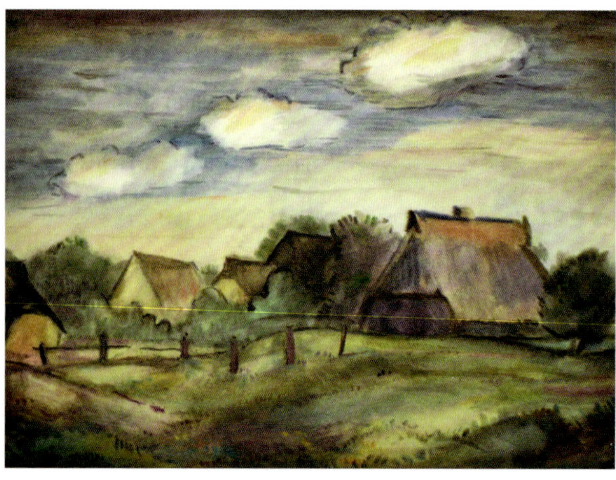

Dorf auf Rügen, Aquarell, o. J.

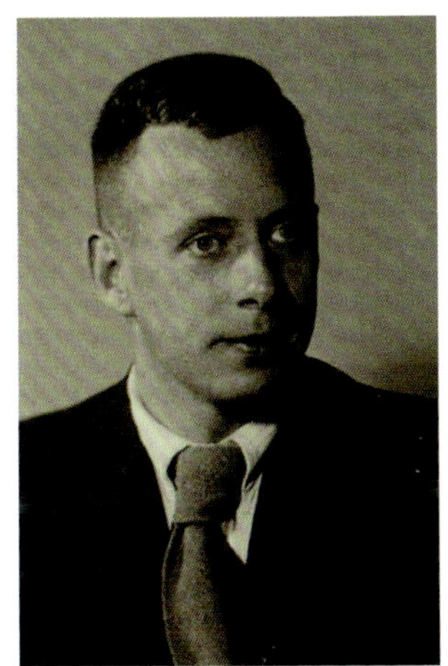

Heinz Lüsch
Fotografie, o. J.

(vermutlich von Käthe Rieck) zur Vernissage der Gedenkausstellung 1957 in Stralsund lesen. „Das ist natürlich eine Aufgabe auf Jahre ehe ich so weit bin, daß meine Bilder die Herzen der Menschen zum Schwingen bringen. Ohne Hast und Ungeduld auf Erfolg muß ich stetig arbeiten; was ich will, ist viel, das Handwerk dazu will noch erst erworben sein. Arbeit, viel Arbeit und viel Zeit […] Wie ein Volkslied möchten die Bilder sein und niemand ahnen, wie oft ich geklagt und gehadert.“[227] Nach dem Krieg stellte das Stralsunder Museum in der Reihe „Heimische Landschaftsmalerei“ mehrmals Aquarelle aus, die 1943 vom Künstler bzw. 1954 von dessen Mutter erworben wurden. 1957 gelangte dann ein großer Teil des Nachlasses ins Museum. Im selben Jahr gab es die vorläufig letzte Personalausstellung für Heinz Lüsch. Danach geriet der Künstler in Vergessenheit. Erst im Jahr 2000 konnte sich die Öffentlichkeit wieder von der Qualität seiner Werke überzeugen.[228] Im Archiv des *STRALSUND MUSEUMS* befinden sich zwei Briefe des Malers an die Schwestern Rieck, die er am 27. April und am 9. Juli 1943 aus Hamburg bzw. Italien schrieb. Sie vermitteln einen Eindruck von den Gedanken eines sensiblen Künstlers. Ausführlich beschreibt er Schaffensprozesse und das Ringen um die Gestaltung seiner Bildwelt. Er malte stets vor der Natur, „von der Augenblicksstimmung zumeist begeistert“, um dann im Atelier noch einmal an die Arbeit zu gehen. Dort begann für ihn die eigentliche künstlerische Gestaltungsweise, die eigentliche Malerei. So zu schaffen, war sein Ziel. Die „Stimmungsmalerei“ war für ihn reine Reflexion, die „im Grunde nur Skizze bleiben konnte“, schrieb er an die Schwestern Rieck.[229]

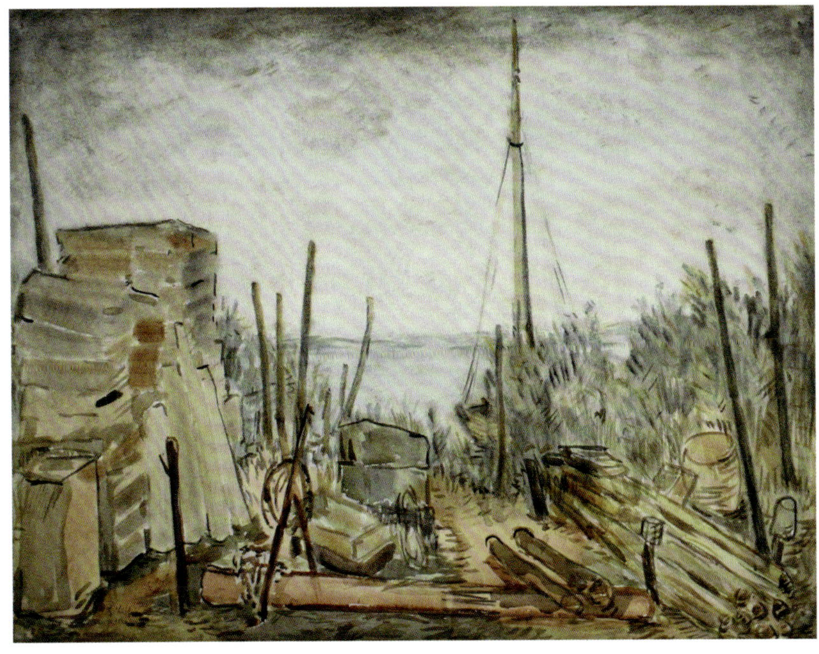

Fischergeräte, Aquarell, 1936

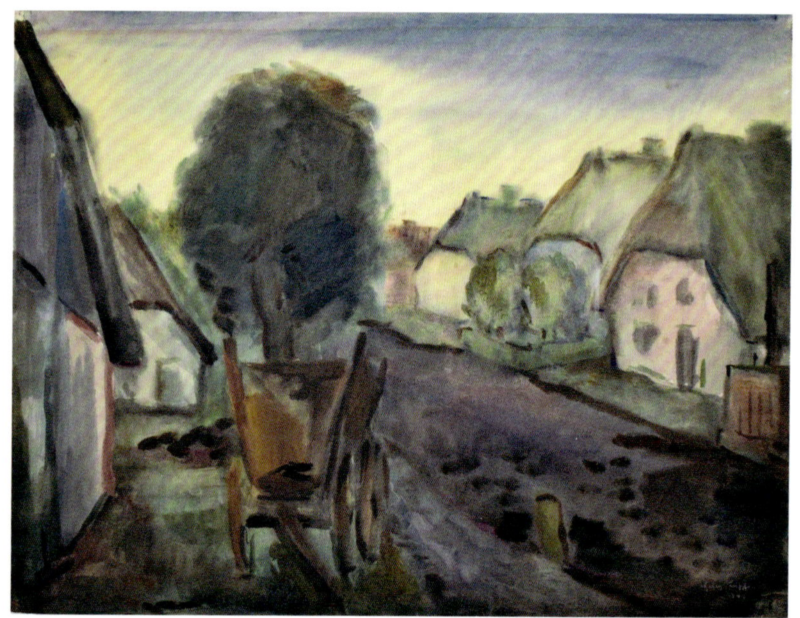

Dorfstraße auf Rügen am Septemberabend, Aquarell, 1943

Solche Probleme beschäftigten Lüsch in Italien während des Krieges. Ob er dort gemalt hat, ist nicht bekannt. Er brannte jedoch darauf, zurückzukehren und die Arbeit in der Schule und im Atelier wieder aufzunehmen. Den Schwestern berichtete er anschaulich von seinen Plänen zum Kauf eines Häuschens auf Rügen. Es sollte zunächst Zufluchtsstätte für seine Eltern im Krieg sein. Später wollte er selber dort wohnen und vor allem ein Atelier einrichten. Auch diesen Traum zerstörte der Krieg. Ende Mai 1943 war Heinz Lüsch mit einem großen Truppentransport nach Italien gekommen. Er nutzte die knappe Freizeit zum Studium der Kunstschätze des Landes und erfreute sich mit dem Blick des Malers an den Schönheiten Siziliens, soweit es die widrigen Umstände zuließen. Sein Interesse als Künstler hatte schon immer der Natur gegolten. Intensiv setzte er sich mit der Landschaft auf der Insel Rügen auseinander, vorwiegend aquarellierend. Die meisten seiner Werke, ca. 100 Aquarelle, befinden sich heute im Besitz des *STRALSUND MUSEUMS*. Flüssig gemalte Feldlandschaften und fast beschwingt anmutende Bootshafen-Szenen bestehen neben dichten, blattfüllenden Kompositionen von Dorfstraßen und Häusern und Waldstücken mit geheimnisvollen Durch-Blicken. Es werden ruhige Abläufe in der menschenleeren Natur geschildert, fast könnte man von einer neuen Romantik sprechen. Auf jeden Fall ist Lüsch ein Beispiel für die aktive Rolle der

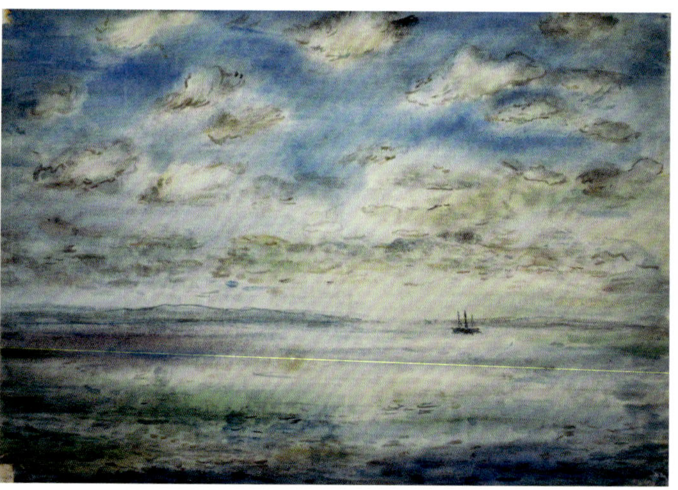

Kleine eilende Wolken, Aquarell, 1936

Kunsterzieher in der pommerschen Kunstszene des 20. Jahrhunderts.[230] Das letztdatierte Bild aus der kurzen Schaffenszeit des Künstlers ist das Aquarell „Dorfstraße auf Rügen“ von 1943. Gedämpfte Farben lassen uns die beginnende Dunkelheit ahnen, die Abenddämmerung, eines seiner Lieblingsthemen. Über die einfachen Häuser legt sich Schläfrigkeit. Der kutscherlose Leiterwagen, abgestellt unter einem Baum, wartet auf den Morgen. Nur ein Teil des Himmels ist gelb gefärbt von der untergehenden Sonne. Angesichts des nahen Todes des Künstlers erreicht dieses Bild eine gewisse Symbolik: Der Abschluss eines Tages steht für den Abschluss einer Schaffensperiode, ja eines ganzen Lebens.

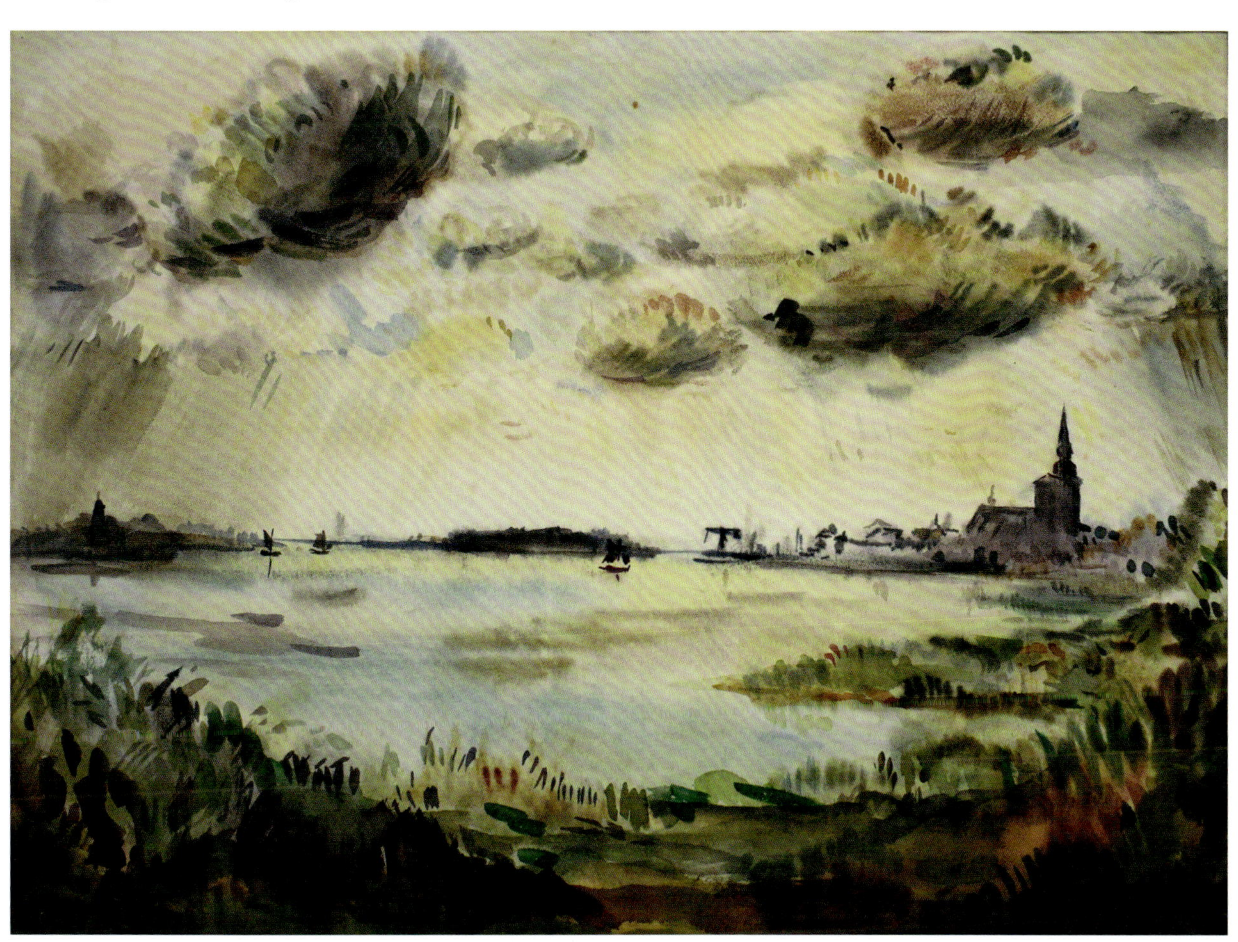

Blick über den Sund, Aquarell, o. J.

Bertram von Schmiterlöw – Der Autodidakt

Bertram von Schmiterlöw nimmt in diesem Buch eine Sonderstellung ein. Er ist der einzige der hier vorgestellten Kunstschaffenden, den die Autorin persönlich kennenlernen durfte, und zwar als Kollegen im damaligen *Kulturhistorischen Museum Stralsund*. Der Beitrag wurde als Nachruf auf den 2021 verstorbenen Maler verfasst.[231]

„Gleich kommt Löw!“ So wisperte es in den Kreuzgängen des Stralsunder *Katharinenklosters* vor Dienstbeginn. Die Mitarbeiterinnen der Aufsicht des heutigen *STRALSUND MUSEUMS* erwarteten ihren Kollegen Bertram von Schmiterlöw. Noch Jahre später, als er sich längst in den Ruhestand verabschiedet hatte, hieß es öfter: „Heute kommt Löw!“ Mindestens einmal im Monat schaute er auf einen Kakao in seiner ehemaligen Wirkungsstätte vorbei, besuchte die aktuellen Sonderausstellungen und natürlich die Mitarbeiterinnen und Mitarbeiter. Und zum Frauentag gab es Pralinen. Untrennbar war von Schmiterlöw mit dem Museum verbunden und auch das neue Personal gewann bald den Eindruck, ihn schon ewig zu kennen. Dabei hatte sein Berufsleben zunächst einen ganz anderen Weg genommen.

Bertram von Schmiterlöw wurde am 06.11.1925 in Franzburg geboren. Einst waren seine Vorfahren vom schwedischen König geadelt worden, später waren sie verarmt. Sein Vater war der Heimatforscher Erik Ernst Charles Franz von Schmiterlöw (1882–1964). Bereits als Kind wurde er mit dessen exzessiver Sammelleidenschaft konfrontiert, wenn er mit dem Handwagen auf die Dörfer geschickt wurde, um die erworbenen Antiquitäten und Kuriositäten abzuholen. Erik von Schmiterlöw und seine Frau Minna Marta Anna Grubert (1890–1961) hatten eine neunköpfige Familie zu ernähren, was dem Bodendenkmalpfleger und Sammler oft mehr schlecht als recht gelang. Für den einzigen Sohn, der früh Talent zum Zeichnen

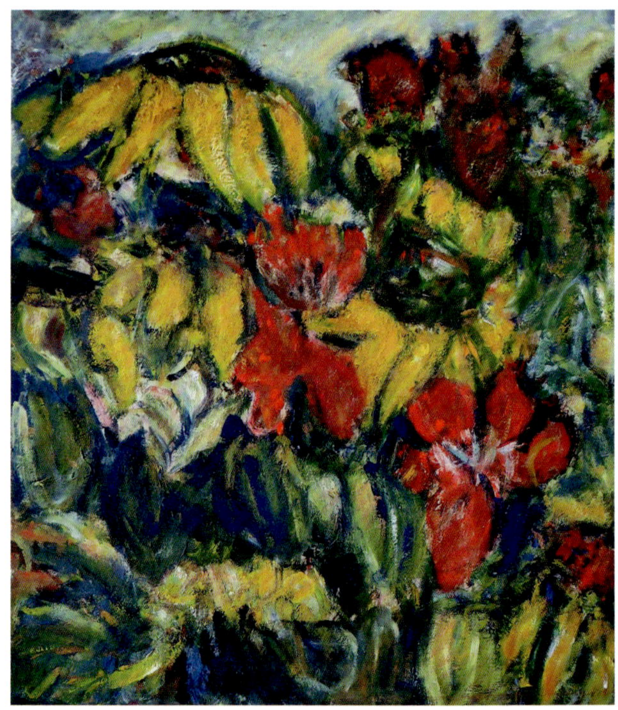

Blumen VII, Öl/Hartfaser. o. J.

zeigte, kam eine akademische Ausbildung nicht infrage. Er sollte etwas Solides lernen, Dachdecker werden, regelmäßig Geld verdienen. Mit nur 17 Jahren wurde er jedoch Soldat im Zweiten Weltkrieg, wegen Krankheit ausgemustert kehrte er im Februar 1945 in die Heimat zurück. Gesprochen hat er über seine Kriegserlebnisse nicht. Neben Gelegenheitsarbeiten und der Hilfe bei der Sammlung seines Vaters setzte er sein Selbststudium im Malen und Zeichnen fort. Immer hatte er einen Bleistift und ein Stück Papier dabei, um spontan etwas festzuhalten. Bald jedoch wurde dem jungen Künstler klar, dass er Lehrer brauchte, und er nahm den 1942 begonnenen Unterricht bei der Stralsunder Malerin Hedwig Freese wieder auf. Im Jahr 1954 begann Bertram von Schmiterlöw seine Tätigkeit als Aufsicht im damaligen *Stralsundischen Museum für Ostmecklenburg*. Diese Arbeit entsprach seinen Fähigkeiten und vor allem seinem künstlerischen Naturell eher als die handwerkliche Praxis als Gelegenheitsarbeiter auf dem Bau. Durch die Sammlung seines Vaters war er den Umgang mit Kunstgegenständen gewohnt. Aber jeden Tag von erlesenen Museumsobjekten umgeben zu sein, Gemälde betrachten zu dürfen oder auf Vernissagen gar Künstlern zu begegnen, war wie eine Offenbarung für ihn. Später berichtete er davon, wie ehrfürchtig er jeden Morgen in den Kreuzgang des Katharinenklosters getreten war, um zu schauen, ob alles in Ordnung war.

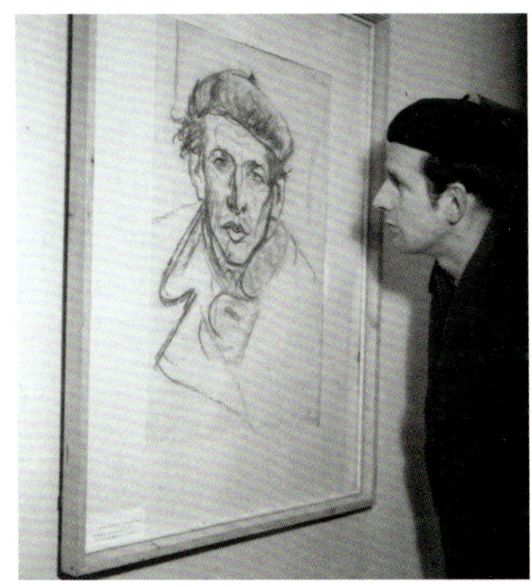

Bertram von Schmiterlöw, Fotografie, o. J.

Und das tat er fast vierzig Jahre lang. Die Arbeit im Museum brachte seine Karriere als Maler voran. Wie nebenbei studierte er die ausgestellten Kunstwerke. Besonders Elisabeth Büchsel, Otto Niemeyer-Holstein (1898–1984) und Tom Beyer hatten es ihm angetan, sie wurden seine Vorbilder. Nach dem Tod von Hedwig Freese nahm er Unterricht bei Erich Kliefert und Heinrich Lietz.

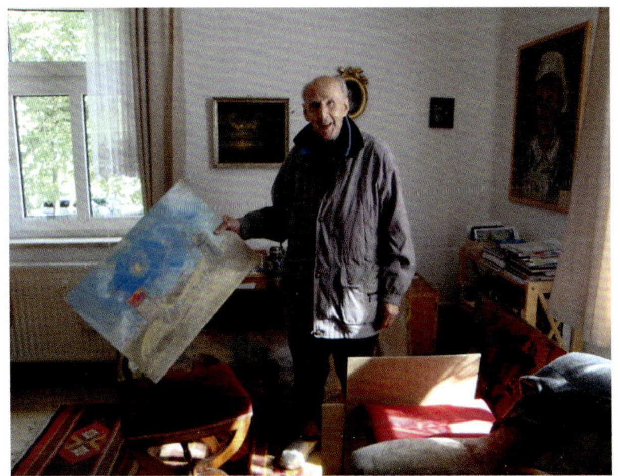

Bertram von Schmiterlöw, Fotografie, 2015

1965 heiratete von Schmiterlöw die Krankenschwester Ilse Haack (1930–2006). Ein Jahr später erfolgte der Umzug nach Stralsund und der gemeinsame Sohn Bertram kam zur Welt. Die Verbindung nach Franzburg riss jedoch nicht ab. Noch im Todesjahr seines Vaters begann er damit, dessen kulturgeschichtlich bedeutsame Sammlung zu ordnen und zu einem Heimatmuseum im Elternhaus auszubauen. Die Möbel und Gemälde, das Porzellan, die archäologischen Funde, die Seemannsmitbringsel, historischen Urkunden und vieles mehr mussten aufgehängt, umgestellt, in Vitrinen gelegt und beschriftet werden. Fortan war Bertram von Schmiterlöw regelmäßig in seinem Museum zu finden, entweder um zu arbeiten oder um Gäste herumzuführen. Seine Heimatstadt dankte ihm sein Engagement mit der Verleihung der Ehrenbürgerschaft.

1983 wurde er Mitglied im *Verband Bildender Künstler der DDR*. Für einen Autodidakten war es nicht selbstverständlich, dort aufgenommen zu werden. Es greift jedenfalls nicht der Vorwurf, das sei wegen einer eventuellen Zugehörigkeit zur SED geschehen. Im Gegenteil, es gab starke Fürsprecher, die seine Kunst schätzten und ihn förderten. Mit seiner ersten Personalausstellung 1979 im legendären *Café Duett* am Alten Markt in Stralsund (heute: *Tourismuszentrale*) war er öffentlich als Maler in Erscheinung getreten. Viele Ausstellungen und Ausstellungsbeteiligungen folgten, so unter anderem im *Kulturhistorischen Museum Stralsund*, in der Franzburger Kirche, im *Amt Franzburg-Richtenberg*, im *Kupferstich-Kabinett* des *Staatlichen Museums Schwerin*, im *Schloss Plüschow* und in der *Kunsthalle Rostock*.

Bekannt wurde von Schmiterlöw hauptsächlich durch seine Porträtmalerei. Es waren seine Mitmenschen, die ihn stets interessierten, Frauen und Männer aus der Nachbarschaft, Arbeitskollegen, Leute aus dem Bus, die auf der Fahrt nach Franzburg zufällig neben ihm saßen, Kunstschaffende oder Menschen, die er schlichtweg „malerisch" fand. Die Skizze war schnell gemacht, oft entstand später ein Ölbild. Wer

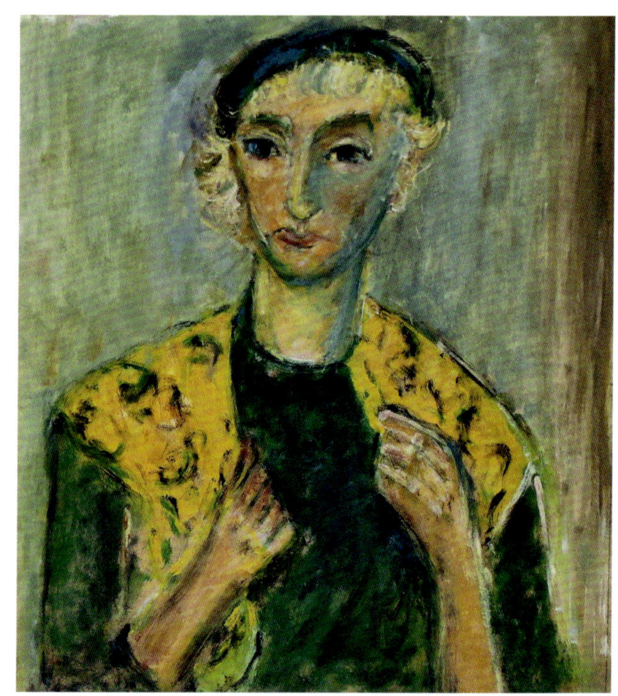

Dame mit gelbem Tuch, Öl/Hartfaser, 1982

Bertram von Schmiterlöw malen sah, erlebte einen anderen Mann. Das stets verschmitzte Lächeln und der Witz auf den Lippen wichen einer konzentrierten, ernsthaften Miene. Die Porträts, die er schuf, zeugen von Menschenkenntnis und Menschenliebe. Er flocht ein unsichtbares Band zu seinem Gegenüber und schaute in die Seele des hier beheimateten Menschenschlags, den er so gut kannte. Auf der Suche nach Motiven konnte es passieren, dass er die Daumen und Zeigefinger zu einem Bilderrahmen formte, durch den er das Gesicht des Betreffenden studierte, und rasch seine Malutensilien aus der Tasche zog. Schönheit oder gar perfekte Ähnlichkeit mit den Porträtierten sucht man vergebens. Mal waren es die Augen, mal der Mund, mal die Haltung des Kopfes, die ihn faszinierten und anregten, mal liegt der ganze Weltschmerz auf einer gefurchten Stirn. Die skurril anmutenden Charakterdarstellungen lassen uns schmunzeln. Geschichten erzählt der Maler mit seinen Porträts, die höchste Form der Zwiesprache zwischen Künstler und Modell.

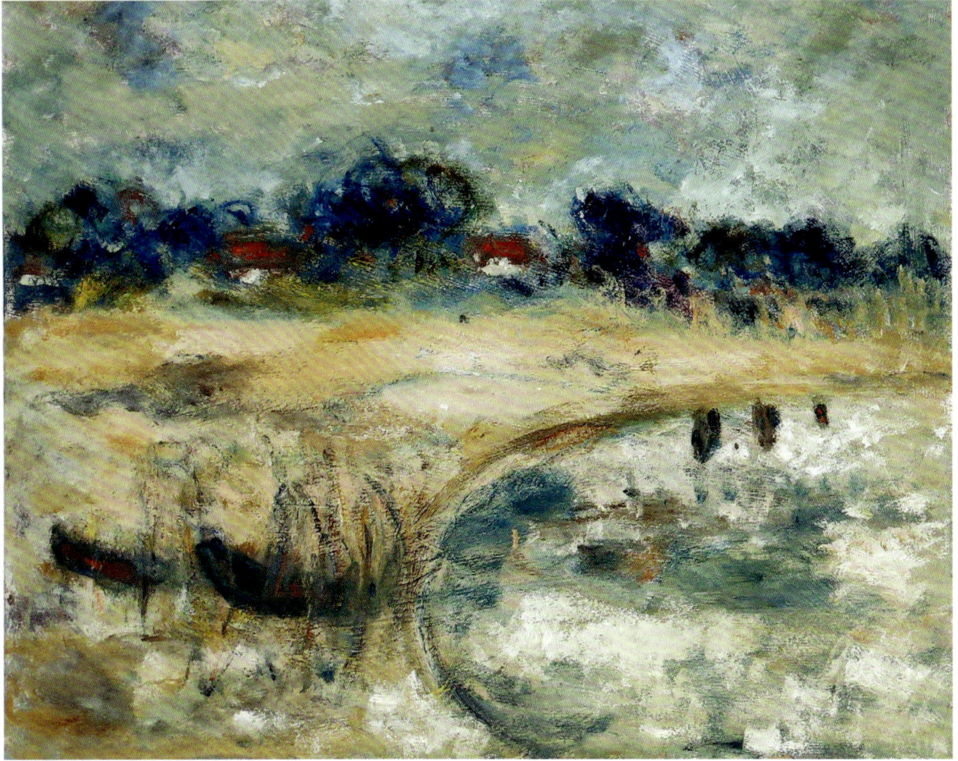

Am Strand, Öl/Hartfaser, o. J.

Zu seinem Werk gehört eine Reihe von Landschaftsbildern. Er malte, was er vom Bus aus erblickte, und das, was ihn beim Spaziergang in Stralsund und Franzburg und der näheren Umgebung überraschte und erfreute: Karge, vorpommersche Landschaften sind das, in Dörfern thronende Kirchen, breite Gassen, die Schneisen in Kleinstädte schlagen, voller Bewegung, melodiös der Pinselstrich, farbenfreudig, mit einer festgelegten Palette, die von Gelb-, Rot- und Ockertönen dominiert wird.

Viele Stillleben entstanden schon in den ersten Jahrzehnten seines Schaffens, in der Zeit, als Papier knapp war und der Maler Tapetenreste und Packpapier für seine Arbeit benutzte. Dann breitete er den Malgrund gern auf dem Fußboden aus und schuf Varianten von Fischen auf dem Teller, der Katze auf dem Stuhl, den Blumen im Garten.

Im Laufe seines Malerlebens probierte Bertram von Schmiterlöw mehrere Techniken aus. Über Kohlezeichnungen kam er zu den Wasserfarben. Seit Ende der 1970er Jahre malte er Ölbilder auf Hartfaserplatten.

Sprichwörtlich war seine natürliche Bescheidenheit. Ungläubig lächelnd, kopfschüttelnd über so viel

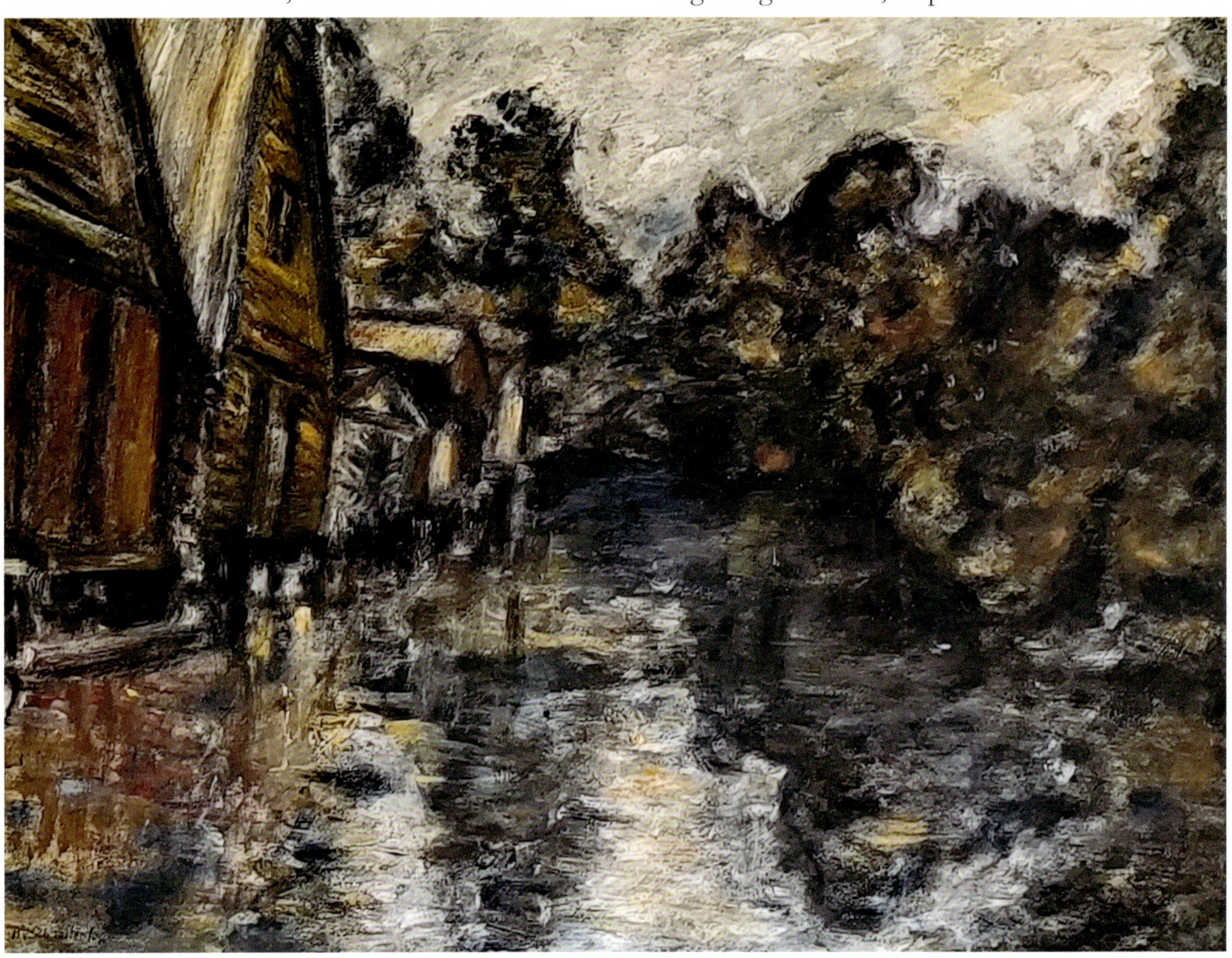

Bootschuppen, Öl/Hartfaser, o. J.

Lob, nahm er jede Laudatio bei Vernissagen entgegen. Nie vermochte er einen Preis für seine Werke zu verlangen und verschenkte sie lieber. Die meisten Bilder jedoch behielt er und musste, wenn überhaupt, überredet werden, Arbeiten zu verkaufen. Von denen sagte er später, sie würden sich in der Welt umhertreiben; seine Bilder, das seien seine Kinder, nur schwer könne er sich von ihnen trennen.

Bertram von Schmiterlöw war stadtbekannt. Er fehlt im Stralsunder Stadtbild: ein großer, freundlicher Mann mit schwarzer Baskenmütze. Viele werden ihn vermisst haben, als er, schon länger Witwer, nach Franzburg ins Betreute Wohnen zog. Solange die Kraft es zuließ, malte er in seinem winzigen Atelier, empfing Besuch, zeigte gern seine neuesten, mit Kugelschreiber gezeichneten Werke und kümmerte sich liebevoll um seinen im Pflegeheim lebenden Sohn. Mehrmals in der Woche ging er hinüber in sein Museum. Dort fanden allerdings nur noch selten seine originellen Führungen statt, dafür gab es für ihn immer etwas zu sortieren und zu ordnen. 2002 verkaufte Bertram von Schmiterlöw einen Teil seiner Sammlung dem *Pommerschen Landesmuseum Greifswald.* Zuletzt war es still um den Künstler geworden. Er musste sich dem Alter und der zunehmenden Gebrechlichkeit beugen.

Er starb am 28.09.2021 in Franzburg.

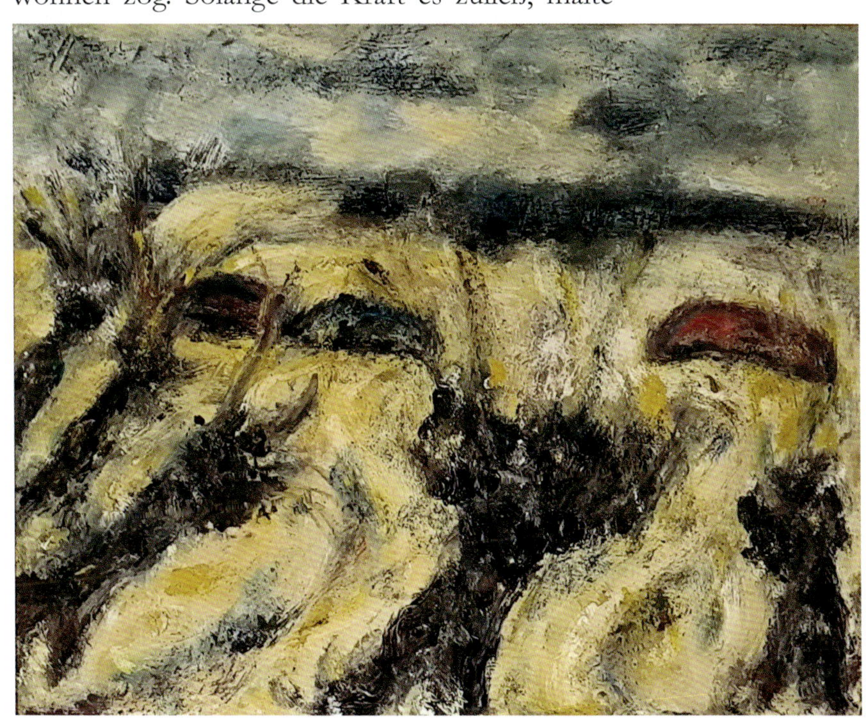

Boote am Strand, Öl/Hartfaser, o. J.

Siegfried Korth – Der Außergewöhnliche

Ein außergewöhnlicher Stralsunder Maler war Siegfried Korth. Er wurde am 04.07.1926 in Stralsund geboren. Sein Vater war der Registrator/Statistiker Hellmuth Erich Karl Korth (1889–1953), seine Mutter die aus Stettin stammende Gertrude Johanna Paula Gompert (1896–1981). Sein Großvater August Korth (1850–1937) war Gerichtsvollzieher gewesen. Als sehr junger Mensch musste Siegfried Korth in den Krieg. 1948 kehrte er schwerkrank aus der Gefangenschaft zurück. Er wurde Zeichner, Registrator und Kulturreferent auf der Stralsunder *Volkswerft*. Von 1950 bis 1955 studierte er an der *Hochschule für bildende und angewandte Kunst Berlin* (seit 1969 *Kunsthochschule Berlin*) bei Horst Strempel (1904–1975) und Bert Heller (1912–1970). Anschließend wurde er Meisterschüler an der *Akademie der Künste* in Berlin bei Otto Nagel (1894–1964) und Heinrich Ehmsen (1886–1964). Korth kehrte in seine Heimatstadt zurück, um sich als freischaffender Künstler niederzulassen. Privates Glück fand er zunächst bei Hannelore Pokatzky (1928–2021), die er 1955 heiratete. Sein Leben und Werk waren Bestandteil des Forschungsprojektes „Die Künstlerkolonie und der Künstlerort Ahrenshoop als Teil der europäischen Moderne vom Ende des 19. Jahrhunderts bis zur Gegenwart“ unter der Leitung von Dr. Anna-Carola Krausse an der *FU Berlin*. In der daraus hervorgegangenen Publikation erfährt Siegfried Korth endlich die Würdigung, die ihm gebührt und die ihm zu Lebzeiten verwehrt wurde. Der Künstler galt als schwieriger Mensch, Zeitgenossen beschreiben ihn als aufbrausend und unduldsam. In seinen Bildern jedoch herrschen eher die leisen Töne vor. In den 1950ern besuchte er oft den Darß, vor allem Born. Krausse bescheinigt

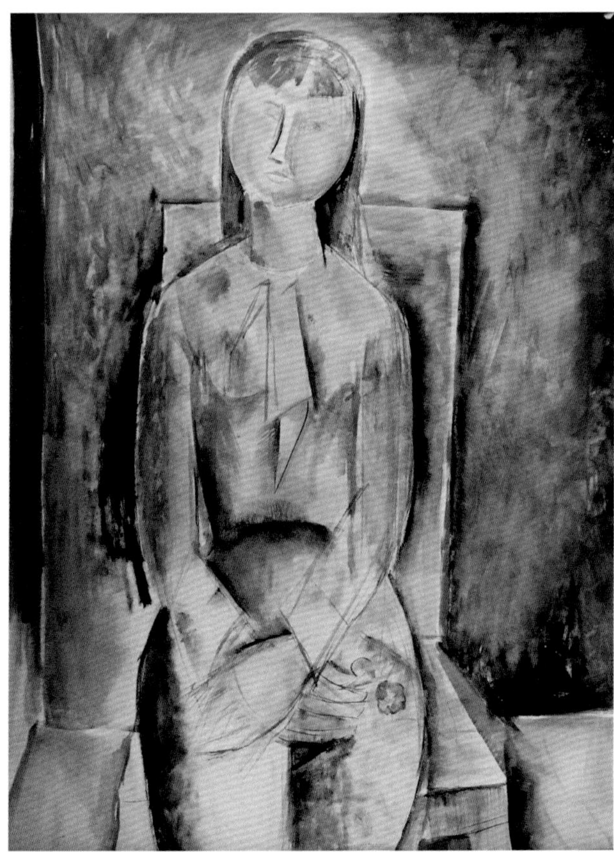

Sitzende mit Blume, Tusche/Feder/Pinsel laviert, o. J.

den zahlreich entstandenen Landschaften, sie seien in einer Stille befangen, rätselhaft und fragil, und das Malen sei eine Notwendigkeit gewesen, mit traumatischen Kriegserlebnissen und depressiven Phasen umzugehen. Korth litt an einer Wirbelsäulenverletzung und Tuberkulose, die viele Krankenhausaufenthalte nötig machten.[232]

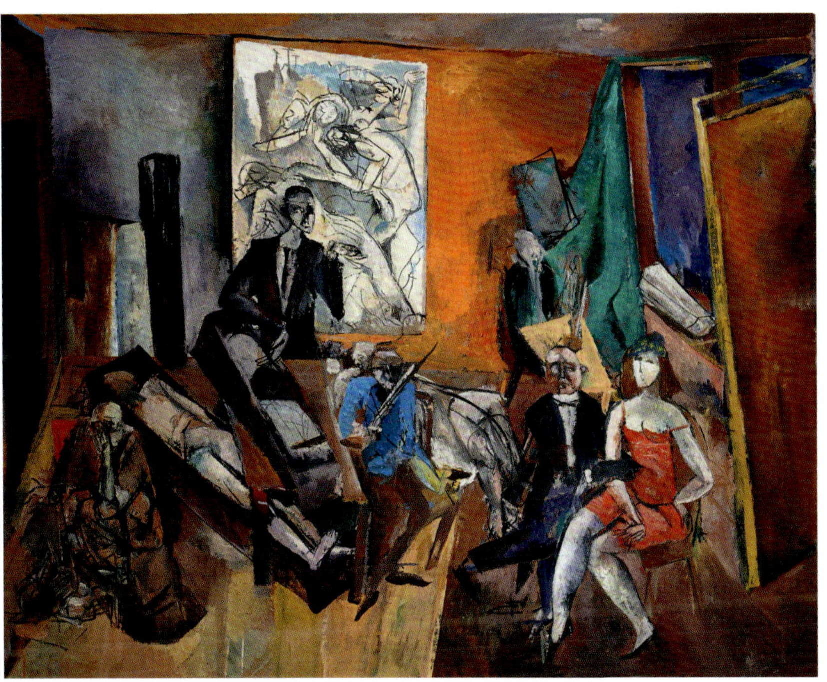
Ateliergesellschaft Öl/Lw., o. J.

Die 1960er Jahre waren geprägt von der Suche nach einem eigenen Stil mit streng gebauten Landschaften und expressiv figürlichen Darstellungen. In dieser Zeit, seiner wohl produktivsten, entstanden sehr qualitätsvolle Porträts und Landschaftsbilder. Kubistische Kompositionen wie flächig prismatische Formzerlegungen kamen in seinen Wandbildern zutage und waren herausragend im damaligen Bezirk Rostock. In diesen Jahren begann Korth, sich an der Moderne zu orientieren. Er galt als „Unbequemer" und als „einer, der es sich und anderen nicht leicht machte, wenn es darum ging, künstlerisches Wollen in die von ihm empfundene Form und Aussage zu bringen"[233].

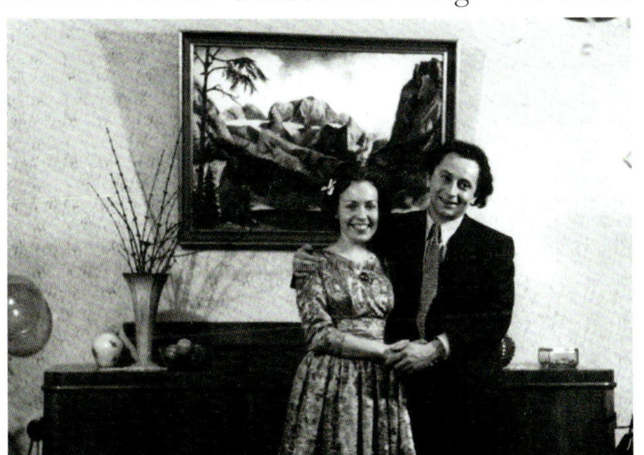
Hannelore Pokatzky und Siegfried Korth, Fotografie, 1954

Im Herbst 1960 hatte Korth einen Vertrag mit der *Volkswerft Stralsund* unterschrieben. Nachdem er die Jahre zuvor zwischen Berlin, dem Darß und Stralsund gependelt war, kehrte er der Hauptstadt und damit auch seiner Frau Hannelore, die von Berlin nicht wegziehen mochte, den Rücken. Er selbst war in der Hauptstadt nicht warm geworden.

Auf dem Dänholm wurde ihm ein ehemaliger Operationssaal als Atelier zur Verfügung gestellt, in einem kleinen angrenzenden Zimmer schlief er. Fortan lebte er mehr schlecht als recht von den Werken, die er auf der Werft schuf, und von der Tätigkeit als Zirkelleiter. Hier musste er sich harten Diskussionen mit den Werktätigen und Kulturpolitikern stellen. Sein Gemälde „Die Arbeiterin", gemalt 1961, wurde in der Zeitung *Unsere Werft* 1963 besprochen.[234] Die Meinungen dazu prallten aufeinander. Obwohl es von der Werft angekauft worden war, war es nicht aufgehängt worden, sondern stand achtlos zwischen Bücherschränken und Heizung im Speisesaal der Halle VI. So kam es erst zwei Jahre nach Fertigstellung des Gemäldes zu einer Diskussion darüber. Korth hatte verlauten lassen, dass er das Bild später anders gemalt hätte. Sogar der damalige Direktor des Kulturhistorischen Museums, Hans Freitag, kam in der Werft-Zeitung zu Wort und beklagte die „übertrieben spitzen Schiffsbugs" als spätbürgerliches Stilmittel. Es sei eine Landschaft, die man ebenso gut in Holland antreffen könne, fast metaphysisch. Dass der Mensch in der sozialistischen Gesellschaft seine Kraft zur Unterwerfung der Natur entfalte, käme hier nicht zum Ausdruck. Trotzdem enthielte das Gemälde Ansätze, „unsere Wirklichkeit zu erfassen", meinte Freitag und schloss: „Manches wurde richtig beobachtet, jedoch noch nicht bewältigt. Es fehlt jene klare parteiliche Aussage, die uns bei der Arbeit für die sozialistische Gesellschaft beflügeln könnte und das Kunstwerk eindeutig von den Kunstwerken der bürgerlichen Gesellschaft abheben würde." Am meisten entzündete sich der Unmut an der Figur der dargestellten Arbeiterin. Ihre nach vorn geneigten Schultern würden Erschöpfung und Resignation ausdrücken. Ihr Blick sei abwesend, durch den Betrachter hindurchgehend. Die Fremdheit der abgebildeten Welt würde voller Unbehagen empfunden, schrieb der Redakteur der Werft-

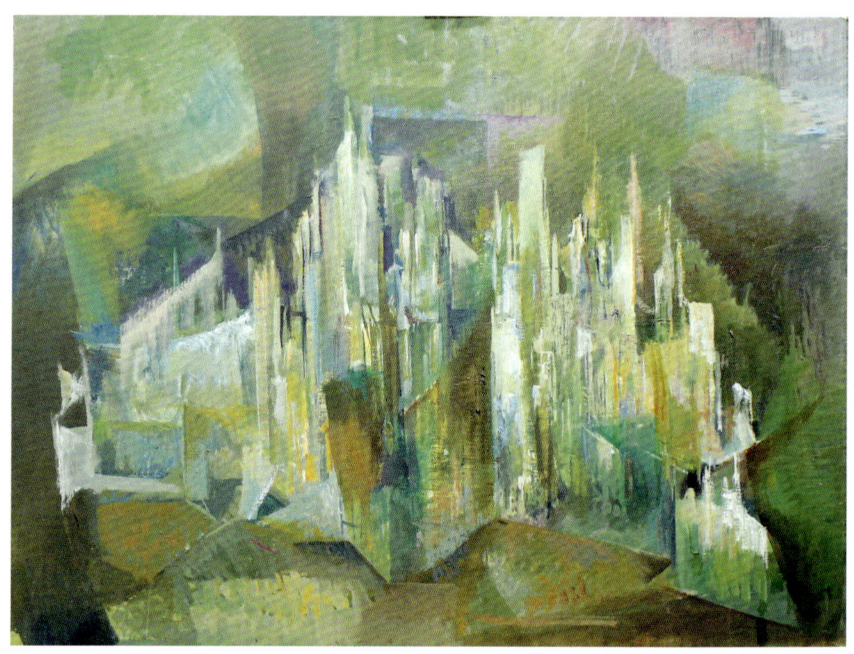

Stralsund, Öl/Lw., o. J.

Zeitung Wolf Wähnke. Man könne nicht dem Maler allein die Schuld geben, sinnierte er weiter. Man hätte ihm bei der Modellwahl helfen müssen. Es könne wohl vorkommen, dass ein Mensch krank sei oder persönliche Lasten zu tragen hätte. „Ein solcher Mensch als Modell wird kaum geeignet sein, einen Maler zu höherer Erkenntnis zu inspirieren. [...] Die Arbeiterklasse stellt sich dem 20. Jahrhundert als siegende Klasse vor und diese Tatsache reichert den Inhalt der zeitgenössischen Kunst an und bildet die Basis einer Kunst, die die sozialistische Kunst ausdrückt und deshalb dauern wird. Selbst in einer zeitweiligen Niederlage oder im härtesten Kampf um die Erfüllung des Produktionsplanes gibt die Gewissheit des Sieges den Ausschlag. Das im Bild sichtbar zu machen, die Mittel des Realismus parteilich einzusetzen, versuchen unsere Künstler zu überwiegendem Teil. [...] Im vorliegenden Fall muss ich zu dem Bild S. Korths sagen, dass auch eine Übermalung einiger Gesichtspartien keine sozialistische Mona Lisa, die uns nebenbei nichts nützte, hervorzaubern wird, weil die ideologische Anlage verkehrt war.“ Damit brachte der Autor auf den Punkt, was man dem Maler vorwarf. Und es war nicht das einzige Werk von ihm, das derartig verrissen wurde. Wähnke wünschte Korth Menschen, die ihm den rechten Weg weisen würden. „Das können nur die neuen Auftraggeber sein! Die Arbeiter!“ Eine

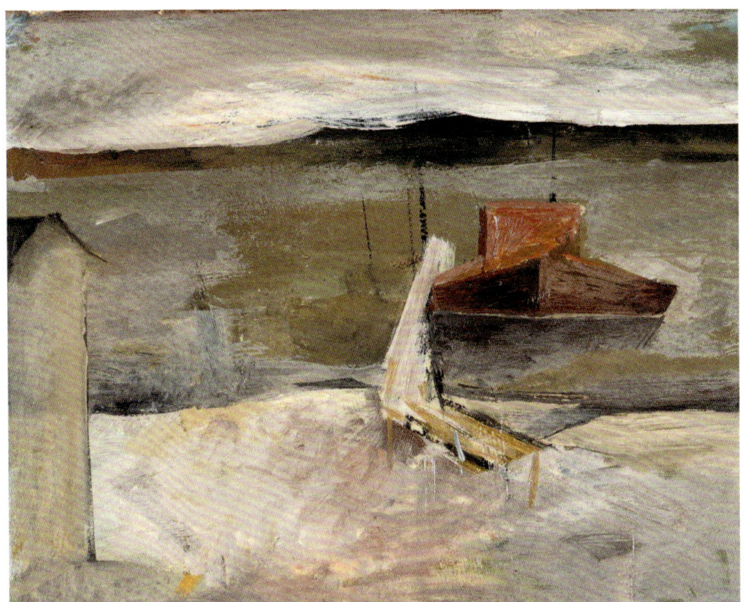

Ligger in Born, Öl/Pappe, 1959

leise, jedoch unbekannte Stimme auf der ganzen Zeitungsseite befand: „Die farbliche Komposition des Bildes wirkt angenehm, vielleicht etwas zu trist.“ In den 1960er Jahren schuf Korth Entwürfe für bei ihm in Auftrag gegebene Wandgemälde. Mehrfach musste er jedoch erleben, dass er diese entweder nicht ausführen durfte bzw. die ausgeführten Projekte zurückgewiesen und nicht bezahlt wurden. So erging es ihm schon 1961, als er den Wettbewerb um die Ausgestaltung des *Löwenschen Saales* im Stralsunder Rathaus gewann. Die Entscheidung der Berliner Jury erkannte man in Stralsund jedoch nicht an. Korth sollte mit dem zweitplatzierten Tom Beyer zusammenarbeiten, der zu diesem Zeitpunkt bereits eine wichtige Rolle in der Kulturpolitik der Stadt spielte.

Selbstredend kam für Korth eine derartige Gemeinschaftsarbeit wegen der grundverschiedenen Kunstauffassungen nicht infrage. Schlussendlich bekam Beyer den Auftrag, den er gemeinsam mit Hermann Lindner ausführte. Ein weiterer Auftrag Korths, das großformatige Wandgemälde für die Gaststätte in Knieper Nord, schlug hohe Wellen. Auf ca. acht Quadratmetern schuf der Künstler eine moderne Malerei, „die die springende Rhythmik der gotischen Treppengiebel, die Wuchtigkeit der Backsteinkirchen, die Klarheit der klassizistischen Bürgerhäuser sowie schließlich die Struktur der Stadtanlage mit ihren innerstädtischen Verdichtungen und lichteren Außenbezirken in eine gobelinhafte Abstraktion von leuchtend warmen Tönen verwandelte“, konstatiert Anna-Carola Krausse.[235] Bernfried Lichtnau, emeritierter Kunstprofessor der *Universität Greifswald*, bescheinigte dem Wandbild bereits 1996, dass es zu den herausragenden wandgebundenen Arbeiten im damaligen Bezirk Rostock zählte. Für Korth kam diese Anerkennung zu spät. Seine in die Abstraktion gehende Kunst war im Stralsund der 1960er und 1970er Jahre nicht gewollt. Auch die Entwürfe für die Wandgestaltung des *Meeresmuseums* und der bereits produzierte Fassadenschmuck einer Kaufhalle (Emaille auf Kupfer) wurden kulturpolitisch abgelehnt und entfernt. Enttäuscht verließ der Maler seine Heimatstadt und zog in den Bezirk Frankfurt/Oder. 1971 erfolgte die Scheidung von Hannelore Pokatzky. Um dieselbe Zeit siedelte

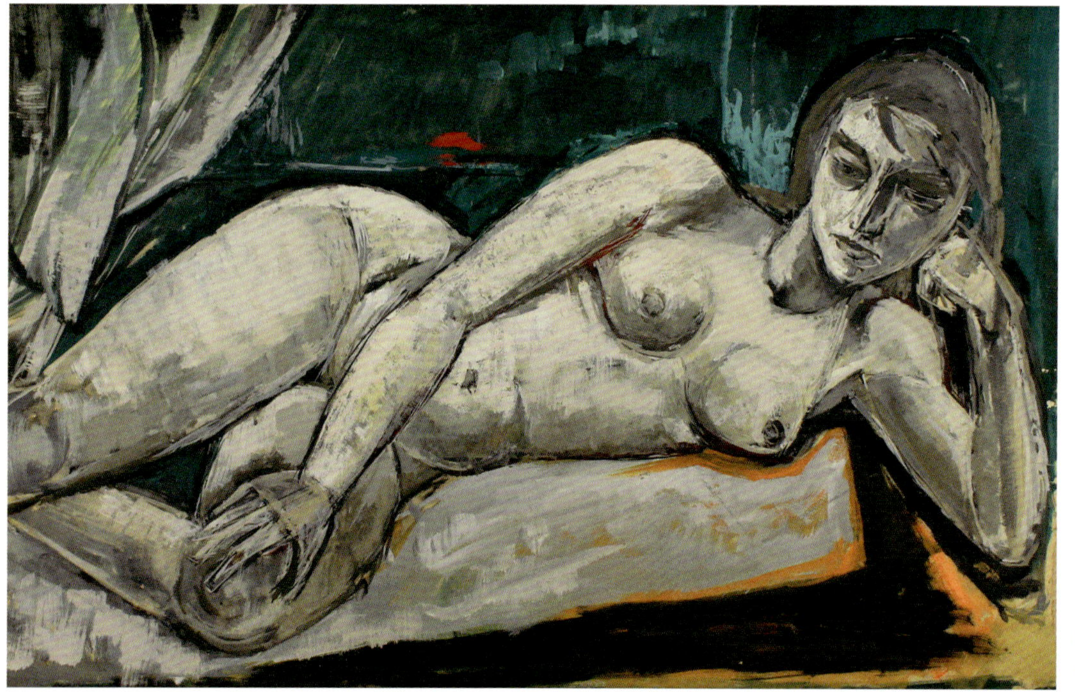

Liegender Akt, Öl/Pappe, o. J.

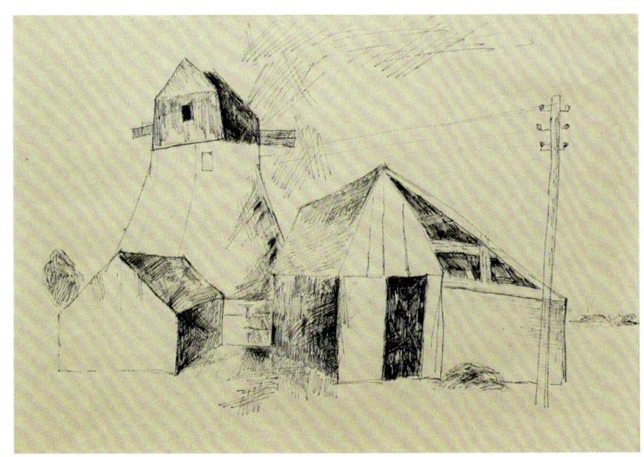

Born mit Mühle, Feder/Tusche/Papier, o. J.

Korth nach Groß Lindow in Brandenburg über. Dafür gab es sowohl persönliche Gründe, die Ursachen lagen andererseits in Spannungen mit den Stralsunder Kulturpolitikern. Nach 1971 entstand ein umfangreiches Auftragswerk. Der Künstler schuf Wandbilder und Industrielandschaften. Privat lief es für ihn weiterhin nicht so gut. Nach der Trennung von seiner Ehefrau führte er zwei Beziehungen, aus denen jeweils eine Tochter hervorging. Die letzte Station in seinem Leben sollte der Ort Groß-Lindow sein. Dort baute er mit seiner neuen Lebensgefährtin, der Keramikerin Rosemarie Güttler, eine alte Bäckerei zu beider Atelier und Kupferemaille-Werkstatt um. Chronische Geldnot, ständige gesundheitliche Probleme, zunehmende Frustration und immer wieder aufflammende künstlerische Leidenschaft prägten seine letzten Lebensjahre. Aufträge erhielt Korth unter anderem vom *Eisenhüttenkombinat Ost*. Kurz vor seinem Tod plante er Ausstellungen in Wismar, Senftenberg und Stralsund. Am 17.10.1985 starb er überraschend in Wismar. Die Ausstellung in seiner Heimatstadt hatte er aus gesundheitlichen Gründen selbst abgesagt, wie aus einem Briefwechsel mit dem wissenschaftlichen Mitarbeiter für Bildende Kunst im damaligen *Kulturhistorischen Museum* hervorgeht. Die Expositionen in den anderen beiden Städten kamen ebenfalls nicht mehr zustande. Aus heutiger Sicht waren die Arbeiten, die um 1960 entstanden, der Höhepunkt seines Schaffens – so die Quintessenz der Forschungsgruppe um Anna-Carola Krausse. Die stillen Szenarien in seinen Bildern würden einen beredten Gegenentwurf zum offiziellen Kunstdekret der Zeit darstellen.[236]

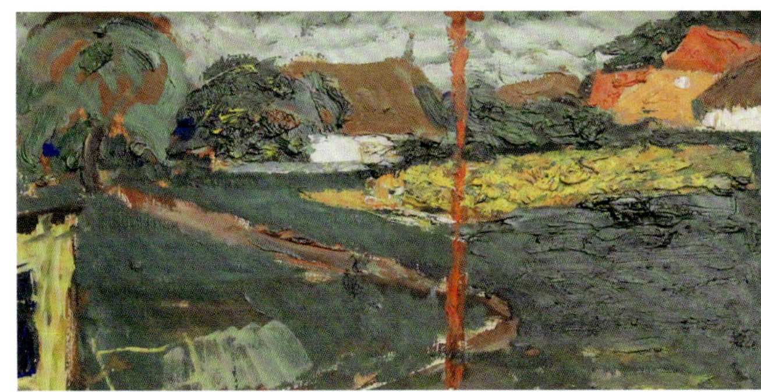

Dorf, Öl/Malpappe, o. J.

Gisela Peschke – Die Unermüdliche

Als fleißig und unermüdlich gilt die Wahlstralsunderin Gisela Leonore Peschke, geb. Bockler. Sie kam am 23.01.1942 in Wurzen zur Welt.

Ihre Eltern waren Alfons Karl Hubert Bockler (geb. 1920) und seine Ehefrau Doris Annamaria Leonore Opitz (geb. 1922). Nach einer Lehre als Gärtnerin ging die talentierte junge Frau als Theatermalerin ans *Landestheater Altenburg*. 1965 erreichte sie ihren Abschluss in diesem Beruf an der *Fachschule für angewandte Kunst Leipzig*. Neun Jahre später folgte das Diplom an der *Hochschule für Bildende Künste Dresden* im Fach Bühnenbild.

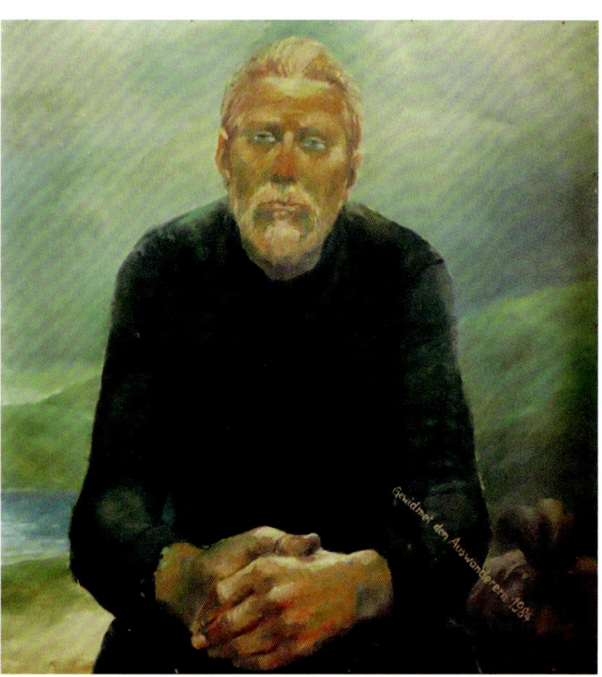

Der Mann von der grünen Insel, Öl/Hartfaser, 1984

1973 hatte sie geheiratet. Die Ehe wurde später geschieden. 1975 verlagerte die Künstlerin ihren Lebensmittelpunkt nach Stralsund und wurde freischaffende Bühnenbildnerin und Malerin. Das eine sei für die Brötchen, das andere für die Berufung, meinte sie.

Wie damals üblich, verdiente sie sich Geld als Zirkelleiterin von Laienkünstlern in einem Betrieb. In ihrem Fall war es das *Bau- und Montagekombinat Stralsund (BMK)*. Diese Arbeit wurde vom *Kulturbund* gefördert. Gemeinsam richteten die jungen Leute Ausstellungen im *Café Duett* in Stralsund aus. Oft führte Gisela Peschkes Weg nach Hiddensee. 1978 war sie die Mitbegründerin der dortigen *Sommergalerie*. Studienreisen unternahm sie nach Bulgarien, Rumänien, Kasachstan, Tunesien, Kreta und in die USA. Gisela Peschke bekam zwei Söhne, Johannes und Christian. Sie wolle das Schöne darstellen, hatte sie ihren Kindern erzählt.[237] Signiert hat sie stets mit G. B., nach ihrem Mädchennamen. Sie malte Landschaften an der Ostsee, Stralsund-Ansichten und Stillleben. Außerdem entstanden Porträts von großer Ausdruckskraft, unter anderem von Einheimischen auf Hiddensee, denen sie sehr verbunden war. In Stralsund organisierte sie Hofausstellungen in der Hainholzstraße mit befreundeten Künstlerinnen und Künstlern unter freiem Himmel. Die 4. Hofausstellung fand im August 1979 statt. 193 Gäste wurden allein an einem Tag gezählt. Gisela Peschke stellte nicht nur ihre eigenen Arbeiten aus, sondern auch die, die in dem von ihr geleiteten Malzirkel des BMK entstanden waren. Daneben waren Zeichnungen ihres Kindermalzirkels an der *Fritz-Reuter-Oberschule Stralsund* zu sehen. Die Mädchen und Jungen zeigten eine Gemeinschaftsarbeit, das große Wandbild „Mutter Erde".[238] 1988 bekam Gisela Peschke nach 14 Jahren Leben und Wirken in Stralsund eine große Personalausstellung im *Stralsunder Dielenhaus*, einst das Wohnhaus der Familie Brücke, wo sie einen Teil ihres Schaffens zeigen konnte.

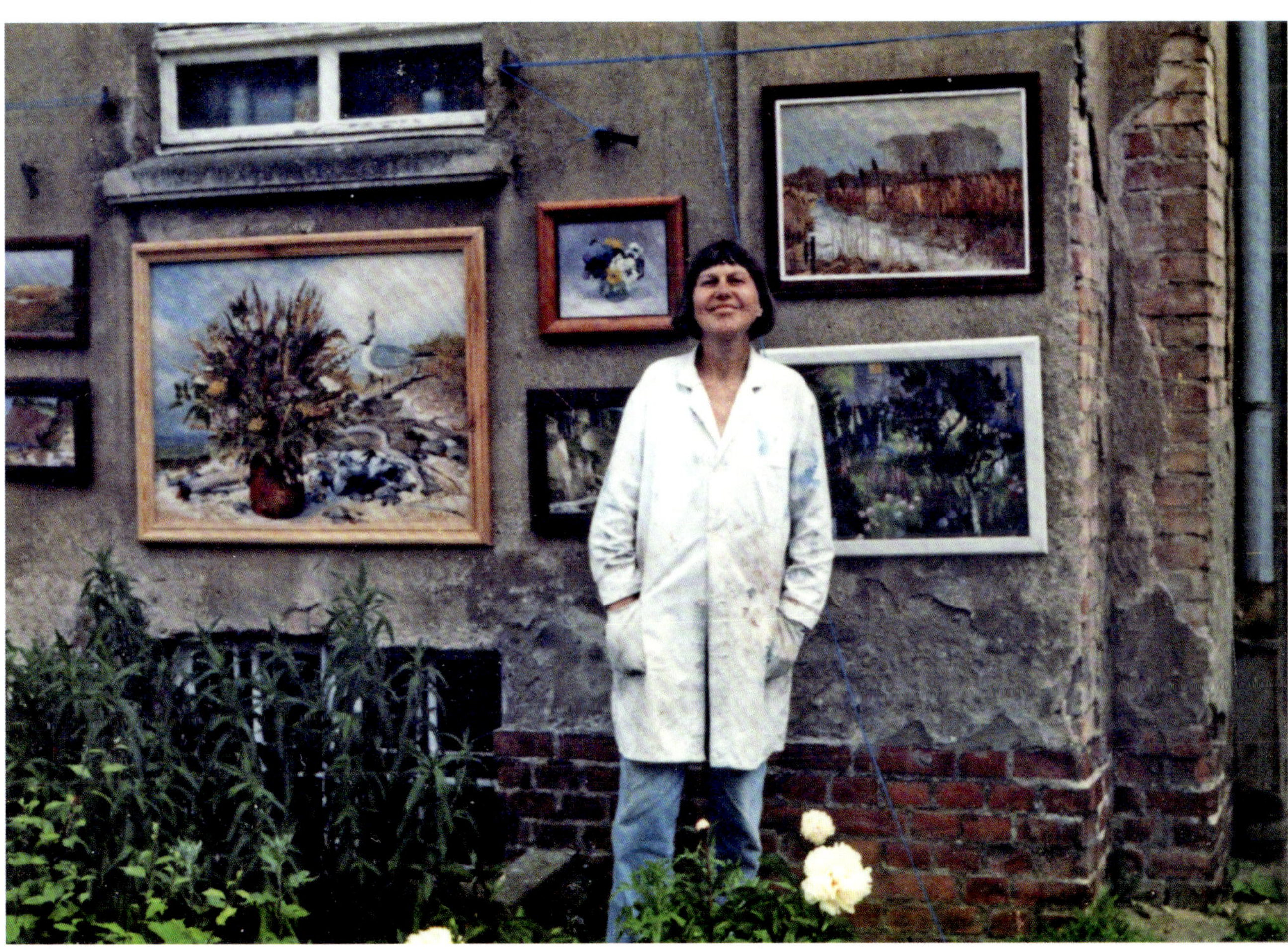

Gisela Peschke, Sommergalerie, Fotografie, o. J.

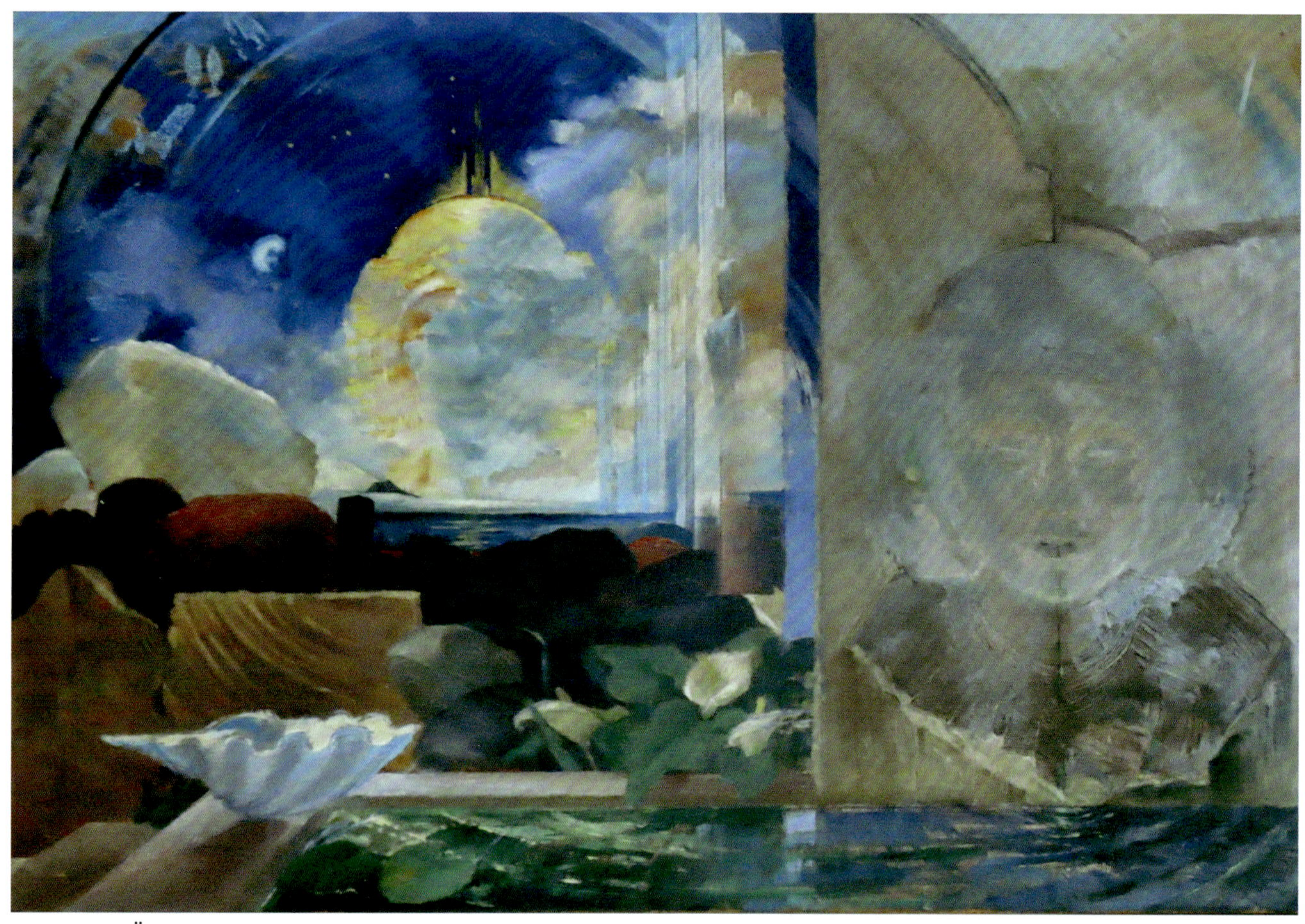

Atlantis II, Öl/Hartfaser, o. J.

Unter dem Titel „Weltbilder und anderes“ stellte sie Ansichten der einheimischen Landschaft und Stadtansichten Stralsunds, Exotisches vom Aufenthalt am Schwarzen Meer sowie Porträts (Die Welt im Menschen) und Blumenbilder aus. „Wenn ein Mensch sich ‚ein Bild machen will‘, im Sinne des geflügelten Wortes, muß er genau hinschauen auf die Welt, die vielen Welten, die in der Natur, im Menschen und in der entstandenen Zivilisation neben einander existieren. Ich habe hingeschaut in vieles, dieses ist dabei herausgekommen!“, sagte die Künstlerin in ihrer Eröffnungsrede.[239] Sie starb am 10.10.1993 in Stralsund an Brustkrebs und wurde auf dem *Inselfriedhof* in Kloster/Hiddensee beigesetzt. In einem Nachruf schrieb der ehemalige Kultursenator der Stadtverwaltung Stralsund, Hans-Ulrich (Ric) Machnitzki, der die Malerin gut kannte: „Frei von Klischees und kitschiger

Idylle hat sie Schönheit und Reiz der Landschaft im Zeichen der Kraft und des Wechselspiels der Natur gestaltet. Das verstand sie zugleich als ihren Appell zum Schutz der natürlichen Umwelt – einem Anliegen, dem sie sich leidenschaftlich verbunden fühlte. Gegenüber der Großstadt empfand sie Rügen und Hiddensee als ‚eine Wiederentdeckung der Erde, aus deren Schoß man als Kind aufbrach'."[240] Gisela Peschke galt als bedeutendste Hiddensee-Malerin ihrer Zeit. Ihre Suche nach dem Wesentlichen führte sie zur Auseinandersetzung mit Leben und Tod. Ihre „Weltbilder" spiegeln ihre christlich geprägte Weltsicht wider. Die Journalistin Erika Lau erinnerte sich an Hiddensee-Aufenthalte mit der Malerin: „Oft recht schwer bepackt mit Staffelei und Rucksack gingen wir nach Grieben, in die Hügel, liefen die schmalen Uferwege auf dem Dornbusch entlang. Wir haben Mohnblumen gepflückt, damit Gisela sie malen konnte, und sie hat mich angesteckt mit ihrer Begeisterung für den lila Schimmer des Grases auf der Sommerwiese, mit ihrer Freude über den wunderschönen Weitblick, den wir an manchen Abenden genossen. Auf viele Details hat sie mich aufmerksam gemacht, auf Häuschen, die sich wunderbar in die Landschaft einfügten."[241]

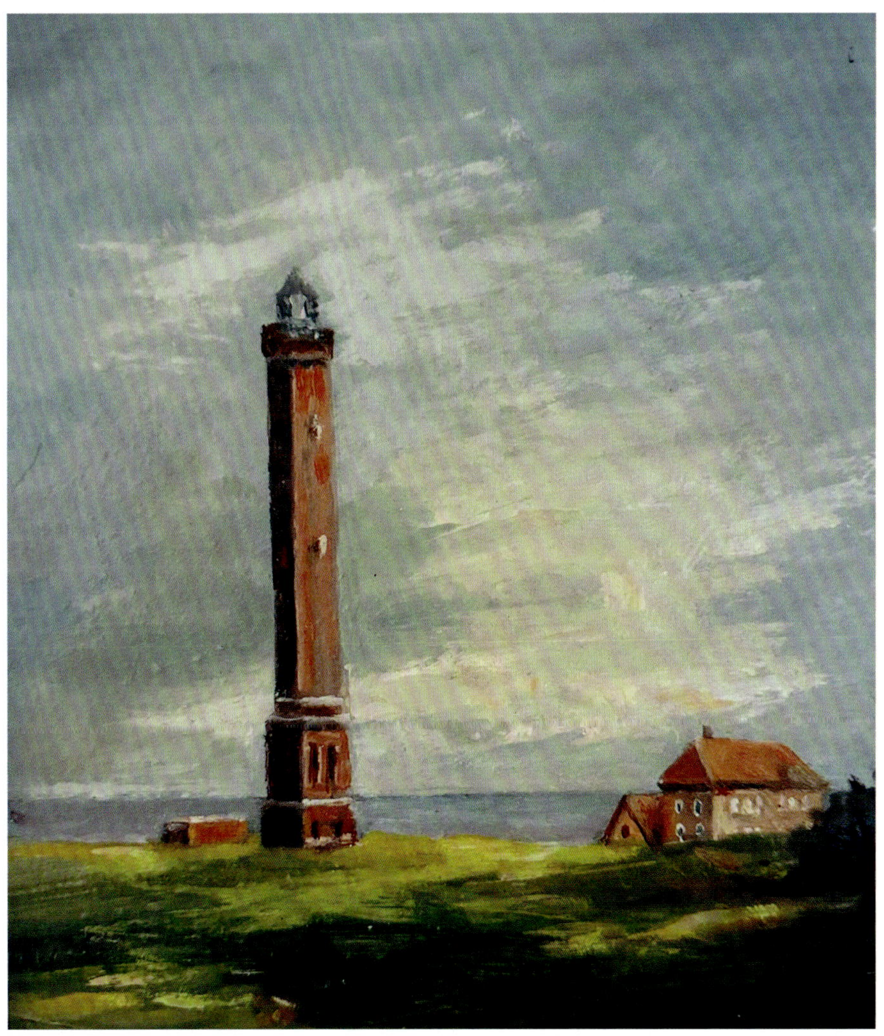

Leuchtturm, Öl/Holz, um 1980

Manfred Kastner – Der Unverstandene

Einer, der genau wie Wilhelm Brüggemann, Erich Kliefert oder Gisela Peschke in Stralsund eine neue Heimat fand, war Manfred Johannes Joachim Kastner. Er wurde am 05.04.1943 in Gießhübel, Kreis Grulich/heute Tschechien, in einem katholischen Elternhaus geboren. Sein Vater, Wendelin Kastner (1899–1943) arbeitete als Filialleiter in einem Sportgeschäft. Er starb infolge einer Tuberkuloseerkrankung. 1942 hatte er Käthe Agnes Schidlowski (geb. 1911) geheiratet und ein Jahr später die Geburt seines Kindes noch erlebt. Mutter und Sohn gelangten 1945 als Vertriebene nach Stralsund. Hier avancierte Kastner in seiner Generation zu einem einzigartigen Maler und Grafiker. Nach der dreijährigen Ausbildung zum Dreher seit 1958 und kurzer Tätigkeit auf der *Volkswerft Stralsund* wirkte er von 1962 bis 1970 als Präparator im *Meeresmuseum*. Seine Mutter, die noch einmal geheiratet hatte, arbeitete gleichfalls auf der *Volkswerft*. 1967 bis 1969 absolvierte Kastner eine Ausbildung als Präparator für Zoologie an der *Universität Jena*.[242] Ihm wurde die Präparierung der Lederschildkröte anvertraut, die 1965 Prohner Fischern ins Netz gegangen war.

Im November 1963 wurde Kastner als GI „Möwe" geheimer Informator der Staatsicherheit. Das war von 1950 bis 1968 die Bezeichnung der gewöhnlichen inoffiziellen Mitarbeiter. Er sollte als politisch feindlich angesehene Gruppierungen Gleichaltriger ausspionieren und über seine Beobachtungen berichten. Die Greifswalder Kunsthistorikerin Birgit Dahlenburg (1959–2017) beschäftigte sich intensiv mit der Persönlichkeit Kastners als Täter und Opfer in den Fängen der Staatsicherheit der DDR. In einem Begleitheft zum Katalog anlässlich einer Ausstellung mit Werken Kastners im *Schloss Wiligrad* (Malerei 1965–1988) im Jahre 2000 gab sie einen Einblick in ihre Forschungen, im Rahmen derer sie die betreffenden Stasiakten auswertete. Sie fand heraus, dass dem IM Kastner zumindest bis 1970 eine zufriedenstellende Arbeit bescheinigt wurde, er sich aus Gewissens- und religiösen Gründen jedoch entpflichten ließ. Die Lesart der Kreisdienststelle des MfS war eine andere, denn dort hieß es in einem Bericht, dass er wegen Unehrlichkeit entpflichtet wurde und Anhänger westlicher dekadenter Einflüsse sei. Da er nun als abtrünnig galt, geriet er selbst in den Fokus der Staatsicherheit und wurde bespitzelt. Birgit Dahlenburg kam in der oben erwähnten Publikation zu dem Schluss: „Das Ministerium für Staatsicherheit fürchtete die Opposition mehr als umgekehrt. Viele Künstler – das beweist auch die Offenlegung diverser Stasi-Akten – haben in der DDR mit dem ‚Machtfaktor MfS' leben und arbeiten können."[243]

Von 1970 bis 1974 war Manfred Kastner am *Theater Stralsund* als Bühnenbildner tätig. Er schuf Ausstattungen für „Rigoletto“, den „Sommernachtstraum“ und für die Uraufführung der Oper von Gerhard Rosenfeld „Das gewöhnliche Wunder“ nach dem Text von Jewgeni Schwarz. Seit 1974 war er freischaffender Restaurator. 1975 wurde sein Antrag auf Mitgliedschaft im *Verband Bildender Künstler* abgelehnt. In der schriftlichen Begründung hieß es, dass die vorgelegten Arbeiten keinerlei Beziehung zur Gesellschaft zeigen würden. Gravierend sei die Einsamkeit, Hoffnungslosigkeit und Trostlosigkeit in seinen Bildern.[244] Im Juni 1976 beschloss der *Verband Bildender Künstler der DDR* die Aufnahme Kastners als Kandidat, nachdem der den Antrag direkt beim Zentralvorstand gestellt hatte, und korrigierte die Rostocker Entscheidung. Das Umdenken auf höherer Leitungsebene, gerade in der Kulturabteilung des ZK der SED, kam nicht von ungefähr. Man hatte zur Kenntnis genommen, dass Künstler wie Kastner, Gerhard Altenbourg (1926–1989) oder Ralf Winkler (A. R. Penck, 1939–2017) in der Kunstszene Fuß gefasst hatten. Man wollte sie sich nicht zum Feind machen, sondern mit ihnen zusammenarbeiten, sie nicht dem politischen Gegner überlassen und hoffen, dass sie eines Tages zu den Positionen des realistischen Sozialismus zurückkehrten, wie es Willi Sitte (1921–2013) formulierte.[245] Der Stralsunder Maler Tom Beyer nahm als Vertreter des *VBK Rostock* an dem Aufnahmeverfahren in Berlin teil. Kastner

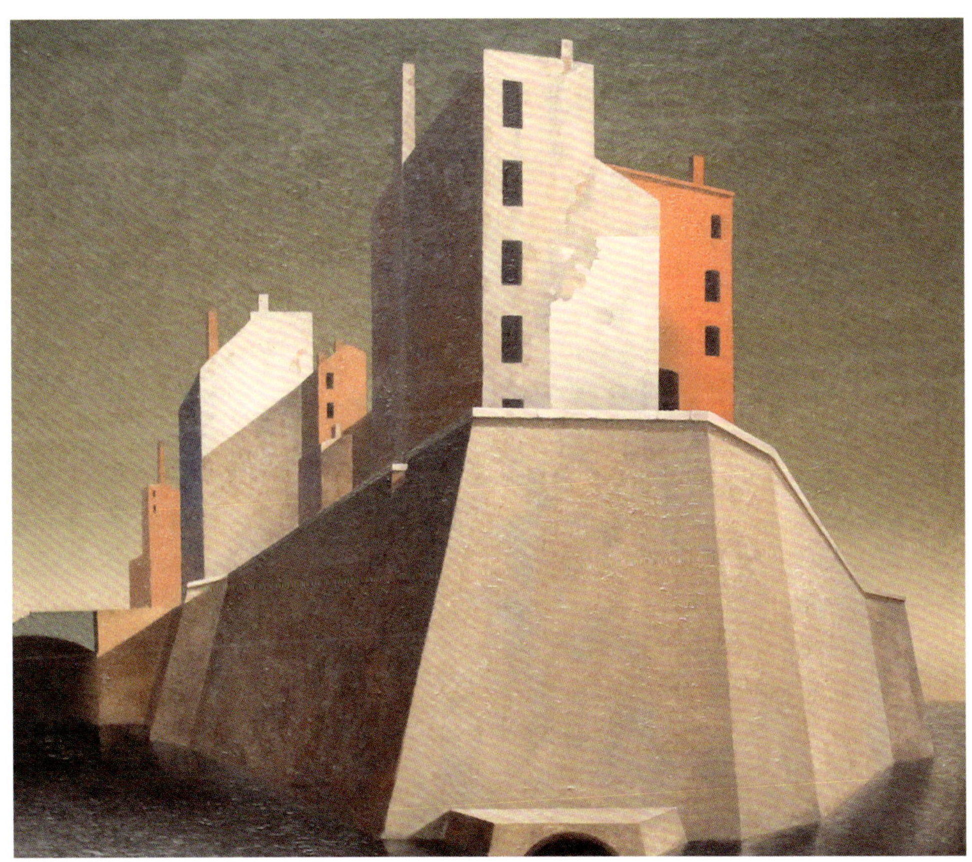

Hafeninsel, Öl/Lw., 1983

hatte seine Arbeiten vorgelegt, die nun beurteilt wurden. Beyer sprach sich als Einziger gegen die Aufnahme des Kollegen in den Verband aus. Man würde ihn nicht kennen, niemand hätte Kontakt zu ihm. Seine Freunde seien Republikflüchtige und er hätte behauptet, das Aufnahmeverfahren in Rostock hätten Faschisten durchgeführt. Beyer hatte in diesem übergeordneten Gremium jedoch kein Stimmrecht. Seine Kollegen nahmen Kastner fast einstimmig auf; er hatte sie mit seinen Arbeiten überzeugt oder sie waren der Meinung, man solle die oppositionellen Künstler nicht zu Märtyrern stilisieren.[246] Die Kunsthistorikerin Beatrice Vierneisel hat anhand von Akten des Ministeriums für Staatssicherheit in Rostock nachgewiesen, dass Tom Beyer auch der Verfasser von zwei Berichten war, die sich mit der Verbandsaufnahme Kastners beschäftigten. Sie befinden sich in den Bänden des „Operativen Vorgangs" zur Bespitzelung Kastners, der 1985 beendet wurde. Darin verlieh Beyer seinem Unmut noch einmal Ausdruck und beklagte, dass Kastners Werke pessimistisch und skeptisch in der Thematik seien, ja „antihuman", die Botschaften in seinen Bildern seien Traurigkeit und Hoffnungslosigkeit. Er habe Kastner bis dato nicht einmal gekannt, obwohl der doch wie er in Stralsund wohne.[247] In dem Ringen um die Aufnahme Kastners in den *Verband Bildender Künstler* zeigte sich der seit Langem schwelende Konflikt zwischen dem *Bezirksverband Rostock* und dem *Zentralvorstand* in Berlin. Man stritt darüber, wie der Begriff „sozialistischer Realismus" zu interpretieren war. Kastner hatte, wie ihm bei seiner ersten öffentlichen Ausstellung in der *Kleinen Galerie Pankow* 1976 bescheinigt wurde, den Anspruch, die „Sehgewohnheiten zu erweitern".[248] Der Rostocker Bildhauer Joachim Jastram, Mitglied im Zentralvorstand, suchte die Ursache des Problems im Gegensatz von Großstadt und Provinz, zwischen alteingesessenen Künstlern und den Hochschülern, die in die Region kamen.[249] Das stimmte nur zum Teil, denn Kastner standen ältere Kunstschaffende, Vorbilder, mit Rat und Tat zur Seite: Edith Dettmann, Otto Niemeier-Holstein und Susanne Kandt-Horn (1914–1996). 1966 wurde der *Rostocker Bezirkskunstausstellung* von der Kunstkritik bescheinigt, dass die ausgestellte Malerei zwar gediegen sei, der Besucher aber „das erregende Bekenntnis zum großen gesellschaftlichen Auftrag unserer Zeit als bestimmenden geistigen Strom der Ausstellung" vermisse. Sechs Jahre später warfen Kunstkritiker den Ausstellenden an der Ostseeküste „beschauliche Abgeschiedenheit" und mangelnden Austausch „von Insel zu Insel" vor. Doch die Künstler an der Küste suchten und fanden nun einmal seit Jahrhunderten in der hiesigen Landschaft und Natur ihre Sujets. Und regen Austausch gab es allemal. Jedoch blieb es bis zum Ende der DDR allgemeiner Konsens, dass der Sozialismus die gesellschaftliche Wirklichkeit war, die es abzubilden galt, wobei die „individuelle Handschrift" erlaubt sein musste.[250]

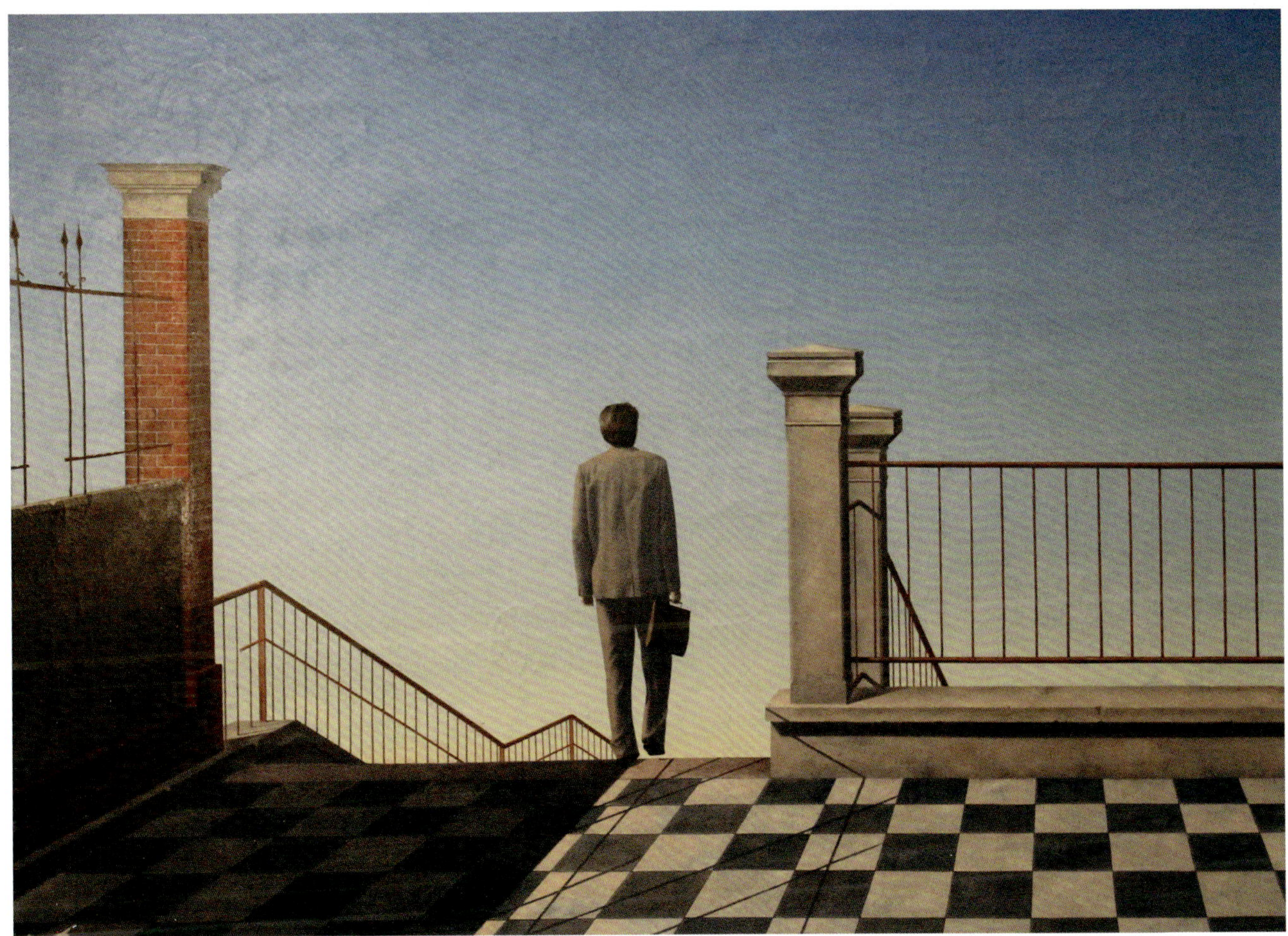

Mann auf der Treppe, Öl/Lw., o. J.

Erst im Oktober 1979 wurde Manfred Kastner endlich als Mitglied in den *Verband Bildender Künstler des Bezirkes Rostock* aufgenommen und war seitdem freischaffender Maler und Grafiker. Er widersetzte sich von Anfang an jeder Forderung offizieller Kulturpolitik nach Verständlichkeit und Volksverbundenheit. Mit seiner Ausstellung in der *Kleinen Galerie Pankow* erlangte er Bekanntheit über die Grenzen der Hansestadt hinaus, ja er sorgte sogar für Schlagzeilen in westlichen Medien und zog Besucher und Besucherinnen aus Westberlin in seine Ausstellung. Sicher führte das zum Einlenken des *VBK*, was seinen Aufnahmeantrag betraf.[251] Als Pseudonym verwendete er schon damals „Beerkast" oder „Cuni van den Beerkast" und signierte seine Werke dementsprechend.

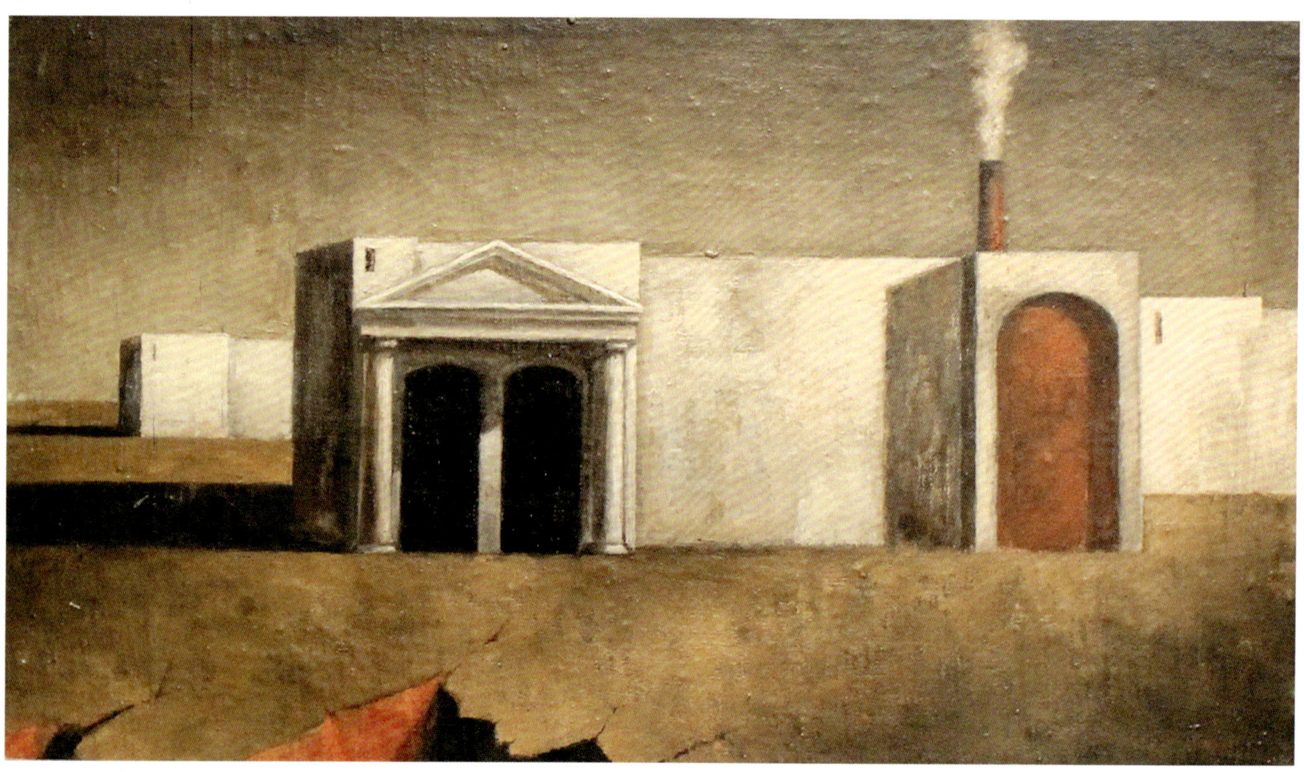

Kasernen, Öl/Lw., o. J.

Der Name geht zurück auf eine „Taufe" durch seine Freunde aus einer „Bierlaune" heraus. Die Stralsunder Journalistin Elfi Günther schrieb in einem Beitrag der *Ostsee-Zeitung* vom 02.07.1983 unter der Rubrik „Begegnungen mit bildenden Künstlern unserer Stadt": „Manfred Kastner ist kein Maler, dessen Bilder man einfach schön findet. Sie sind durchdrungen vom ausgeprägten Individualismus des Künstlers, von seiner ganz speziellen Sicht auf die Umwelt. Was andere direkt unter dem Eindruck des unmittelbaren Erlebens ‚vor Ort' auf Papier oder Leinwand bannen, erfährt bei ihm eine besonders augenfällige Brechung zum Symbolhaften, Phantastischen."[252] Er selbst wurde im Flyer zu seiner Ausstellung im August 1984 auf *Schloss Moritzburg* (Zeitz) wie folgt zitiert: „Mein Grundthema in der Malerei ist die Architektur in der Landschaft. Meist sind es Hafensituationen, Bahnhöfe oder Speicher. Das liegt wohl auch daran, daß in meiner Heimatstadt Stralsund die Architektur, besonders die gotische, eine überragende Rolle spielt. Von ferne schon sieht man die gewaltigen Bauwerke aufragen. Besonders wenn man sich auf dem Wasserwege nähert, ist es ein überwältigender Anblick. Es ist also kein Wunder, wenn die Architektur in meinen Arbeiten dominiert, steht sie doch als Zeichen menschlicher Selbstbehauptung und Größe. Gerade in der ebenen norddeutschen Landschaft, auch vom Meer aus gesehen, ist diese Architektur ein Wegweiser, ein Seh-Zeichen. Diese norddeutsche Landschaft ist nicht sehr lieblich, gerade in den dunklen Jahreszeiten ist diese Landschaft recht herb. Aber das Licht, wenn es über diesem Land ausgebreitet ist, ist von einer Klarheit, daß es fast die Augen blendet und von solch einer Fülle und Reinheit der Farbe, daß ich die Schönheiten meiner Heimat immer wieder von neuem bewundern kann. Die Verbindung von noch sehr ursprünglicher Landschaft mit dem reinen Licht des Nordens und den hochragenden Architekturen ist eine der Grundlagen meiner Inspiration."[253] Kastner zeigte in dieser Einzelausstellung Farbgrafik und Bildwerke aus Sand- und Kalkstein. Freunde brachten ihn mit dem Drucker der Druckwerkstatt der *Hochschule für industrielle Formgestaltung Halle-Burg Giebichenstein* zusammen, Gerhard Günther, der sich große Verdienste um die Einführung der Farboffsetdruckerei erworben hatte. Kastner begeisterte sich fortan für die farbige Zinkografie, die die adäquate Technik darstellte, um seine Arbeiten auf das Druckmedium zu übertragen.

Interessant ist die Verbindung Kastners zu Siegfried Korth. In einem Brief an seine damalige Freundin Gabriele Lehfeld, verh. Wyatt, vom 29.09.1965 beschreibt der Künstler euphorisch die Begegnung mit dem Kollegen: „[...] Ein unwahrscheinlicher Mann. Ein Philosoph, ein Dichter, ein Maler. [...] Er war übrigens der Erste, der meine Bilder so ‚las' wie ich sie auch gemalt hatte. [...] Meine Trauer, meine Einsamkeit, meine Schmerzen, alles. Und das viel besser, als ich es vielleicht selber sagen konnte. Er sah meine Bilder und erzählte mir von meinem Leben. [...] Ich glaubte immer, meine Bilder sind nur mir selbst verständlich! Nur ich selbst weiss, wie meine Bilder geboren wurden, wie mich alles überfiel, und ich nur malen musste. Aber er las in ihnen wie in meinem Herzen! Verstand die Symbole! Keiner von meinen Freunden hatte sie Jeh verstanden, oder sich die Mühe gemacht, sie zu enträtseln. Aber wer hatte schon diese Bilder gesehen? Doch fast keiner. Obwohl sie schon so lange bei mir hängen! Er ist einer der mutigsten Künstler, die bei uns leben! Und ich bin sehr dankbar, diesen Mann getroffen zu haben. Selbst die verborgene Religion und das Ringen mit ihr sah er. Doch was soll dies alles? Was nützen die Symbole, wenn DIE, für die ich diese Bilder male sie und mich nicht verstehen!"[254]

Das waren harte Worte, die das Dilemma des „unverstandenen Künstlers" aufgreift, das sich durch die Kunstgeschichte zieht. Dabei hatte Kastner um diese Zeit längst Anerkennung gefunden, die sich nicht nur im Erwerb seiner Werke durch große Museen ausdrückte. Die *Kunsthalle Rostock*, die *Staatlichen Kunstsammlungen*

Cottbus, die *Galerie Junge Kunst* in Frankfurt/Oder, das *Staatliche Museum Schwerin*, der *Rat des Bezirkes Rostock*, die *Wilhelm-Pieck-Universität Rostock*, der *VEB Deutfracht Seerederei Rostock* und das *Kulturhistorische Museum Stralsund* hatten neben vielen Privatsammlern Bilder angekauft. Von 1976 bis 1982 bestritt der Künstler 14 Personalausstellungen in verschiedenen Galerien nicht nur an der Ostseeküste, sondern auch in Leipzig, Jena, Dresden, Berlin und Karl-Marx-Stadt und sogar an der *Akademie der Wissenschaften.* Darüber hinaus gab es Ausstellungsbeteiligungen in Cottbus, in Dresden zur Kunstausstellung sowie im Ausland, unter anderem in Italien, Schweden, Norwegen und Polen. Eine stolze Bilanz, die andere, beispielsweise die gleichaltrige Gisela Peschke, nicht erreichten. Von Ignoranz der kunstinteressierten Öffentlichkeit kann zu diesem Zeitpunkt, Ende der 1970er/Anfang der 1980er Jahre, keine Rede mehr sein. Die Preise seiner Werke waren mehr als angemessen. 1982 lagen sie bei den Ölbildern zwischen 3000 und 8000 und bei Offset-Lithografien um 150 DDR-Mark.[255]

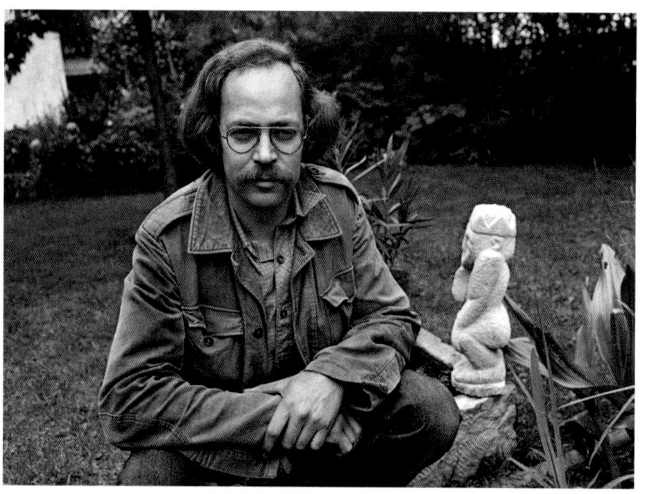

Kastners Themen blieben Architektur und Landschaft, wobei Letzteres für ihn Küstenlandschaft bedeutete. Hier war er aufgewachsen und konnte sich nicht vorstellen, woanders zu leben. Mit einer am Surrealismus und an der Romantik Caspar David Friedrichs geschulten Malweise beklagte er den zunehmenden Verfall historischer Bausubstanz, der besonders in Stralsund erschreckende Formen annahm. Seine meist verschlüsselten Bilder gaben den politisch Verantwortlichen entweder Rätsel auf oder führten zu Missdeutungen, in jedem Fall schürten sie Misstrauen. Erst 1982 konnte ihm das Stralsunder Museum eine Personalausstellung einrichten. Kuratiert wurde die Ausstellung von Ilse Bork. Die Rede zur Eröffnung hielt der Kunsthistoriker Klaus Tiedemann, damals Mitarbeiter der *Kunsthalle Rostock*. Der Redner bestätigte Manfred Kastner, dass es sich bei seinem Werk „[…] um ein malerisches und grafisches Œuvre handelt, das einen Platz im Kreis unterschiedlicher realistisch-bildkünstlerischer Interpretationen von Welt und Wirklichkeit, wie sie die DDR-Kunst seit den 70er Jahren bewegen, beansprucht. […] Kastner schafft nicht nach – er denkt seine Bilder vor, geht von intellektuellen Gedankenkonstruktionen aus, die er in seinen Bildkonstruktionen in Szene setzt."[256]

Manfred Kastner, Fotografie, 1984

Diese Einschätzung traf die Arbeitsweise des Künstlers genau. Tiedemann warnte ihn aber vor möglicher Erschöpfung seiner Bildwelt durch die Beschränkung der Wahl der Bildzeichen und Motive. Die beklemmende Verlassenheit der Architekturen ohne Leben solle wohl an die Aktualität der Gefährdung menschlicher Zivilisation erinnern. Am Schluss lobte der Redner die neuerdings entstandenen lichten und malerischen Bilder und bestärkte Kastner. Sein Weg sei oft durch Unverständnis und Ablehnung, aber auch durch seine eigenen künstlerisch-künstlichen Barrieren verstellt worden, heißt es kryptisch im Manuskript. Und man solle Kastner als diskussionswürdige Farbe im Spektrum bildender Kunst hierzulande annehmen.[257] Mit zwei Werken in der Auswahl der Kuratorin war jedoch die damalige Stadträtin für Kultur nicht einverstanden.

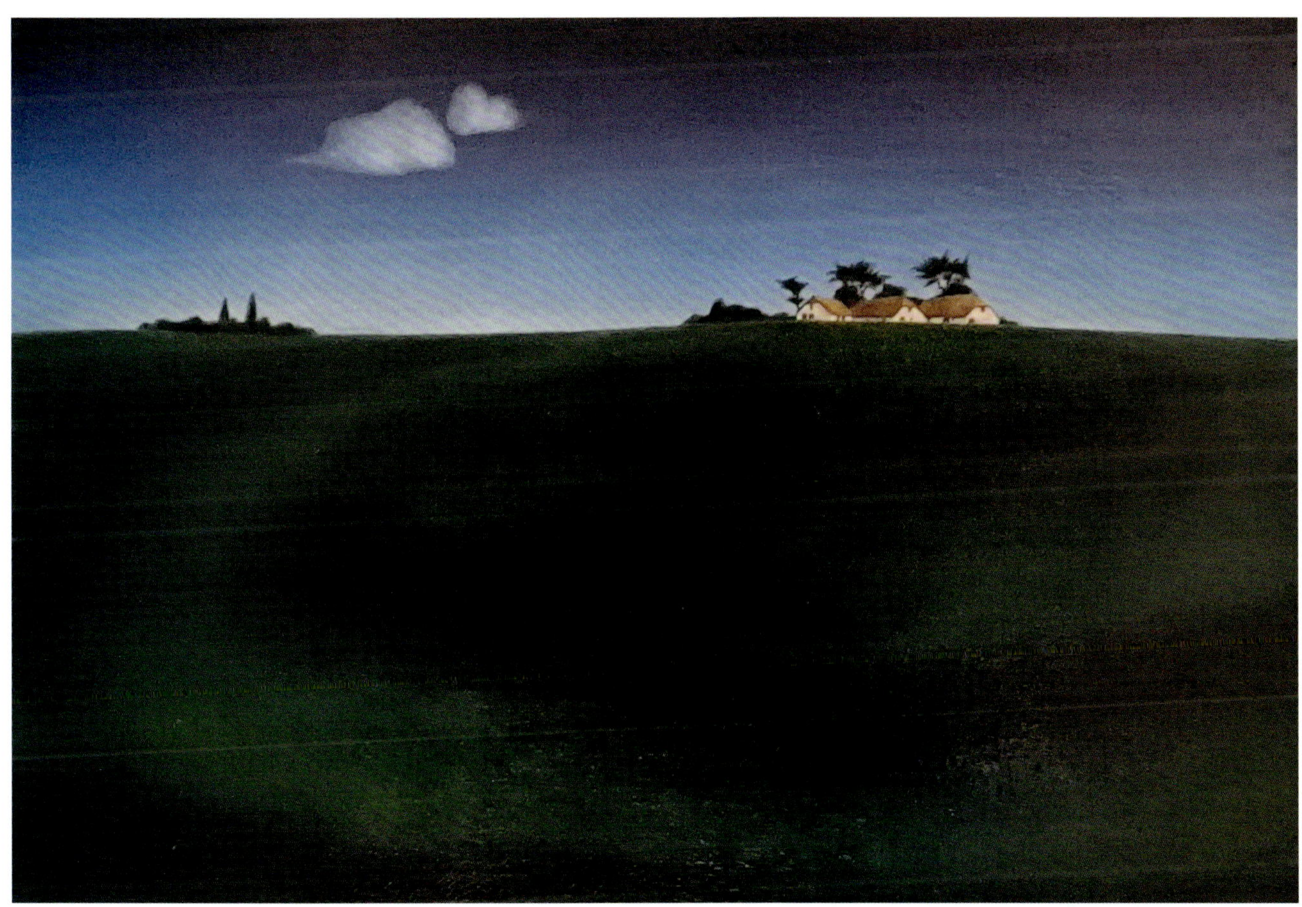

Neuendorf, Öl/Lw., o. J.

Die Lithografien „Der Palast" und „Conditio humaine" durften nicht gezeigt werden. „Conditio humaine" (deutsch: menschlicher Zustand) war im Zusammenhang mit dem mutmaßlichen Freitod des Stralsunder Künstlers Axel Krüger (1950–1978) entstanden. Krüger, Absolvent der *Hochschule für Bildende Künste* in Dresden, dessen Leben nicht erforscht ist, war im Zuge der staatlichen „Absolventenlenkung" nach Stralsund gezogen und hier nicht zurechtgekommen. Immerhin, nur zwei von 61 Arbeiten aus der Ausstellung, die die Toleranzgrenze der politischen Führungskräfte überschritten und den Vermerk „zurück" mit dem Rotstift auf der Werkliste erhielten. Jahre später, 1997, führte ein neuer Kulturamtsleiter (aus West-Berlin) die Tradition des „Abhängens" und Verbotes fort und verhinderte die Ausstellung „Die nackte Republik" mit Aktfotografien von Amateuren aus der DDR im *Kulturhistorischen Museum Stralsund*. In anderem und viel gefährlicherem Zusammenhang war schon Edith Dettmann 1934 Opfer eines Ausstellungsverbots im Theaterfoyer durch den pommerschen Gauleiter geworden.[258] Wollte man polemisieren, könnte man feststellen, dass Politik und Prüderie in Stralsund – und nicht nur hier – immer wieder versuchten, der Öffentlichkeit Kunstwerke vorzuenthalten.

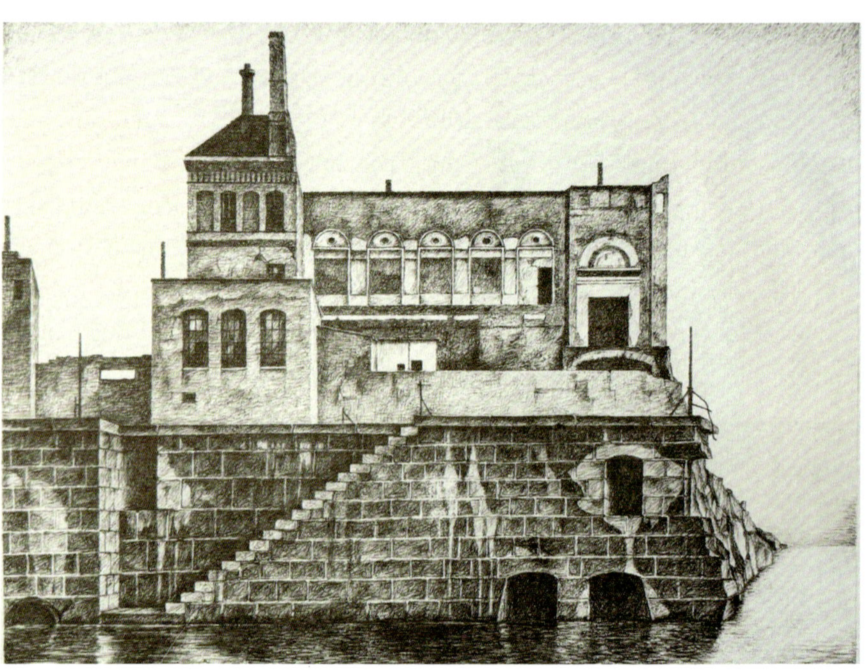
o. T., Lithografie, 1977

Kastner stellte sich gern Podiumsdiskussionen über seine Kunst. Sammler und Sammlerinnen, Kunstkenner und interessierte Ausstellungsgäste waren durchaus bereit, die Rätsel in seinen Bildern zu lösen, selbst wenn einzelne Kulturfunktionäre sich erlaubten, ihnen nicht genehme Bilder zu entfernen. Rudolf Kunze, von Beruf Biochemiker und einer der Organisatoren der ersten Ausstellung Kastners in der Pankower Galerie, erinnerte sich an eine frühe Schau des jungen Künstlers in der Greifswalder *Jacobikirche*: „Mehr in Erinnerung als Kastners Bilder dieser frühen Zeit blieben seine Vorträge zur

Bildenden Kunst. Unterlegt mit selbstgefertigten Diapositiven, Repros von Farbdrucken aus allgemein nicht zugänglichen Kunstbüchern und Katalogen – also aus ‚Westbüchern' – spannte er den Bogen von der Renaissance bis zur Wiener Schule. Er zeigte uns eine Betrachtungsweise der modernen Kunstgeschichte, wie sie in den DDR-Kunstinstituten nicht möglich und nicht gewollt war. Kastners suggestive Stimme kommentierte an die Wand projizierte Ungeheuerlichkeiten von Max Ernst, Giorgio de Chirico, René Magritte und Rudolf Hauser. Die Magie von Bildern wurde erlebbar. Heute versteht kein Mensch, was an diesen Bildern – im Westen schon längst Klassiker – verwerflich oder dekadent sein sollte und in der DDR ideologisch und kulturpolitisch völlig inakzeptabel. Kunsthistoriker an den Hochschulen, die es hätten besser wissen können, waren damals treue Diener des Systems und übten sich in Ignoranz, wenn nicht in massiver Ablehnung solcher Art von Kunst. Kastner war Autodidakt. Wie nicht wenige dieser Zunft war er ungeheuer fleißig und ein Bücher- und Bilderfresser. Dementsprechend verfügte er über ein außergewöhnliches Wissen in Kultur- und Kunstgeschichte, an dem er uns teilhaben ließ, stets im kleinen Kreis, und wie wir heute wissen, häufig unter der Beobachtung durch gewisse Organe. Durch seine intensive Beschäftigung mit Kultur- und Kunstgeschichte wollte sich Kastner vermutlich vergewissern, wo er mit seinen Bildern im großen Koordinatensystem der Bildenden Kunst steht. Er wollte kein Außenseiter sein, wurde aber in seinem Heimatland durch die offizielle Kunstpolitik zu einem gemacht."[259]
Ironie der Geschichte: Die größte Privatsammlung Kastnerscher Werke befand sich, Stand im Jahr 2000, in den Händen von „IM Oskar" aus Halle, der den Künstler bespitzelt hatte.
Nach Juliusruh auf Rügen verzogen, verunglückte der Künstler dort am 03.06.1988 bei einem Autounfall tödlich. Er hinterließ eine Tochter und seine Ehefrau Sylvia Kontny (geb. 1946).

An der dortigen *Königlichen Akademie der Künste* nahmen – im Fall der weiblichen Studenten privaten – Unterricht: Grell, Biel, Büchsel, Pflugradt, Hückstädt und Freese. Dettmann besuchte die *Kunstgewerbeschule Berlin* wie Kliefert und Lietz. Die *Staatliche Kunstschule in Berlin* (bis 1918 *Königliche Kunstschule*), eine Lehrerbildungsanstalt, wählten Kliefert, Lietz und Lüsch, während die *Hochschule für bildende und angewandte Kunst Berlin* und die *Akademie der Bildenden Künste* von Korth besucht wurde. Nach Paris zog es außer Heuser nur die Frauen. Biel, Büchsel und Gießen reisten zu Studienzwecken dorthin.

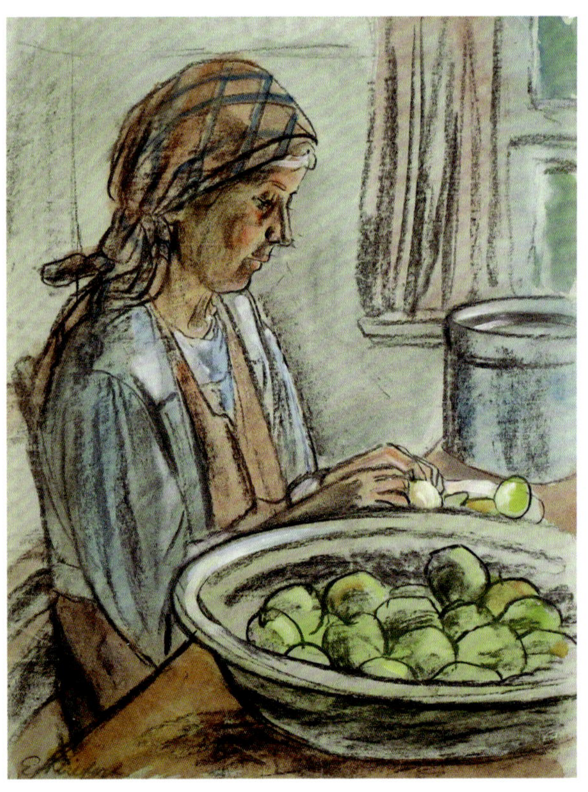

Durch Zeichenunterricht in Stralsund waren einige miteinander verbunden. Brüggemann unterwies seinen Sohn Hermann sowie Antonie Biel und Albert Grell. Letzterer lernte zusätzlich, ebenso wie Wagner, bei Zeichenlehrer Habermeyer. Schmiterlöw bekam Unterricht von Freese, Kliefert und Lietz. Kastner fand in Korth einen Seelenverwandten. Bamberg und Büchsel waren Schülerinnen bei jenem Lehrer Müller, dessen Identität bis heute nicht geklärt werden konnte. Vielleicht handelte es sich um August Wilhelm Carl Müller (1841–1908), ab 1863 Elementarlehrer an der damaligen Volksschule in der Langenstraße 61.[260]

Beachtlich die vielfältigen Verbindungen Caspar David Friedrichs zu Stralsund: Er trat als Autor eines Empfehlungsschreibens für Simon Wagner auf und trug – wie darin angekündigt – sicher auch zu dessen Ausbildung in Dresden bei. Er beteiligte sich an der Ausschreibung für die Ausgestaltung der *Marienkirche*, diente als Vorbild für Manfred Kastner und Eduard Nieny und war nicht zuletzt ein Verwandter von Franz Pflugradt.

Die meisten Stralsunder Kunstschaffenden kamen aus wohlhabenden Elternhäusern. Ihre Väter waren Juristen, Kaufleute, Ärzte, Goldschmiede. Zumindest bis in die Mitte des 20. Jahrhunderts hinein war diese Tatsache die Grundvoraussetzung, um ein Studium zu absolvieren. Ganz schwer

Erich Kliefert: Frau beim Obstschälen, Mischtechnik, o. J.

hatten es mittellose Männer wie Wagner und Witthöft, die Fürsprecher und Stipendien brauchten. Nahezu alle unternahmen Studienreisen, wobei Elisabeth Büchsel die am meisten Reisende war. Interessant sind die freundschaftlichen Verhältnisse in der Stralsunder Kunstszene. Die Stadt war nicht groß. Wer hier lange lebte, kannte mit der Zeit alle Kolleginnen und Kollegen. Die Ausstellungsmöglichkeiten innerhalb der Stadtmauern waren begrenzt. Man arrangierte sich miteinander, besuchte sich gegenseitig, profitierte voneinander. Besonders das Stralsunder Museum sorgte immer wieder für wechselnde Gruppierungen in Sonderausstellungen, sogar in Kriegsjahren. Vom 17. November bis zum 8. Dezember 1940 fand eine „Ausstellung westpommerscher Künstler" im damaligen *Stralsundischen Museum für Vorpommern und Rügen* statt. Die Ausstellenden waren neben Dettmann, Büchsel, Freese und Kliefert Kollegen aus Barth, Greifswald und Putbus. Immerhin besuchten in den wenigen Wochen und während der nur zwei Stunden Öffnungszeit pro Tag mehr als 2000 Gäste die Schau.[261] Sogar im Winter 1942,

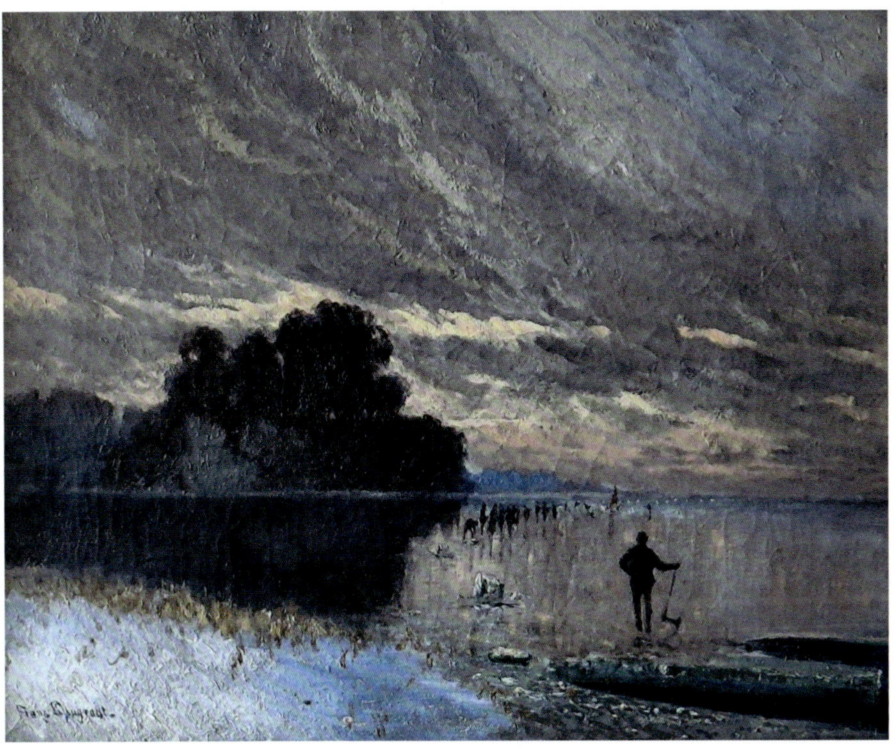

Franz Pflugradt: Rügen, Öl/Lw., o. J.

nämlich vom 8. bis zum 29. November, sorgte der Direktor des *Stralsundischen Museums* noch für eine „Kunstausstellung Pommerscher Maler". Diesmal waren Bamberg, Büchsel, Dettmann, Freese, Kliefert und Lüsch beteiligt. Von den beiden Letztgenannten kaufte die Stadt sogar Bilder an. 10 Prozent Provision waren von den Künstlern an das Museum zur Deckung der Unkosten zu überweisen. In der entsprechenden Akte heißt es, dass die Bilder in der Ausstellung zwar gegen Feuer und Diebstahl versichert seien, nicht aber gegen Kriegshandlungen.[262]

Die Stralsunder Kunstschaffenden waren gemeinsam Mitglieder in den einschlägigen Verbänden: Bamberg, Büchsel, Freese, Bock, Pflugradt sowie das Ehepaar Kliefert in der *Vereinigung Stralsunder Künstler*, Bamberg und Büchsel im *Hiddensoer Künstlerinnenbund*. Bamberg, Büchsel, Bock, Beyer und temporär Kliefert gehörten der *Reichskammer der bildenden Künste* an und fast alle ab 1950 Tätigen dem *Verband Bildender Künstler Deutschlands* (seit 1952 *Verband Bildender Künstler der DDR*).

Männer wie die Brüggemanns, Brücke, Kliefert oder Bock konnten problemloser Karriere machen als ihre Kolleginnen; sie konnten ihrer Kunst uneingeschränkt nachgehen, abgesehen von Problemen, die sich durch gesellschaftliche oder

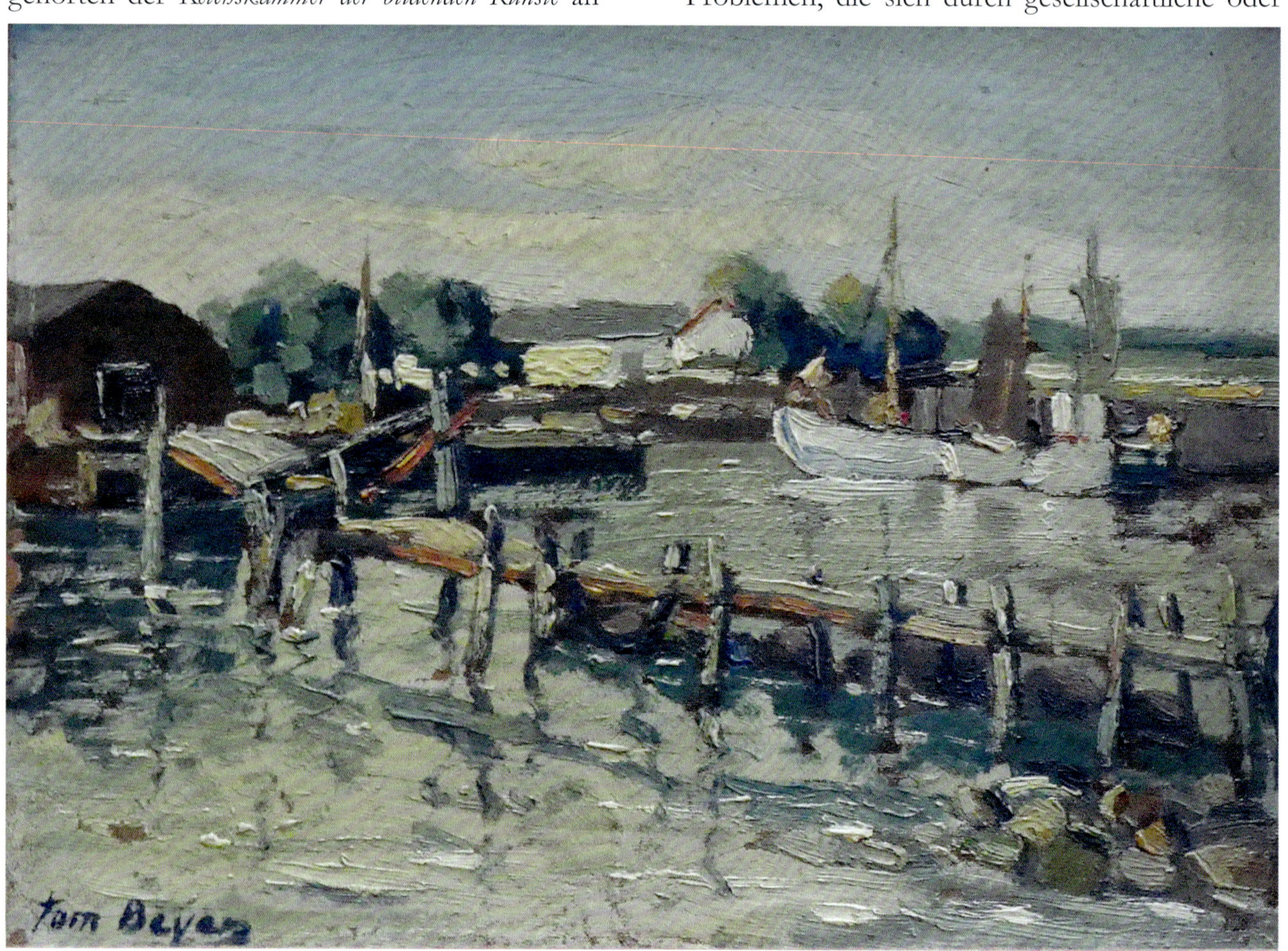

Tom Beyer: Hafen, Öl/Lw., o. J.

ökonomische Zwänge ergaben. Sie durften beides haben, Familie und Künstlersein, ihre Frauen hielten ihnen „den Rücken frei“. Das alles gab es natürlich ganz genauso auch in anderen Berufen. Und letztendlich stehen viele Frauen heute immer noch vor der Entscheidung: Familie oder Karriere? Auffällig, aber nicht ungewöhnlich ist die Tatsache, dass es in Stralsund im 19. und im 20. Jahrhundert mehr männliche als weibliche Kunstschaffende gegeben hat. Erst seit 2013 wurden bis zur sanierungsbedingten Schließung des *STRALSUND MUSEUMS* 2019 in Sonderausstellungen Malerinnen und Maler bewusst paritätisch berücksichtigt. Und – um beim ältesten Museum in Mecklenburg-Vorpommern zu bleiben – die 1858 begonnene Sammlung Bildender Kunst enthält circa 75 Prozent Kunstwerke männlicher Urheber, was nicht verwunderlich ist. Die Hansestadt Stralsund ehrte mit Antonie Biel, Elisabeth Büchsel, Edith Dettmann, Katharina Bamberg, Hedwig Freese, Wilhelm Brücke, Karl Fröhlich, Erich Kliefert, Franz Pflugradt, Manfred Kastner, Siegfried Korth und Heinrich Lietz Malerinnen und Maler gleichermaßen, indem Straßen und Wege nach ihnen benannt wurden.

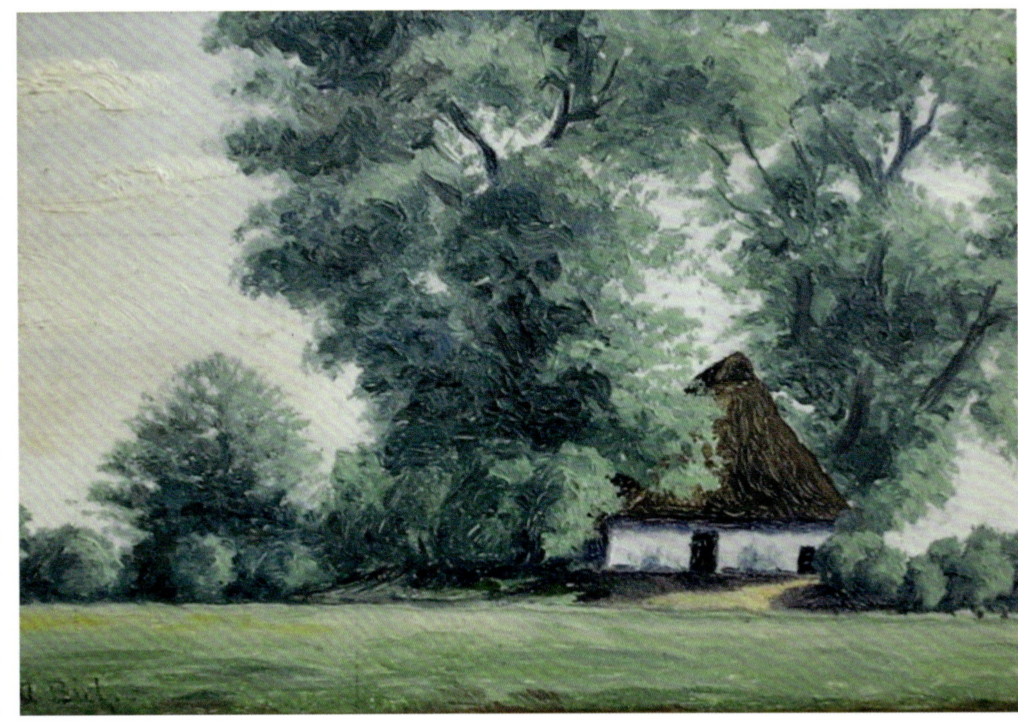

Antonie Biel: Hexenhaus (Hiddensee) ?, Öl/Lw., o. J.

Fußnoten

1 Sundine, Nr. 7 (1832), S. 52.
2 Ebd.
3 Stralsundische Zeitung, Nr. 254 (1868).
4 Verzeichnis 1841.
5 Kasten 2021/1, S. 119.
6 Rep. 54, Nr. 588.
7 Lang 2002, S. 13.
8 Lang 2002, S. 13, zitiert nach: Faltblatt zur Ausstellung „Die ersten Jahre“ im Berliner Club der Kulturschaffenden 1975.
9 Lang 2002, S. 27.
10 Lang 2002, S. 110.
11 Rep. 29, Nr. 1228.
12 Ebd., einschließlich der Zitate Wagners.
13 Kügelgen 1996, S. 347.
14 Kügelgen 1996, S. 348.
15 Kovalevski 2009, S. 386.
16 Wiegand 1924, S. 74.
17 Nekrolog 1829, S. 502–503.
18 Busch 2017, S. 8.
19 Po4° 632.11, S. 36 ff.
20 Stralsundische Zeitung Nr. 150 (1923), S. 8.
21 Stralsundische Zeitung Nr. 178 (1861).
22 Akte 9.4.1.2.
23 Peters 1986.
24 Rep. 22, Nr. 17.
25 Rep. 22, Nr. 247.
26 Schill 118.
27 Sundine Nr. 29 (1831), S. 232.
28 Sundine Nr. 48 (1843), S. 383.
29 Haselberg 1902, S. 431 und Stralsunder Tageblatt Nr. 48 (1927).
30 Zaske 1964, S. 179.
31 Gschweng 2013, S. 70–83.
32 Ebd., S. 38–39.
33 Adler 1937/1, S. 182 ff.
34 Ebd.
35 Rep. 22, Nr. 1228, alle Zitate, das Stipendium betreffend und das Zeugnis von Schadow.
36 Neumerkel 2018, S. 25 ff.
37 Sundine Nr. 30 (1828).
38 Nagler 1835, S. 492.
39 Rep. 29, Nr. 1228.
40 Stralsundische Zeitung Nr. 211 (1874).
41 Rep. 29, Nr. 1228.
42 Ebd.
43 Ebd.
44 Ebd.
45 Sundine Nr. 43 (1840), S. 344.
46 Sundine Nr. 23 (1839), S. 183.
47 Maurer 1916, S. 31.
48 Stralsundische Zeitung, Nr. 11 (1790).
49 Rep. 3, Nr. 5911.
50 Stralsundische Zeitung, Nr. 2 (1899).
51 Ebd.
52 Ebd.
53 Radnitz 2009, S. 4–8.
54 Stralsundische Zeitung, Nr. 2 (1899).
55 Maurer 1916, S. 19.
56 Radnitz 2009, S. 4–8.
57 Maurer 1916, S. 17.
58 Geschichte 2021.
59 Stralsundische Zeitung, Nr. 2 (1899).
60 Maurer 1916, S. 22.
61 Stralsundische Zeitung, Nr. 2 (1899).
62 Maurer 1916, S. 23.
63 AU 1404.
64 Gartenlaube, Nr. 624 (1861).
65 AU 0220.2.
66 Weimar 1890.
67 Maurer 1916, S. 31.
68 Stralsundische Zeitung, Nr. 302 (1898).
69 Stralsundische Zeitung, Nr. 235 (1899).

70 Gschweng 2012, S. 9–28.
71 Archer 1880.
72 Rosenberg 1881.
73 Archer 1880.
74 Stralsundische Zeitung, Nr. 219 (1886).
75 Büchsel o. J., S. 1.
76 Bindemann 2017, S. 13.
77 Büchsel o. J., S. 1.
78 Rep. 12, Nr. 719.
79 Büchsel o. J., S. 2.
80 Ebd.
81 Baade/Stock 2011, S. 28.
82 Bindemann 2017, S. 15.
83 Ebd.
84 Büchsel o. J., S. 2.
85 Rep. 29, Nr. 0495, S. 63.
86 Bindemann 2017, S. 19 f.
87 Schmidt/Arnold 2012.
88 Sammlung Nils Lange, Stralsund.
89 Barthelmess 1996, S. 9–16.
90 Geismeier 1968, S. 14 f.
91 Büchsel o. J., S. 2.
92 Baudis 2010, S. 15.
93 Neumerkel 2007, S. 2.
94 Rieck 1957 (2), S. 3 f.
95 Stralsundische Zeitung, Nr. 268 (1902), S. 2.
96 Verzeichnis 1911, S. 83.
97 Stralsunder Tageblatt, Nr. 207 (1911).
98 Ganske 1917.
99 Lichtnau 2016, S. 23.
100 Laut Anfrage bei Dr. Ewa Gwiadowska, Nationalmuseum Stettin, ihre eigenen Forschungen betreffend.
101 Stralsundische Zeitung, Nr. 35 (1920), S. 2.
102 Ebd., Nr. 267 (1925), S. 2.
103 Ebd., Nr. 115 (1931), 1. Beilage, S. 2.
104 Adler 1937/2.
105 Büchsel 1937.
106 Rapp 2012, S. 7 ff.
107 Werkstatt 1919, S. 34.
108 Jaskulla 2017, S. 28.
109 Werkstatt 1919, S. 34.
110 Rieck 1957 (1) , S. 4.
111 Bindemann 2017, S. 27.
112 Rep. 54, Nr. 588.
113 Akte 8.1.8.4.
114 Unbekannt 1947.
115 Becker 1977, S. 1.
116 Pippow o. J., S. 6.
117 Meyer 1947.
118 Becker 1977, S. 1.
119 Beß 1968.
120 Rep. 54, Nr. 587.
121 Zitat nach Domrös 1994, S. 14: „… Ich mag ihn gar nicht mehr sehen!“
122 Rapp 2014, S. 52.
123 Rieck 1957 (2), S. 7 f.
124 Stralsunder Tageblatt, Nr. 204 (1911).
125 Stralsundische Zeitung, Nr. 172 (1912), S. 2.
126 Unbekannt 1933.
127 Stralsunder Tageblatt Nr. 95 (1937).
128 Grählert 1976.
129 Peters-Pásztor/Rafalski 2024.
130 NRad48.
131 Adler 1938.
132 Stralsunder Tageblatt Nr. 196 (1942).
133 Prütz 1947.
134 Stralsundische Zeitung Nr. 287 (1905), S. 3.
135 Stralsundische Zeitung Nr. 288 (1905), S. 1.
136 Reddemann 2023.
137 Rep. 12, Nr. 719.
138 Lehmann 1914, S. 3.
139 Hohmann 2017.
140 Stralsundische Zeitung Nr. 170 (1912), S. 2.
141 Stralsunder Zeitung, Nr. 99/100 (1943); vgl. auch Po4° 632.7.

142 Negendanck 2005, S. 218.
143 Stralsundische Zeitung, Nr. 294 (1924), S. 10.
144 Ebd.
145 Stralsundische Zeitung, Nr. 69 (1925), S. 10.
146 Stralsundische Zeitung, Nr. 272 (1925), S. 2.
147 Stralsundische Zeitung, Nr. 267 (1925), S. 2.
148 Bamberg 1931.
149 Klosterbrief 1940.
150 Akte 8.1.8.1.
151 Ebd.
152 Akte 8.1.30.4.
153 Po4° 632.7.
154 Unbekannt 1964.
155 Akte 9.4.1.2.
156 Negendanck 2005, S. 111.
157 Stralsundische Zeitung Nr. 170 (1912), S. 2.
158 Stralsundische Zeitung Nr. 176 (1928), S. 2.
159 Stralsunder Tageblatt Nr. 259 (1929).
160 Stralsundische Zeitung, Nr. 267 (1925), S. 2.
161 Rep. 24, Nr. 3596.
162 Akte 8.1.2.1.
163 Stralsundische Zeitung Nr. 287 (1930).
164 Stralsunder Zeitung Nr. 99/100 (1943).
165 Balzer 1954, S. 6.
166 Rep. 54, Nr. 588.
167 Balzer 1954, S. 6.
168 Rep. 54, Nr. 588.
169 Stralsunder Tageblatt Nr. 265 (1933).
170 Stralsundische Zeitung Nr. 110 (1931).
171 Rep. 54, Nr. 587.
172 Akte 8.1.1.5.
173 Rep. 24, Nr. 3220 a.
174 Haese 2011, S. 59.
175 Stralsunder Tageblatt Nr. 58 (1940).
176 Ebd.
177 Trommer 2019.
178 Gschweng 2018, S. 22–53.
179 Stralsundische Zeitung Nr. 170 (1912), S. 2.
180 Vossische Zeitung Nr. 319 (1917).
181 Gschweng 2018, S. 80–158.
182 Gschweng 2018, S. 160–224.
183 Gschweng 2018, S. 245.
184 Ebd.
185 Barthelmess 1999, S. 15–23.
186 Ders. 2000, S. 47–48.
187 Ders. 1999, S. 57.
188 Rep. 39, Nr. 3046.
189 Kliefert 2021.
190 Akte 8.1.30.4.
191 Kliefert 2021.
192 Barthelmess 2000, S. 4–30.
193 Rep. 23, Nr. 1453 a.
194 Barthelmess 2000, S. 47–48.
195 Stralsundische Zeitung Nr. 294 (1924), S. 10.
196 Barthelmess 2000, S. 53.
197 Gschweng 2020, S. 15.
198 Ebd.
199 Rep. 54, Nr. 587.
200 Ebd., S. 18.
201 Dettmann 1939.
202 Akte 8.1.36.4.
203 Akte 8.1.36.4.
204 Akte 8.1.36.4.
205 Stralsunder Tageblatt Nr. 282 (1930).
206 Beyer 1936–1943.
207 Beyer 1977.
208 Beyer 1938–1945.
209 Mochmann/Oland 2009.
210 Beyer 1979.
211 Beyer 1907–1981.
212 Bastian 1987, S. 155 und 157.
213 Ebd., S. 156.
214 Ebd., S. 158.

215 Jastram 1997.
216 Bork 1977.
217 Akte 8.1.17.8.
218 Lietz 1928–1963.
219 Mendte 1954, S. 1.
220 Hofmann 1954, S. 17.
221 Sumowski 1958.
222 Noth 1958, S. 597.
223 Ebd., S. 598.
224 Akte 8.1.47.5.
225 Lüsch 1943.
226 Kasten 2000.
227 Rieck 1957 (3), S. 6–7.
228 Akte 8.1.17.7 und 8.1.64.6.
229 Lüsch 1943.
230 Haese 2011, S. 64–65.
231 Kasten 2021/2
232 Krausse 2021, S. 169.
233 Ebd., S. 165.
234 Unsere Werft 1963.
235 Krausse 2021, S. 187.
236 Krausse 2021, S. 190.
237 Peschke 1942–1993.
238 NNN Nr. 194 (1979).
239 NNN Nr. 170 (1988).
240 Ostsee-Zeitung Nr. 248 (1993).
241 Negendanck 2005, S. 174.
242 Vierneisel 2004, S. 30.
243 Dahlenburg 2000.
244 Ebd.
245 Vierneisel 2004, S. 31.
246 Ebd.
247 Ebd. S. 35.
248 Vierneisel 2004, S. 30.
249 Ebd. S. 32.
250 Ebd. S. 32–33.
251 Dahlenburg 2000.
252 Günther 1983.
253 Kastner 1984.
254 Ritschel 2021, S. 150.
255 Akte 8.1.43.4.
256 Akte 8.1.43.4.
257 Ebd.
258 Gschweng 2020, S. 18.
259 Kunze 2008, S. 13.
260 Rep. 23, Nr. 506.
261 Akte 8.1.5.4.21.
262 Akte 8.1.7.2.26.

Resümee

Seite 146: Familie Struck, © Dr. Ferdinand Struck
Seite 147 links: Privatbesitz, Privat
Seite 147 rechts: Privatbesitz, © Edition Pommern
Seite 148: Privatbesitz, © Koserower Kunstsalon
Seite 149: Seite 67: Hannes von Kroge – Schlosshotel Ralswiek, © Edition Pommern
Seite 150: Privatbesitz, Privat
Seite 151: Privatbesitz, Privat

Abbildungsverzeichnis

Seite 158 links: Stiftung Kunstmuseum Ahrenshoop, © Edition Pommern
Seite 158 rechts: Privatbesitz, Privat

Vita

Seite 167: STRALSUND MUSEUM, © STRALSUND MUSEUM

Dank

Seite 168: Privatbesitz, © Edition Pommern

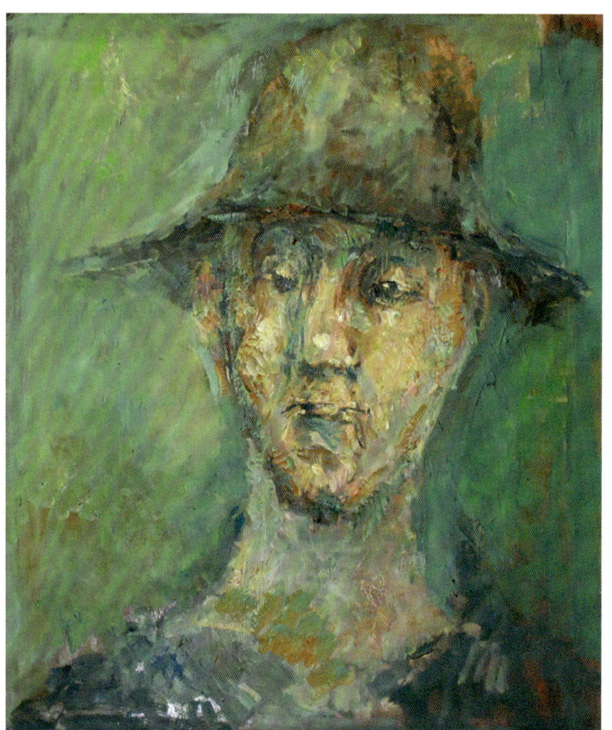

Siegfried Korth: Rumänischer Bauer, Öl/Spanplatte, o. J.

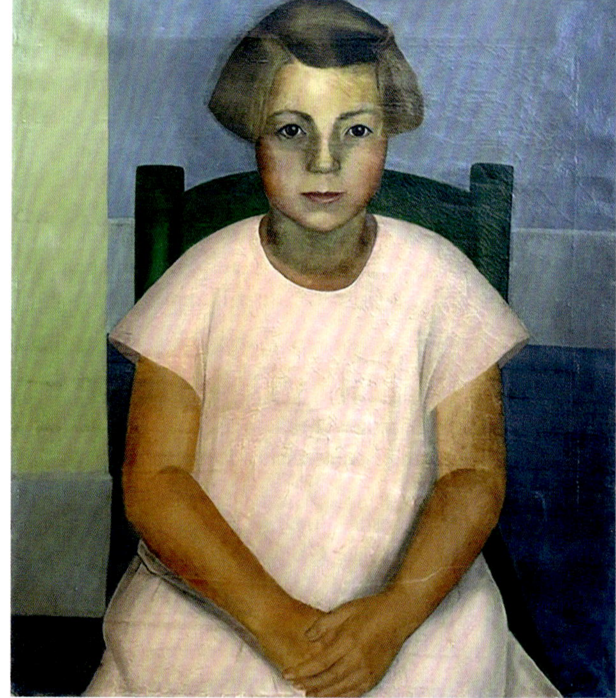

Edith Dettmann: Mädchen, Öl/Lw., o. J.

Literatur- und Quellenverzeichnis

Literaturverzeichnis

Adler 1937/1
Adler, Fritz: Die Malerfamilie Brücke. In: Familiengeschichtliche Mitteilungen und Vereinsnachrichten der Pommerschen Vereinigung für Stamm- und Wappenkunde Stettin, Nr. 11/12, 5. Jg. (1937), S. 182–187.

Archer 1880
Archer, Georgina: In Memoriam Antonie Biel. In: Deutscher Frauen-Anwalt, Nr. 7/8 (1880).

Baade/Stock 2011
Baade, Michael/Stock, Wolf-Dietmar: Hiddensee. Insel der Fischer, Maler und Poeten. Fischerhude 2011.

Balzer 1954
Balzer, Thuro: Rückblick auf die Tätigkeit des Arbeitsgebietes Rostock im Verband Bildender Künstler Deutschlands. In: Bildende Künstler des Bezirkes Rostock zeigen ihre Werke. Ausstellungskatalog, Rostocker Kunst- und Altertumsmuseum und Heimatmuseum der Stadt Stralsund, hg. vom Rat des Bezirkes Rostock Abteilung Kultur. Rostock 1954, S. 5–13.

Barthelmess 1996
Barthelmess, Wieland: Elisabeth Büchsel. Ein Leben zwischen Paris und Hiddensee. Fischerhude 1996.

Barthelmess 1999
Barthelmess, Wieland: Erich Kliefert, Stralsund – Hiddensee – Rügen. Fischerhude 1999

Barthelmess 2000
Barthelmess, Wieland: Mathilde Kliefert-Gießen – Kunst und Leben. In: Mathilde Kliefert-Gießen, hg. von der Galerie am Gendarmenmarkt. Berlin 2000.

Bastian 1987
Bastian, Horst: Barfuß ins Vaterland. Berlin 1987.

Baudis 2010
Baudis, Hela: Ein Dialog zwischen Peripherie und Zentrum. Stilkunst in Mecklenburg und Vorpommern. In: Lorenzen, Heidrun/Probst, Volker (Hg.): Bildende Kunst in Mecklenburg 1900–1945. Rostock 2010, S. 11–26.

Beyer 1977
Beyer, Tom: Hafenstädte sozialistischer Ostseestaaten. Farbreproduktionen nach Aquarellen, hg. von der Nationalen Volksarmee. Rostock 1977.

Beyer 1979
Brief von Tom Beyer an Michael Stein vom 21.12.1979, Privatbesitz.

Bindemann 2017
Bindemann, Konrad: Von Capri bis Hiddensee. Die Malerin Elisabeth Büchsel. Berlin 2017.

Busch 2017
Busch, Werner: Romantische Landschaftsmalerei. Zum unterschiedlichen Verständnis des Romantischen in nordeuropäischen Ländern. In: Die Romantik im Norden von Friedrich bis Turner. Groningen 2017, S. 7–21.

Dahlenburg 2000
Dahlenburg, Birgit: Manfred Kastner im Visier der Staatssicherheit – der Fall Kunstmaler. In: Sichtungen. Begleitheft zum Katalog Malerei 1965–1988, hg. vom Kunstverein Wiligrad e.V. 2000, o. S.

Domrös 1994
Domrös, Manfred: Elisabeth Büchsel. Die Malerin von Hiddensee. Kloster/Hiddensee 1994.

Ganske 1917
Ganske, Willy: Vorwort. In: Katalog der 2. Ausstellung des Pommerschen Künstlerbundes, hg. vom Pommerschen Künstlerbund. Stettin 1917, o. S.

Geismeier 1968
Geismeier, Willi: Mensch und Landschaft der Ostseeküste. In: Katalog der Gemälde und Grafiken, hg. vom Kulturhistorischen Museum Stralsund. Stralsund 1968, S. 5–18.

Gschweng 2012
Gschweng, Norbert: Die Malerin Sophie Antonie Biel. Greifswald 2012.

Gschweng 2013
Gschweng, Norbert: Die Stralsunder Künstlerfamilie Brüggemann. Greifswald 2013.

Gschweng 2018
Gschweng, Norbert: Heinrich Heuser. Ich habe nur einen Wunsch und ein Ziel: schöne Bilder zu malen. Greifswald 2018.

Gschweng 2020
Gschweng, Norbert: Edith Dettmann. In: Stralsunder Hefte für Kultur, Geschichte und Alltag (2020), H. 2, S. 13–21.

Haese 2011
Haese, Klaus: Positionen vorpommerscher Künstler zwischen 1880 und 1950. In: Lichtnau, Bernfried (Hg.): Bildende Kunst in Mecklenburg und Pommern von 1880 bis 1950 – Kunstprozesse zwischen Zentrum und Peripherie. Berlin 2011, S. 55–66.

Haselberg 1902
Haselberg von, Ernst: Die Baudenkmäler des Regierungs-Bezirks Stralsund, hg. von der Gesellschaft für Pommersche Geschichte und Altertumskunde (1902) Heft V.

Hofmann 1954
Hofmann, Eva: Heinrich Lietz. In: Bildende Künstler des Bezirkes Rostock zeigen ihre Werke. Ausstellungskatalog, Rostocker Kunst- und Altertumsmuseum und Heimatmuseum der Stadt Stralsund, hg. vom Rat des Bezirkes Rostock Abteilung Kultur. Rostock 1954, S. 17.

Jastram 1997
Jastram, Joachim: Tom Beyer zum 90. Geburtstag. In: Ostsee-Zeitung Nr. 131, 09.06.1997.

Kasten 2000
Kasten, Dorina: Vielleicht habe ich aber ein langes Leben. Heinz Lüsch. Stralsund 2000.

Kasten 2021/1
Kasten, Dorina: Elisabeth Büchsel. Bilder eines schönen, starken Lebens. Leipzig 2021.

Kasten 2021/2
Kasten, Dorina: Löw kommt nicht mehr. Zum Tod von Bertram von Schmiterlöw. In: Baltische Studien. Pommersche Jahrbücher für Landesgeschichte, hg. von der Gesellschaft für Pommersche Geschichte, Altertumskunde und Kunst e.V., neue Folge (2021) Bd. 107, S. 7–18.

Kovalevski 2009
Kovalevski, Bärbel: Gedanken zum künstlerischen Werk von Simon Wagner. In: Vogel, Gerd-Helge (Hg.): Die Welt im Großen und im Kleinen. Kunst und Wissenschaft im Umkreis von Alexander von Humboldt und August Ludwig Most. Berlin 2009, S. 386–400.

Krausse 2021
Krausse, Anna-Carola: Andere Horizonte – Ostdeutsche Nachkriegsmoderne im Schatten des Sozialistischen Realismus. Berlin/München 2021.

Kügelgen 1996
Kügelgen, Wilhelm von: Jugenderinnerungen eines alten Mannes. München/Berlin 1996.

Kunze 2008
Kunze, Rudolf: Kastner aus heutiger Sicht. In: Dahlenburg, Birgit (Hg.): Künstlerisch bewundert und von der Staatssicherheit verfolgt. Der Surrealist Manfred Kastner (1943–1988). Ausstellungskatalog. Gedenkausstellung zum 20. Todestag von Manfred Kastner. Greifswald 2008, S. 13–14.

Lang 2002
Lang, Lothar: Malerei und Grafik in Ostdeutschland. Leipzig 2002.

Lehmann 1914
Lehmann, Henni: Das Kunststudium der Frauen. Darmstadt 1914.

Lichtnau 2016
Lichtnau, Bernfried: Der frühe Pommersche Künstlerbund (1916–1944/45). Eine Skizze. In: 100 Jahre Pommerscher Künstlerbund 1916–2016, hg. vom Pommerschen Künstlerbund. Greifswald 2016, S. 16–25.

Maurer 1916
Maurer, Richard: Karl Fröhlich – ein Lebensbild. Wertheim 1916. Kopie des Nachdrucks mit Ergänzungen. Wertheim 1978.

Mendte 1954
Mendte, Günther: Vorwort. In: Bildende Künstler des Bezirkes Rostock zeigen ihre Werke. Ausstellungskatalog, Rostocker Kunst- und Altertumsmuseum und Heimatmuseum der Stadt Stralsund, hg. vom Rat des Bezirkes Rostock Abteilung Kultur. Rostock 1954.

Nagler 1835
Nagler, Georg Kaspar: Neues Allgemeines Künstlerlexikon. München 1835.

Negendanck 2005
Negendanck, Ruth: Hiddensee. Die besondere Insel für Künstler. Fischerhude 2005.

Nekrolog 1829
Neuer Nekrolog der Deutschen, 7. Jg. (1829) Bd. 2.

Neumerkel 2007
Neumerkel, Andreas: Schloß am Sund war einst eine Brauerei. In: Die Pommersche Zeitung, Nr. 1 (2007), S. 2.

Neumerkel 2018
Neumerkel, Andreas: Kultur und Kunst in Stralsund in der Biedermeierzeit. In: Bilder voller Poesie. Stralsunder Kunst im 19. Jahrhundert. Stralsund 2018, S. 25–41.

Noth 1958
Noth, Werner: Auf Werften und Bauplätzen. Zu den Arbeiten des Malers Heinrich Lietz. In: Bildende Kunst. Zeitschrift für Malerei, Plastik, Graphik und Buchkunst, Angewandte Kunst und Kunsthandwerk (1958), H. 9, S. 597–598.

Peters 1986
Peters, Otto: Der Restaurator von St. Marien Stralsund. Zum 200. Geburtstag von Johann Wilhelm Brüggemann. In: Die Kirche. Evangelische Wochenzeitung (1986) Heft 51/52.

Peters-Pásztor/Rafalski 2024
Peters-Pásztor, Ute/Rafalski, Hans Jörg: Gezeichnet, Gustav und Franz Pflugradt. Ein Portrait Vorpommerns und Mecklenburgs auf den Spuren Caspar David Friedrichs. Niederfinow 2023.

Radnitz 2009
Radnitz, Rolf-Gunther: Karl Hermann Fröhlich. In: Schwarz auf Weiß, hg. vom Deutschen Scherenschnittverein, Nr. 28 (2009), S. 4–8.

Rapp 2012
Rapp, Angela: Malweiber sind wir nicht. Der Hiddensoer Künstlerinnenbund. Berlin 2012.

Rapp 2014
Rapp, Angela: Die Malerin Elisabeth Büchsel. In: hundertmal Büchsel. Leben und Werk der Malerin Elisabeth Büchsel. Das Kulturhistorische Museum Stralsund stellt vor.

Akte 8.1.30.4. Ausstellung Katharina Bamberg zum 90. Geburtstag.

Akte 8.1.17.8. Ausstellung Tom Beyer, Erlebtes Albanien 1957.

Akte 9.4.1.2. Pommersche Künstler, Biografisches.

Akte 8.1.64.6. Ausstellung Heinz Lüsch 2000.

Akte 8.1.17.7. Ausstellung Heinz Lüsch 1957.

Akte 8.1.1.5. Ausstellung Karl Bock 1941.

Akte 8.1.7.2.26. Ausstellung Pommerscher Künstler 1942.

Akte 8.1.36.4. Briefe von Edith Dettmann an Ruth Beyrau 1947/48 und Hans Freitag 1968.

Akte 8.1.2.1. Ausstellung der Künstlervereinigung.

Akte 8.1.43.4. Ausstellung Manfred Kastner 1982.

Akte 8.1.47.5. Heinrich Lietz.

Akte 8.1.5.4.21. Ausstellung westpommerscher Künstler 1940.

Becker 1977
Becker, Gerda: Elisabeth Büchsel. Unveröffentlichter Text. Anklam 1977. Sammlung Elisabeth Büchsel. Inv. 2018:218.

Beß 1968
Brief von Elisabeth Beß an die Museumsleitung vom 27.02.1968. Sammlung Elisabeth Büchsel. Inv. 2018:218.

Beyer 1907–1981
Lebenslauf Tom Beyer. Sammlung Künstlerbiografien.

Büchsel o. J.
Büchsel, Elisabeth: Lebenslauf. Unveröffentlichtes Manuskript. o. J. Sammlung Elisabeth Büchsel. Inv. 2018:218.

Büchsel 1937
Büchsel, Elisabeth: Lebenslauf. Unveröffentlichtes Manuskript. Stralsund 1937. Akte 8.1.9.2.

Bork 1977
Bork, Ilse: Rede zur Ausstellungseröffnung Tom Beyer zum 70. Geburtstag. Sammlung Künstlerbiografien.

Grählert 1976
Brief von Edith Grählert an den Direktor des KHM Peter Herfert vom 05.03.1976

Klosterbrief 1940
Klosterbrief K. Bambergs. Nachlass Katharina Bamberg. Inv. 2017:214.

Lietz 1928–1963
Lietz, Heinrich, Dokumente aus seinem Leben. Sammlung Künstlerbiografien.

Lüsch 1943
Brief von Heinz Lüsch an Käthe Rieck vom 27.04.1943 und 09.07.1943. Akte 8.1.17.7.

Peschke 1942–1993
Peschke, Gisela, Dokumente aus ihrem Leben. Sammlung Künstlerbiografien.

Pippow o. J.
Pippow, Erika: Wichtige Begebenheiten aus dem Leben der Künstlerin. Unveröffentlichtes Manuskript. Loitz o. J. Sammlung Elisabeth Büchsel. Inv. 2018:218.

Prütz 1947
Brief von Gustav Prütz an die Museumsverwaltung vom 28.07.1947. Sammlung Künstlerbiografien.

Unbekannt 1933
Unbekannt: Heimische Künstler. Zeitungsausschnitt. Sammlung Künstlerbiografien.

Unsere Werft, Betriebszeitung der Volkswerft Stralsund vom 16.02.1963.

Verzeichnis 1841
Verzeichnis der ersten von dem Kunstvereine für Neu-Vor-Pommern und Rügen veranstalteten Gemälde-Ausstellung zu Stralsund. Stralsund 1841. Inv. Nr. 2018:219.

Quellen in der Sächsischen Landesbibliothek

Bamberg 1931
Brief von Katharina Bamberg an Erich Kliefert vom 16.01.1931, Sächsische Landesbibliothek Dresden, Spezialkatalog zum Nachlass Erich Kliefert, Mscr. Dresd. App. 2719, Dresden 2001, Nr. 941.

Dettmann 1939
Briefe von Edith Dettmann an Erich Kliefert vom 07.05.1939, Sächsische Landesbibliothek Dresden, Spezialkatalog zum Nachlass Erich Kliefert, Mscr. Dresd. App. 2719, Dresden 2001, Nr. 987.

Kliefert 2021
Spezialkatalog zum Nachlass Erich Kliefert, Mscr. Dresd. App. 2719, Dresden 2001, Nr. 80–82, 2225–2726.

Onlinenachweise

Gartenlaube 1861
Die Gartenlaube, Nr. 624 (1861), H. 39. https://de.wikisource.org/wiki/Ein_Besuch_bei_einem_Schwarzk%C3%BCnstler (15.01.2024).

Geschichte 2021
Geschichte der Gewerkschaften – Die Buchdrucker und die Zigarettenarbeiter. https://www.gewerkschaftsgeschichte.de/erfolgreiche-vereinsgruendung-der-buchdrucker-und-zigarrenarbeiter.html (15.01.2024).

Hohmann 2017
Hohmann, Angela: Ein Stück Gleichberechtigung. In: Berliner Morgenpost (24.01.2017). https://www.morgenpost.de/kultur/article209375827/Ein-Stueck-Gleichberechtigung.html (31.12.2020).

Jaskulla 2017
Jaskulla, Gabriela: Clara Arnheim und der „Hiddensoer Künstlerinnenbund“. Eine Randnotiz der Kunstgeschichte oder ein Beitrag zur künstlerischen Emanzipation zu Beginn des 20. Jahrhunderts? Dissertation zur Erlangung des Grades der Doktorin der Philosophie. Hamburg 2017. https://d-nb.info/1135386722/34 (31.12.2020).

Kastner 1984
Kastner, Manfred: Zitat im Faltblatt zur Ausstellung im Schloss Moritzburg/Zeitz. http://www.beatricevierneisel.de/namen/manfred-kastner (15.01.2024).

Mochmann/Oland 2009
Mochmann, I. C., & Oland, A. (2009). Der lange Schatten des Zweiten Weltkriegs: Kinder deutscher Wehrmachtssoldaten und einheimischer Frauen in Dänemark. Historical Social Research, 34(3), 283–303. https://doi.org/10.12759/hsr.34.2009.3.283-303 (15.01.2024).

Rosenberg 1881
Adolf Rosenberg. Ausstellung in der Berliner Nationalgalerie, S. 356. Kunstchronik. Nr. 16 (1881) https://doi.org/10.11588/diglit.5793#0180 (15.01.2024).

Stralsundische Zeitung
Universitätsbibliothek Greifswald. Digitale Bibliothek Mecklenburg-Vorpommern. https://digitale-bibliothek-mv.de/viewer/toc/PPN737081546/ (15.01.2024).
Nr. 11, 26.01.1790; Nr. 178, 03.08.1861; Nr. 254, 30.10.1868; Nr. 211, 10.09.1874; Nr. 219, 21.09.1886; Nr. 302, 09.02.1898; Nr. 2, 08.01.1899; Nr. 235, 06.10.1899; Nr. 268, 13.11.1902; Nr. 287, 07.12.1905; Nr. 288, 08.12.1905; Nr.

170, 23.07.1912; Nr. 172, 25.07.1912; Nr. 35, 11.02.1920; Nr. 150, 30.06.1923; Nr. 294, 14.12.1924; Nr. 69, 22.03.1925; Nr. 267, 13.11.1925; Nr. 272, 19.11.1925; Nr. 176, 28.07.1928; Nr. 287, 06./07.12.1930; Nr. 110, 12.05.1931.

Trommer 2019
Trommer, Isabell: Die drei Leben der SA, 24.06.2019 https://www.sueddeutsche.de/politik/hitler-sa-roehm-1.4488640 (15.01.2024).

Verzeichnis 1911
Verzeichnis der ausgestellten Werke. In: Die Grosse Berliner Kunstausstellung, Ausstellungskatalog. Berlin/Stuttgart/Leipzig 1911, S. 83.
https://digi.ub.uni-heidelberg.de/diglit/gbk1911/0085 (15.01.2024).

Vossische Zeitung Nr. 319, 25.06.1917, Abendausgabe https://zefys.staatsbibliothek-berlin.de/list/title/zdb/27112366/ (15.01.2024).

Werkstatt 1919
Werkstatt der Kunst: Organ für die Interessen der bildenden Künstler, Nr. 19 (1919 und 1920), H. 5.
https://digi.ub.uni-heidelberg.de/diglit/werkstatt_kunst1919_1920/0038 (15.01.2024).

Quelle im Staatsarchiv Hamburg

Weimar 1890
Weimar, Wilhelm: Karl Fröhlich und die Silhouette, Vortrag im Kunstgewerbe-Verein. In: Hamburgischer Correspondent vom 14.12.1890. Bibliotheksbestand, Z 900/702.

Quellen im Bundesarchiv

Beyer 1936–1943
Beyer, Tom: Akte im Bundesarchiv, R 9361_V_98581.

Beyer 1938–1945
Beyer, Tom: Marineunterlagen im Bundesarchiv, PERS 17/SPA-B/438 Teil 1 Beyer, Tom [17.05.1907].

Die Lebensdaten der Kunstschaffenden und ihrer Familien wurden aus folgenden Quellen abgerufen:
https://www.archion.de/de/
https://www.ancestry.de/
sowie aus einschlägigen Einwohnermelde-, Standes- und Kirchenämtern.

Die Kapitel zu Simon Wagner, Erich Kliefert, Karl Fröhlich, Elisabeth Büchsel und Katharina Bamberg wurden aus folgenden Publikationen entnommen und um neue Forschungsergebnisse ergänzt:

- Kasten, Dorina: Ein ungeschliffener Edelstein – Simon Wagner aus Stralsund. In: Stralsunder Hefte für Geschichte, Kultur und Alltag (2018), H. 1, S. 79–81
- Kasten, Dorina: Da, guck mal da! Sehen lernen mit Erich Kliefert. In: Stralsunder Hefte für Geschichte, Kultur und Alltag (2019), S. 37–41.
- Kasten, Dorina: Karl Fröhlich aus Stralsund und die Schwarze Kunst. In: Stralsunder Hefte für Geschichte, Kultur und Alltag (2021), H. 2, S. 39–45.
- Kasten, Dorina: Elisabeth Büchsel. Bilder eines schönen, starken Lebens. Leipzig 2021.
- Kasten, Dorina: Katharina Bamberg – eine Malerin aus Stralsund. In: Stralsunder Hefte für Geschichte, Kultur und Alltag (2022), H. 1, S. 49–55.

Vita

Dorina Kasten wurde 1962 in Velgast geboren. Nach der Berufsausbildung (Zootechnikerin) mit Abitur studierte sie Geschichtswissenschaften an der damaligen Wilhelm-Pieck-Universität Rostock und an der Humboldt-Universität Berlin.
Sie ist langjährige Kuratorin von Kunst- und Geschichtsausstellungen. Bekannt wurde sie auch als Autorin von Romanen, Erzählungen und Sachbüchern. 2021 erschien mit „Bilder eines schönen, starken Lebens" eine Biografie zur Malerin Elisabeth Büchsel.

Dorina Kasten ist verheiratet mit dem Tierarzt Bernd Kasten und Mutter zweier Töchter. Sie lebt mit ihrer Familie an der Vorpommerschen Boddenküste.

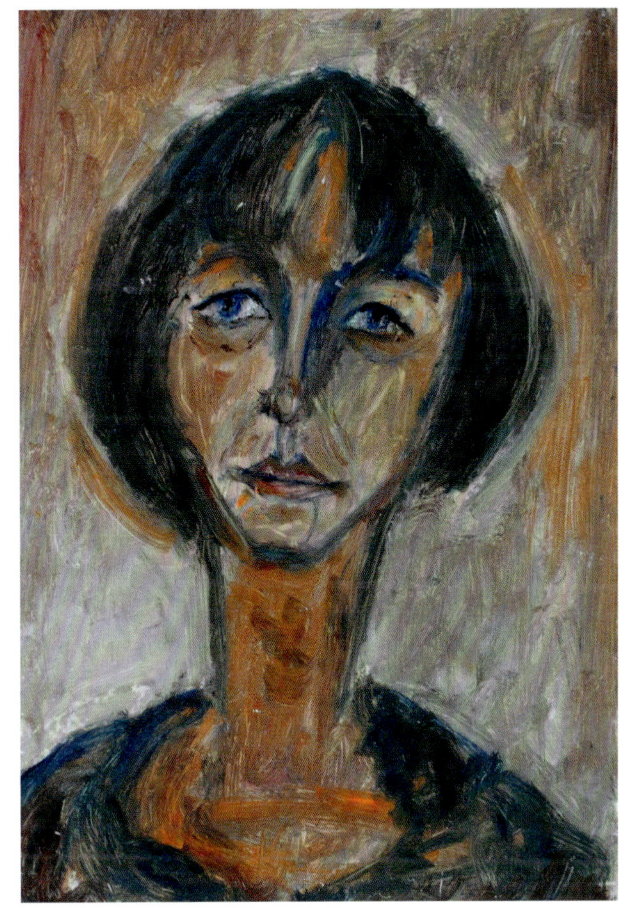

Betram von Schmiterlöw: Dorina, Öl/Hartfaser, o. J.

Dank

Ich danke allen, die meinen Verleger Michael Handwerg und mich bei dem Buchprojekt unterstützt haben, sehr herzlich, besonders aber:

dem Stadtarchiv Stralsund
dem STRALSUND MUSEUM
dem Pommerschen Landesmuseum Greifswald
dem Kunstmuseum Ahrenshoop
dem Vineta-Museum Barth
der Universität Greifswald
Joergen Degenaar (Galerie „Der Panther" fine-art, Freising)
Rico Hofsaess (Kunsthandlung Ahrenshoop)
Von Zengen Kunstauktionen (Bonn)
Christopher Walther (Kunstauktionen Wieck)
Ralf Waschkau (Koserower Kunstsalon)

Sowie:
Christine Beyer (Stralsund)
Norbert Gschweng (Greifswald)
Sybille Köpke (Stralsund)
Nils Lange (Stralsund)
Dr. Regina Nehmzow (Stralsund)
Dr. Andreas Neumerkel (Parow)
Ute Peters-Pásztor (Niederfinow)
Rolf-Gunther Radnitz (Kronshagen)
Birgit Rentz (Itzehoe)
Pernille Schiøtt (Hillerød, Dänemark)
Mathias Schott (Schwerin)
Johanna Stein und Familie (Oppenheim)
Dr. Ferdinand Struck (Scharbeutz)

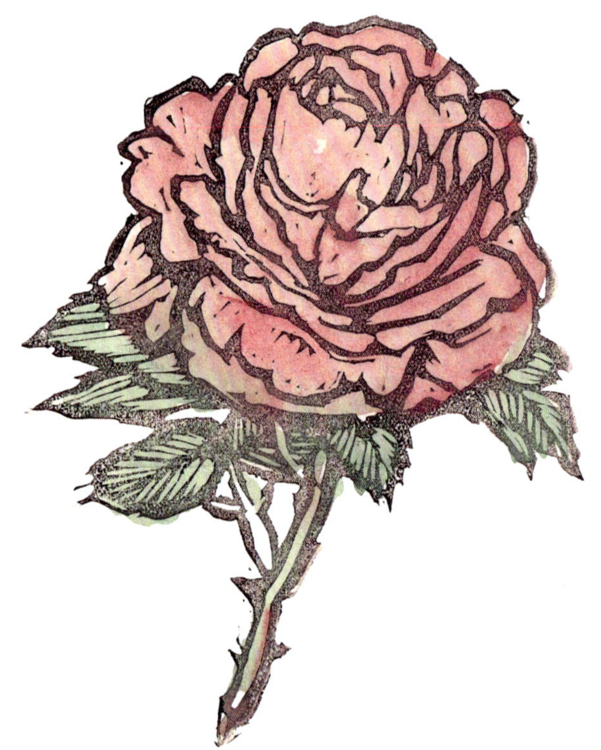

Erich Kliefert: Rose, Linolschnitt, 1974